U0511514

世界名人传记丛书

世界名人传记丛书

巴 赫 传

〔德〕克劳斯·艾达姆 著

王泰智 译

SINCE 1897
The Commercial Press

2019 年·北京

Klaus Eidam

DAS WAHRE LEBEN DES

JOHANN SEBASTIAN BACH

© Piper Verlag GmbH，München 1999

本书据慕尼黑皮伯尔出版社 1999 年版译出

世界名人传记丛书
新 版 说 明

  本馆出版名人传记渊源有自。上世纪初林纾所译传记可谓木铎启路，民国期间又编纂而成"英文世界名人传记"丛书，其后接续翻译出版传记数十种。及至二十世纪九十年代，汇涓成流，结集出版"世界名人传记丛书"，广为传布。

  此次重新规划出版，在总结经验的基础上续写经典、重开新篇。丛书原多偏重学术思想领域，新版系统规划、分门别类，力求在新时代条件下赋予作品新价值、新理念、新精神。丛书分为政治军事、思想文化、文学艺术、科学发明以及除上述领域之外的综合类，共计五大类，以不同的封面颜色加以区分。

  丛书所选人物均为各时代、各国家、各民族的名流巨擘，他们的业绩和思想深刻影响了世界历史进程，甚至塑造了世界格局和人类文明。所选传记或运笔于人物生平事迹，或着墨于智识求索，均为内容翔实、见识独到之作。读者于其中既能近观历史、反思现实，又能领悟人生、汲取力量。

  我们相信名人传记的永恒魅力将为新时代的文化注入生机和活力。我们也期待能得到译界学界一如既往的支持，使此套丛书的出版日臻完善。

商务印书馆编辑部

2012 年 12 月

目　录

前 言

> 还大师以清名，
>
> 给言者以教诲。

在众多不为人所知的德国音乐家当中，约翰·塞巴斯蒂安·巴赫无疑是最著名的。我们知道，贝多芬曾说过，他的名字实际应该是"大海"；某些神学家认为，他应该荣获第五位"福音传授者"的称号；而阿尔贝特·施威策则把他称之为"巴洛克音乐的高峰和终止"。从这为数不多的评价中，我们就不难看出，他确实是不为人所知的——其实，这也是他这种档次的大部分音乐家的命运。

比如莫扎特，至今很多人还只称他是"德意志音乐的光明之神和生存之神"，说他是由于妻子的轻率而无辜地堕入了潦倒的深渊；说贝多芬是"用无声厮杀的大力神"；说海顿是带辫子的慈祥的"父亲"，虽然也算古典音乐家，却被列入二流的水平。至于舒伯特的形象，只不过是一位采蘑菇的罗曼蒂克；舒曼则正在从自我陶醉的"梦幻曲"作者的形象，开始缓慢地转变——就像圣贤对很多人来说，传说总是排斥事实那样，他们的失真的偶像似乎永远战无不胜，时至今日，那些模式再次战胜真知。

没有一位音乐理论家会忘记指出，门德尔松·巴尔托尔迪是个犹太人，但却几乎没有人提到过，他是一个虔诚的基督徒。人们虽然知道，莫扎特长得并不像萨尔茨堡市场上出售的莫扎特糖球上画的那样，但一位英年早逝、创作出天堂般音乐的人，长的只能是终身的翩翩少年，而不能是其他的模样。是啊，如果有人说他也是一个人，而且对他同时代的人来说，有时是一个相当难处的人，那么我们今天的有些人，甚至会认为这是对大师个人的诽谤。[1]这些模式有时也会被推翻，但只是为了用另外一个缺少根基的论点取而代之，大凡是多了一些要求，而少了几分谦逊，要适应时尚的需求而已。

把约翰·塞巴斯蒂安·巴赫当做这种时尚的对象，从很多角度来说，都是再合适不过了。例如想把他彻底列入圣徒之列的弗里德里希·斯门德或极力使他绝对世俗化的瓦尔特·费特尔，只不过是众多言者中的两例。有关巴赫的书籍浩如烟海，但可以认真对待的巴赫传记，却是屈指可数的。

说到"认真对待"，纯属善意：巴赫在他生活和创作主要时期的28年里，是在莱比锡度过的。对此我们不妨问一句，在菲利普·斯皮塔之后，也就是在过去的120到130年间，是否有过哪一位传记作者，又曾翻阅过莱比锡市政厅的档案呢？斯皮塔没有读过的东西，他的后来人也没有提及过——至少在最近三四十年中，没有人对这些于巴赫的经历和他的处境最重要的材料来源进行过考查；毋庸讳言，巴赫的研究者们，对这位大师的个人生平迄今为止最多只是表现了肤浅的兴趣。

在他伴随我十几年之前，我曾和他遭遇过三次。第一次是在学钢琴的课堂上，我当时大约10岁或11岁，正在练习敲打他的两声部和三声部的创意曲。它们看起来很简单，但实际很难，我为它们下了很多工夫，它们牢牢地吸引着我。然后是在影片《永生的心》中遇到了他——而且是在电影院里！——那是他的《d小调托卡塔》，像雷电

---

[1] 柏林的教授乔治·克内普勒的话。他看完影片"阿玛多伊斯"后，气愤异常，召集全体同事对影片进行批判。因为彼得·沙费尔所写的影片脚本的内容，是教授先生所不熟悉的。

一样击中了我。这部电影讲述的是关于发明怀表的彼得·亨莱恩的故事，后来我为他制作了一部电视片。但更深一层的原因，是电影开头 9 的那支《d 小调托卡塔》深深打动了我，就像完全在另一个时代和另一个国家里，拉威尔的《波莱罗舞曲》打动了年轻的伯恩斯坦一样。就因为这支托卡塔，我才坚持要学会演奏管风琴——到了 15 岁，我真的坐到管风琴前，而且可以熟练地演奏托卡塔了。我并没有停留在这里，而是由此开始了我对管风琴有关领域的研究。在演奏"平均律钢琴曲集"时，我没有成功，白白费了力气。当我经历一次巴赫 d 小调羽管键琴协奏曲音乐会之后，它对我的震动是如此之大，使我立即买了曲谱，照此改写了一首钢琴曲。不知什么时候——反正还在战争期间——我第一次来到莱比锡，鬼使神差般地找到了通往那座教堂的道路。就是在这里，伟大的巴赫乐监曾领导过托马斯唱诗班。我充满敬畏地站在教堂前大厅，他的纪念碑前，仰望着上面的管风琴：一切大师的大师就曾每个星期日站在这里，演奏着前所未有的最伟大的教堂音乐，陶醉他的教团众生直到他生命终结。

我当然知道，上面那个管风琴早已不是巴赫曾演奏过的管风琴了。它只是根据卡尔·施特劳伯的意图所重制，[①] 尽管我无法想象，巴赫所用过的管风琴，怎能被另外一个所取代。但当时我只了解他的音乐。我甚至不知道，隐藏在我心中的偶像，其价值只相当萨尔茨堡的莫扎特糖球：在那里，巧克力糖球通过包装达到了美化的目的，在这里，却被一道圣环所掩盖而黯淡无光。

我的第三次遭遇，是在十几年后发生的。我当时早已远离管风琴，就像奥芬巴赫远离犹太教堂那样：我已经成了剧院作家，不是描写剧院，而是为剧院写作，欢快的戏剧作品，就是我的特长所在。同时，我也开始抓住了方兴未艾的电视，特别是少年儿童电视节目。

---

① 托马斯教堂现在的管风琴系由法兰克福（奥德河畔）的骚尔公司建于 1889 年至 1895 年。

当时的"儿童题目"我没有得到。在不断寻找素材的过程中，有一天一份唱片的说明落到我的手中，上面记载着巴赫创作 d 小调托卡塔时期的情况。年轻的巴赫在阿恩施塔特的冒险经历，凝聚成一部电视剧，每年假期都在东德电视里播送。后来一位著名的匈牙利女导演看中了这个节目。她决定无论如何得按照这个脚本再次拍成一部电影。于是，这部影片——现在已在晚间节目中播放——在匈牙利也取得很大成功，成了反复播放的保留节目。它甚至成为一次电视讨论会的焦点，因为观众中有人问，影片的情节是否只是作者的臆造，还是确有其事。一位音乐理论家被请来回答，他当然只能确认电影脚本的真实性。

有什么必要臆造呢？如果能够在真实中找到事物的关联，那么用想象力表现的生活就是无与伦比的。当我在后来的十年中逐步接近巴赫的生活时，他生平中的那些巨大的动荡使我震惊。他并不是像人们所说的那样，是在一次寂静、井然和平淡的旅途中度过的。我很快就确认，那些从各方各面为他树立的所有超凡的丰碑，都只不过是纸糊的形象而已，为了能够持久存在，用石膏给予加固；但在其内部的空穴中，却存在着远比一切溢美之词更为值得关注的东西：

约翰·塞巴斯蒂安·巴赫真实的一生。

开题说明

我接触约翰·塞巴斯蒂安·巴赫传记，始于 25 年以前，东德电视台委托我撰写关于巴赫生平的电视连续剧以后，我对他生平的研究进入了强化阶段，四集连续剧于 1985 年至 1986 年，开始在世界走红。

我首先只是仔细研究了巴赫在阿恩施塔特时期的活动，并开始详细阅读音乐理论方面的文献，也参加了某些巴赫专家举行的会议。但我越来越感到困惑。不仅是那些一再重复的生活细节和评价使我感到吃惊。我努力从音乐理论文献中获取新的知识，越来越感到有必要对它们加以甄别。我开始追根寻源，特别是那些音乐学家尚未研究过的东西，我想找到他们只满足于表面的事实间的内在联系。

这一步骤的结果，是使我头脑中巴赫的图像，开始在很多方面发生了深刻的更改。但要想阐明其渊源，却使我陷入了进退维谷的境地：

我对巴赫的生平如果描写得和别人不一样，也就是说按照我找到的资料描写，那么有关的专家们就会说，这种描写是错误的，因为他们的描写都是根据"确凿的科学依据"。我当然也会对此回答说，在诚实的科学中，诚实地说，是不应有任何绝对确凿的依据的。

但这种观点我并不常遇到。所以，我所能够做的就只有把重新发现的事实同现有的描绘对照排列出来，也是为了避免人们怀疑我并不知道现存的那些观点。可惜的是，用这种方法就难免出现争论，新的发现不可避免地同现有的观点大相径庭。

在本书后面的论述中，主要涉及下列作者的著作：

菲利普·斯皮塔，大学教授和柏林皇家艺术学院秘书。他出身于颇有名望的神学世家，哥哥弗里德里希是一位德高望重的神学教授，父亲和祖父的宗教诗歌至今还可在基督教新教教堂唱诗集中读到。他的两卷集毕生力作《约翰·塞巴斯蒂安·巴赫》出版于 1873 年和 1892 年。书中极其详尽的材料来源和论述，堪称巴赫文献的基础读物。几乎所有后来出版的巴赫文学，都以其为基，内容在很大程度上同其一致。从某些后来作者的著作中，可以得出这样的印象：斯皮塔没有摘录的资料，他们根本不需要再去阅读。

查尔斯·桑福德·特里，英国传记作家，他以浓厚的柔情撰写的约翰·塞巴斯蒂安·巴赫的生平传记，同样是基于斯皮塔的资料，只是在个别评价上与某些神学观点有所不同，但较详细地描述了巴赫一生活动的场所（部分地方他甚至亲自照了相）。他的贴近平民的传记，对广泛传播巴赫形象起了关键的作用。

阿尔贝特·施威策也写过一部大部头著作《约翰·塞巴斯蒂安·巴赫，音乐诗人》（1904 年），和他的其他作品如关于康德的宗教哲学、最后的晚餐或耶稣生平研究的历史等一样，都是在他 30 岁以前，担任私人讲师以及后来在斯特拉斯堡威廉皇帝大学担任神学系主任，也就是在他成为举世闻名的伟大丛林医生和人道主义者之前的著作。他的这部内容和思想均属丰富的作品，在很长时间里和斯皮塔一样，成为巴赫文学中的划时代的经典之作。后来它由于作者本人个性的非凡发展而有些失色了。然而，此书对巴赫生平的描写却是肤浅的，据他自己的说法，其依据完全是斯皮塔的资料，他对巴赫关键经历以及对巴赫音乐的评价，如果仔细观察，在很多地方都难以自圆其说。作为有音乐实践的神学家（他还曾写过一部论述德国和法国管风琴的著作）和牧师的儿子，他同样主要是从宗教的角度看待巴赫的作品。如果我们为尊重巴赫的作品和他的权威，不得不指出施威策在差不多一百年前青年时期这部著作中的某些错误，这绝不意味着贬低施威策一生的伟业。

上面提到的三位作者，无不从 19 世纪新教神学角度观察巴赫一生的事业，把巴赫本人当做一位作曲的天神，在他的教堂里获得了自身功德的圆满。

与此相反，自 1949 年以来，"新莱比锡巴赫协会"（东德）的成员及其同道一直致力于寻找一个新的巴赫形象，他们试图把巴赫的音乐说成是德国启蒙运动带来的一种进步。这一思想，在 1950 年由东德官方正式认可，并立即得到了广泛的响应：它既具科学性又具有现代的气息。自称为非政治性的新巴赫协会，在这个问题上其影响超出了东德边界。联邦共和国的出版社也相继出版了维尔纳·诺伊曼、瓦尔特·希格蒙德·舒尔茨、海因里希·贝瑟勒以及其他人的作品。由于我们不能回避"莱比锡"，所以也要提到卡尔·盖灵格、克里斯托夫·卢艾格、弗里德曼·奥特巴赫等人及其影响，直至彼得·施洛伊宁的《赋格的艺术》和马丁·盖克 1993 年出版的巴赫传记。有时我还将提及《巴赫年鉴》多年出版人克里斯托夫·沃尔夫的某些诠释。 14

根据上述这些知名音乐理论家的描述，约翰·塞巴斯蒂安·巴赫是巴洛克音乐的最后代表人物，一个以其音乐推动启蒙运动的音乐家，一个脾气暴躁使自己深受其害的人，一个主要借鉴别人思想，52 岁时就已退隐，到了生命终结之前作品就已过时的作曲家，死后被人遗忘达 80 年之久。"从他那里再也没有出来任何东西。"阿尔贝特·施威策这样论断。我请施威策的仰慕者原谅，我确实无法与之苟同。

然而，对我来说，问题并不在于和这些学者们进行辩论，而只是补充一些巴赫生平中被人忽略的方面。但不移动桌椅，就很难摆好家具。对此，歌德曾于 1829 年指出：

"世界历史也需不时改写,这在我们这个时代是不言而喻的。所以有此必要,倒不是因为很多事件没有被发现,而是因为出现了新的观点,因为不断向前发展时代的人们,总是用新的方式观察和评价历史的。"

好,那就让我们开始吧!

第一章

　　巴赫的生命历程是众所周知的：生于埃森纳赫，早年丧失双亲，在奥德鲁夫的哥哥那里接受教育，在吕内堡上拉丁学校，在阿恩施塔特任管风琴师，在魏玛第一次短期任职，然后到米尔海姆，然后又去魏玛，在科腾任宫廷乐师，最后，在莱比锡担任伟大的托马斯唱诗班的乐监27年之久，直至生命终结。"他的生活经历总的说是顺利的，所遇到的困难，都没有超过他的智力可以克服的程度。"巴赫传记的权威作家斯皮塔在回顾时如是说。"而我也一直是这样认为的：贫寒的青年时代和几年游历生活之后，魏玛是他第一个管风琴大时代，科腾小城担任乐师是一段田园风情，而莱比锡的乐监职务，则是他生命的天赋和功德的圆满。"这就是这个世界上权威头脑的权威认识：它是如此惊人地平淡和简单，也是同样惊人地失误和肤浅：圣像上涂抹的美丽色彩，遮住了很多遗憾的漏洞。

　　在对约翰·塞巴斯蒂安·巴赫生平的描写中，很多人都是异途同归。一般情况下，他们从他的家谱写起。据此，巴赫家族当时几乎占据了图林根地区所有的管风琴师和乐师的职位。费特·巴赫，120年前从匈牙利迁徙至此地，显示了强大的生殖能力。卡尔·菲利普·艾马努埃·巴赫曾对福克尔讲述，说巴赫家族每年都要举行一次盛大的家族聚会。我们手头就有一首出自阿恩施塔特时期这种场合的集腋曲。是每年吗？后来我们就再也没有发现有关这种聚会的记载。巴赫逝世时，所有姓巴赫的人都显得那么冷漠，好像他们根本就不存在。

16 他们都在哪里呢？盖灵格在他关于巴赫家族的著作中对此保持了沉默。而那些人中间却有着造诣颇深的作曲家：海因里希·巴赫，他的儿子约翰·克里斯托夫和另一个儿子约翰·米歇尔，约翰·伯恩哈德·巴赫，埃尔福特巴赫家族的长者，或者约翰·罗伦茨，老克里斯托夫的曾孙。

巴赫家族的一个成员，简直把这个传说捧到了天上：他就是约翰·塞巴斯蒂安的大儿子威廉·弗里德曼。布拉赫福格尔的小说，对巴赫的描写当然在很大程度上是臆造。同样，汉斯·弗兰克的巴赫小说《托卡塔和赋格》，克拉斯采夫斯基关于考塞伯爵夫人的小说，也是如此。文艺作品总是臆造多于事实，甚至瑞士民族英雄威廉·退尔，也是通过从未见过瑞士的弗里德里希·冯·席勒才闻名于世的，他的剧本所依据的艾基蒂乌斯·朱蒂的"*chronicum Helviticum*"《瑞士年鉴》，最多为某些专家所知晓，而文学研究者们却基本是不熟悉的。

巴赫家族 1700 年左右在图林根从事音乐事业以后，去往了何处，尚需进一步研究。卢艾格同样感到奇怪，为什么在那么多"中等水平"的音乐家当中，突然冒出了一个天才；但亨德尔和布鲁克纳毫无有音乐细胞的亲属。所谓中等水平在衡量一切事物时都是相对的：中等水平或许甚至是无关紧要，对后世可能如此，但对当时的人来说就可能是十分重要甚至是优越无比的。今天有谁还知道帕埃尔或科策卢，哪家歌剧院还演出斯蓬蒂尼的作品呢？

对巴赫家族来说，音乐天才在这个枝繁叶茂的家族里，似乎是一种遗传，同样选择职业也是如此：儿子们都成了音乐家，女儿们又都嫁给了音乐家，这在一个重视门当户对的世界，也是很自然的事情。

17 盖克当然企图让我们相信，绝不是遗传使约翰·塞巴斯蒂安和其他姓巴赫的人成为音乐家的，而是宫廷城市埃森纳赫的音乐气氛所造成的。父亲约翰·阿姆布罗修斯虽然在那里不仅担任过城市吹奏手，而且还担任过宫廷小号手，但却仍然没有证据表明，当时的埃森纳赫占据过重要音乐城市的地位，更没有证据说明它对小塞巴斯蒂安在这方面产生过什么决定性的影响。当然，在阿姆布罗修斯·巴赫的家里演奏过音乐，在这个城市也演奏过很多音乐，否则这个城市吹奏手和城市吹奏队又有什么用处呢？这个名称其实并没有贬义，城市吹奏队一直存在到 20 世纪 30 年代，当时演奏的都是些值得认真对待的音乐，而且也从中产生过值得认真对待的音乐家。其中的一个，虽然未被音乐学家认真对待过，但尽管如此，这个人的音乐作品仍然风靡一时，因为它包含着绝妙的立意和最坚实的手法，他就是保罗·林克。今天我们将会称埃森纳赫城市吹奏队为城市乐团了，而约翰·阿姆布罗修斯·巴赫则是城市乐团的团长，当然，按当时的习惯，他不仅要养活他的两个帮工和两个学徒，而且还要负责安排被称为"啤酒琴师"的那些业余乐手的演出。

可以肯定，他在从事这一职业时所表现的技艺，还绝不是——按席勒的话说——"高雅的上天之女神"，而主要是为他"提供黄油的能干的母牛"。"城市吹奏队"、"帮工"、"学徒"的名称——这些都显示了这个职业极类似工匠手艺的特征。当时的音乐家和画家，也同样把自己的艺术看成是一种手艺，他们的愿望就是获得顾客的满足。他们和面包师、鞋匠和裁缝师傅一样，是用他们的技艺满足人们的需求。一个只按自己意愿生活的艺术家，当时不仅在别人看来，而且估计自己也会觉得是多余的——对声光效果、垃圾雕塑、嬉皮狂欢之类的形而上的意境，当时还没有人接受，居民还很封闭。此外，当时这个城市对这位城市乐团团长的报酬确实不高：他的儿子 18 岁在阿恩施塔特担任管风琴师时的收入已经超过了父亲。然而，父亲也好，儿子也好，他们的主要收入，不论在埃森纳赫还是在莱比锡，都在职务之外。职务和职称只是为了名声，解决吃饭问题，埃森纳赫的城市吹奏手和宫廷小号手以及后来在莱比锡的音乐乐监，还得靠自我奋斗才行。

菲利普·斯皮塔和他的同道感到十分惊奇的是，后来始终勤奋不已的约翰·塞巴斯蒂安，在埃森纳赫时期，竟是个逃学之徒。原因是很明显的：埃森纳赫的学校实在太差，小巴赫对它根本不感兴趣。

而不太可能的原因则是：他的父亲没有履行好教育子女的责任，对儿子的逃学没有察觉。同样不太可能的是，他放任孩子自己去决定学校教学的质量。这个孩子有一副好嗓子，而且对音乐有悟性，所以他在唱诗班唱歌比在学校更为有用。他不应该当学者，而应该成为音乐家。就像20世纪初的农家子弟一样，当他被需要的时候，就离开了学校。常常不上学的塞巴斯蒂安，也并不是一个浪荡儿。"我应该早一点儿用功才对。"他后来自己也承认。

何况，城市吹奏手和宫廷小号手先生，如果让他的小儿子成为真正的逃学儿，也不符合自己的身份。他毕竟是一位受人尊敬的人物。有一个事实说明了这个问题：埃尔福特的市政委员赖莫希特把女儿嫁给他为妻，作为市政委员的女婿，他同市政厅有着千丝万缕的联系。同"市政厅的联系"，这在当时按阶层等级分类的市民当中是非同小可的。市政委员不会轻易把自己的女儿嫁给任意的一名音乐师。城市吹奏师巴赫，从年轻时代起就是一个有身份的人，在埃森纳赫市政厅中，无疑比他的著名的儿子在莱比锡三届市政委员会中，享有更高的威望。

他的家或者位于弗劳恩广场，或者在今天的路德大街35号。但住址是无关紧要的：如果谁今天去参观弗劳恩广场的房子，它现在已开辟为巴赫博物馆，他几乎了解不到当年埃森纳赫的生活，也了解不到塞巴斯蒂安出生时那座房屋以及他父母的状况。

这原来是一座热闹非凡的房子。孩子们从一开始就在音乐氛围中长大。孩子们又都成了音乐家，也就顺理成章了。大儿子离开家，而且有了固定的职务。塞巴斯蒂安在会唱歌时，就得在唱诗班里唱诗，比他大三岁的哥哥约翰·雅格布也是如此。年龄相差三岁，对孩子来说有很大的差距，但雅格布和他的关系最亲密。精心照料每一个孩子，父母是做不到的，加上帮工和学徒，他们必须填饱很多人的肚皮，而且要尽的义务也很多：婚礼、洗礼、葬礼、公共庆典、家庭聚会和年终联欢，凡是有些脸面的人物，在这种场合都要请唱诗班或吹奏队，或者两者都请，前去助兴。每天上午 10 点和下午 5 点，宫廷小号手还得在市政厅塔楼上向全市吹起他的小号。城市吹奏队不演奏交响乐，而只演奏实用音乐。但谁也不应该一听到"实用音乐"就抽鼻子。最差的音乐，就是不被需要的音乐或者是无法被需要的音乐。

那是一个兴旺和充满生机的家、城市吹奏手之家。但在约翰·阿姆布罗修斯·巴赫和他的妻子正在准备庆祝银婚的时候，命运之神却伸出了杀手：1694 年 5 月 2 日，他不得不亲自安葬了他的妻子。她的去世，使这座房子失去了灵气。家务没有家庭主妇是不行的，半年丧期过后，父亲又娶了贤惠的两次丧夫的寡妇考尔夫人，她来自阿恩施塔特。然而，他所热爱的孪生兄弟也在同年秋季离开了人世。在他第一个妻子死后的第 9 个月，也就是翌年 2 月，阿姆布罗修斯自己也 20 追随他们进入了坟墓。他当时才刚刚 50 岁。

母亲死的时候，塞巴斯蒂安才 9 岁，10 岁生日尚未到，就成了孤儿。这是他生活中遭受的第一次重大的打击。母亲的去世改变了很多，父亲的去世却改变了一切。埃森纳赫市政厅对他的遗孀持敌视态度。他们停发工资，拒付抚恤金，拒绝巴赫家族成员继续领导城市吹奏队，而这些都是阿恩施塔特市政委员会曾向孪生兄弟的遗孀提供过的待遇。整个家务陷于瘫痪，工作岗位要让位于别人：埃森纳赫市任用了另一名城市吹奏师，据我们所知，他不是出自巴赫家族。于是，第三次丧夫的寡妇又回到了阿恩施塔特。父亲的家已经不复存在，雅格布和塞巴斯蒂安变成了孤儿，这意味着：他们失去了照顾，失去了朋友，失去了住房和环境。这个童年没有给他留下任何东西。

在埃森纳赫虽然也有一个管风琴师名为约翰·克里斯托夫·巴

赫，但他属于阿恩施塔特，只是巴赫家族一个远亲，根据市政委员会的资料，也是生活在贫困的环境之中，并时刻对自己的处境发出怨言。于是，传记写作家们就得出结论说，由于他经常抱怨，所以他必是个难处的人。

约翰·阿姆布罗修斯的大儿子也叫约翰·克里斯托夫，是他接纳了两个最小的弟弟。他当时已经 24 岁，刚刚成婚，他的妻子还怀着第一个孩子。教堂的结婚登记簿上对他的描写是："一个年轻的艺术人才"。这表明，他当时已是一位小有名气的管风琴师。他的管风琴导师是至今闻名于世的约翰·帕赫贝尔，他曾在埃森纳赫担任过一年宫廷管风琴师，后来在埃尔福特的讲经教堂担任管风琴师达 8 年之久。

21　克里斯托夫在他那里从师 3 年，然后在埃尔福特圣托马斯教堂获得了一个职位，在阿恩施塔特短暂停留以后，于 1690 年在奥德鲁夫的圣米歇尔教堂获得管风琴师一职。这本来是同拉丁学校一个教师职位连在一起的，后来他得以解脱，和他的小弟弟塞巴斯蒂安后来在莱比锡一样。

但当时的家境并不富裕，而且奥德鲁夫也比埃森纳赫小得多，虽然拥有 8000 人口的埃森纳赫也不是一个大都会。但奥德鲁夫还不足它的 1/4。它的统治者虽然也是霍恩洛家族的伯爵，这个仅有两千人口的村镇就是他的驻地，但居民却没有从中得到什么好处，完全不像埃森纳赫那样，由萨克森·埃森纳赫公爵统治，并定为驻地，而且企图在此建成一座"小巴黎"，故而这里的宫廷开支远远超过公爵的财力。

巴赫的大哥为了能维持生活，还需经营土地和畜牧。值得注意的是，这个伯爵驻地的特色并不在伯爵的宫殿，而是那座拉丁学校。在这一点上，所有的传记作者都是意见一致的。巴赫家族的其他成员，也同样把子女送往奥德鲁夫，生活在克里斯托夫的家中。阿姆布罗修斯还在世的时候，很多亲属都把子女送到埃森纳赫上学。这也说明，埃森纳赫的教育水平也并不那么差。

但塞巴斯蒂安却在奥德鲁夫出人意料地取得了突出的成绩。这个在埃森纳赫常常逃课的学生，到了奥德鲁夫却成了全班排行第四名的好学生，后来竟成了全班第一，他被允许跳过中学二年级，直接升入高班，而其他的学生都比他年长两岁以上。从此可以看出：他不仅有才华，学校的要求也明显低于他的学习能力。他离开了这所学校的高年级，又到另一所学校，继续他的学业。看来，他的哥哥和他本人对奥德鲁夫拉丁学校的印象一般，所以认为，在其他学校可能会学到更多的知识。

当然还有其他原因：他的哥哥雅格布在克里斯托夫家中住到 14 22
岁（即到他的坚信礼），然后在埃森纳赫他父亲的接班人那里获得了一个乐师学徒位子。（我们不知道他的名字，估计是因为他从未发过怨言。）他们的大哥是个很有亲情的人：不仅塞巴斯蒂安和雅格布住在他那里，而且另一个年轻的亲戚，约翰·恩斯特·巴赫，也曾在他那里住过一段时间，并和塞巴斯蒂安一起上学。塞巴斯蒂安到了 15 岁时，克里斯托夫家中的人口增加了很多：他需要四个孩子住的房间，这样，他的小弟弟就没有了地方。在学校的日志中，关于塞巴斯蒂安的退学有这样一句提示（写的很不规整）："ob defect. hospitios"①，这等于是巴赫的讣告，宣告了他的"养育者死亡"，查尔斯·桑福德·特里把它改成了复数："ob defectum hospitiorum"，结果把整个家族都消灭殆尽。但克里斯托夫此后又活了 21 年，还经历了他

---

① 此事的妙处就在于，1969 年的巴赫文献中，也印有"ob defectum hospitiorum"，尽管在奥德鲁夫的原始文件上，找不到后加上的字尾"-orum"，所以可以认定，这是后来人为加上去的。新一代巴赫专家们，绞尽脑汁使用了各种学术手段，研究这句话的本意，最后的结论是，"defectum hospitiorum"只能是取消免费午餐的意思，因此：或者是奥德鲁夫的社会状况极其恶劣（当然没有任何证据），或者是少年巴赫获得过多可以免费午餐的机会（否则为什么是多数呢？）。总之，人们终于发现，小巴赫是由于饥饿而被赶出奥德鲁夫的，因为这些专家们一致认为，小巴赫从他哥哥的农场里没有得到可吃的东西。

的小弟弟为他的儿子们提供了丰厚补偿的日子。

公元 1700 年，对塞巴斯蒂安来说，是个必须找到另一个归宿的年代。在奥德鲁夫中学毕业以后，他本可以去大学深造，比方说在埃尔福特，他的哥哥和父亲都曾在那里逗留过，他的母亲也出生在那里，而且一位尼古拉·巴赫还是那里大学的德高望重的教师。上大学也将为他音乐家的旅途创造良好的条件，这也是他后来让他两个大儿子上大学攻读法律的原因。塞巴斯蒂安这时的年龄，并不是上大学的障碍：因为 16 岁，完全有资格进大学学习。而在阿恩施塔特情况就不同了，那里的高中，很多学生都已超过了 20 岁。但塞巴斯蒂安没有去埃尔福特上大学，而是去了路途遥远的吕内堡，进入了那里的拉丁学校，再次学习中学课程，而且，根据我们掌握的材料，他并没有重复在奥德鲁夫所取得的令人瞩目的成绩。他有更重要的事情要做。

自迁入吕内堡时期开始，他就用音乐养活自己，直至生命的终结，而且也只能靠音乐为生。他没有钱上学。他的哥哥克里斯托夫当初也不愿教书，因而申请免除这一兼职，可就在这一年也因经济拮据，不得不在拉丁学校接受了教书的营生。在教堂记事中，他的名下虽然有"optimus artifex"——"非常好的艺术家"——的评价，但他却不能以此为生，钱从来就没有充足过。约翰·塞巴斯蒂安的情况也是如此，在关键时刻总是缺少必要的金钱：现在是没有钱上大学，后来是没有钱获得可以使他摆脱烦恼和忧虑的职务，到他生命终结的时候，甚至没有足够的钱支付印刷工人为他印制他的音乐遗著，也没有钱为他树立墓碑。"他的生活经历，总的说是幸福的……"在柏林的舒适的教授住宅里，是很容易得出这个结论的。

当他在大哥的家里找不到一席之地的时候，整个状况还算过得去：奥德鲁夫拉丁学校的副校长安诺德学监，于 1687 年以"pestis scholae, scandalium ecclesiae et carcinoma civitatis"——即"学校的瘟疫，教会的丑闻和市民的毒瘤"的罪名被开除以后，他的接班人学监艾利亚斯·赫尔达正好从吕内堡的拉丁学校毕业。他从自身的经验中知道，那里的音乐教育水平很高；他也曾听说，塞巴斯蒂安在这方面取得过多么优异的成绩；他当然也了解，吕内堡对好的歌手总是情有独钟的，于是就推荐他和比他大两岁的乔治·埃尔德曼到那里去补"空缺"。当然这不止是一个"空缺"：所谓"空缺"除了可以获得免费饮食、住处，甚至冬天需要的柴火之外，还能在合唱队和更高一级的唱诗班中参加演唱而得到微薄的报酬。

值得注意的是，塞巴斯蒂安虽然已经 15 岁，却仍然得到了这个"空缺"，尽管人们知道，他的美妙的童声已不会持续很久，但他在这个时期已成为一名勤奋的乐器演奏手了。在孩童时期，他就从父亲那里看到如何演奏小提琴，他的父亲除了小号外，还擅长小提琴和中提琴——一个像小塞巴斯蒂安这样好学的孩子，是绝不会仅仅在旁边看看而已的。至于键盘乐器，他在哥哥那里上过课，而且我们知道，学习得相当系统。当同龄的亨德尔在哈雷有时已经可以替代他的老师查豪在弥撒仪式上演奏时，塞巴斯蒂安的大哥还不许他靠近管风琴。但他却很快学会了弹钢琴。"我们的小约翰·塞巴斯蒂安在幼小的时候，兴致就很高。在很短的时间里，他就完全掌握了哥哥自愿交给他学习的所有曲谱"①，文献中是这样记载的，而且还说："他哥哥手头有一本汇集当时著名大师弗罗贝格、克尔、帕赫贝尔等人的钢琴曲谱集，尽管塞巴斯蒂安一再恳求，但不知什么原因都遭到了哥哥的拒绝。追求进取的欲望，使他做出了一件情有可原的欺骗行为。那本书锁在一个有栅栏门的柜子里面。他把小手从栅栏伸到柜子里，把那本简易装订的书本卷起取出，然后在月光下把曲谱抄写下来。经过 6 个月的努力，这本音乐猎物终于到了他的手上。他在暗地里以其超凡的欲望进

①　弗莱堡教授康拉德·居斯特从中得出结论说，这可能是约翰·克里斯托夫完全出于自愿交给塞巴斯蒂安学习的。教授还表扬说，这位哥哥显然没有向小弟弟收取学费，但又估计，他可能占有了塞巴斯蒂安应得的遗产，权当授课的报酬了。

行练习。后来被哥哥发现，不顾他的难过，无情地拿走了他费尽辛苦抄写的成果。只有从一个由于派往秘鲁的航船沉没而损失了 10 万塔勒尔金币的吝啬鬼的角度，才能理解小塞巴斯蒂安失去这本书的悲伤。直到他的哥哥去世，他才又得到了这本书……"

盖克认为，[①] 这个故事是子虚乌有的，它只是"一件无聊小事，被吹成了他的轶事"——恰恰如此，就好像是老巴赫在给他的儿子们讲的一个童话！而实际上，这却正是理解这位伟大超凡的约翰·塞巴斯蒂安·巴赫的关键所在。

25　　其他一些音乐天才在这个年龄早就开始作曲了，如莫扎特、亨德尔、门德尔松等人。贝多芬 15 岁时就已创作了一首美妙的回旋曲，而约翰·塞巴斯蒂安却还在抄写别人的作品，而且是秘密的，在深夜里。为了完全理解一个 11 岁到 13 岁的孩子如何做这件事情，我们可以设想一下当时的情景：他必须先找来乐谱纸，削尖鹅羽笔，看好日期和选好天气。（月亮并不每天出来，如果有云彩，天空也是黑暗的。）这个年龄的孩子是需要睡眠的，但他不能睡觉，必须保持清醒，一直等到家里其他人都上床入睡，然后把需要的用具摆在窗台上，悄悄走到柜子旁，小心翼翼地取出谱集——而且不能弄折一页！然后在暗淡的光线下抄写、抄写，只要月光还在照耀。倘若月亮每天都晚一个小时升起，他必须在夜里等待，直到能够稍微看见东西时为止。写文字时，甚至可以闭着眼睛。即使行距相互交叉，即使字母不太清楚，但它们仍然可以辨认出来。但音符却要准确写在五条线之间，要上下清楚，而且要写清它们各自不同的符值、升降记号和小节线。然后还要把一切痕迹去掉，同样小心翼翼地把谱集送回去，再稍微睡一会儿觉，学校还交代有每日的家庭作业，而且还不能让哥哥发现他困倦的脸色。

---

① 见 1993 年在罗沃尔特出版社出版的《巴赫传》。

一个少年，能够坚持数月来完成这件事，可见音乐对他已不仅仅是游戏，而是一种内在的自然渴望。（"在短时间内，他掌握了全部乐曲。"）但同时，音乐对他来说，——就像我们后来一再看到的那样——又是一块他一生为之献身的领地，就像伟大的阿蒙森献身北极大陆一样。

吕内堡，是这个 15 岁少年的一块福地。除了他美妙的歌喉，就是他的社会处境，助他在中学和唱诗班里得以补那个"空缺"。按章程，只有"嗓音良好的贫家子弟"才能成为这里的成员。和他一样，比他大两岁的同学埃尔德曼也符合这些条件。学监赫尔达在奥德鲁夫替他们办好必要的手续以后，他们两人就上路了。他们面临步行 350 多公里的长途跋涉，当时正值早春 3 月，是徒步旅行最舒适的季节。他们大约在路上走了两个多星期，估计所带的路费也不会宽裕。1700年 4 月 3 日，是个早到的复活节，他们在这一天成了吕内堡唱诗班的成员。从此，塞巴斯蒂安彻底摆脱了哥哥对他的严格监管，开始了一段硕果累累的音乐教育时期。其他一些天才都需要一位导师，规划和指导他们逐步走出帕纳塞斯圣地的禁区。而约翰·塞巴斯蒂安·巴赫却急需有机会自己去观察和实践。他在吕内堡找到了这种机会，并且充分地利用了它。

吕内堡时期对巴赫后来的发展，至今未能得到恰当的评价。实际上，它成了巴赫的音乐大学。至于停留时间比较短暂，并不是关键的问题：奥德鲁夫时期的事实证明，他具有异乎寻常的悟性，尤其是涉及到音乐，他的这种天赋达到了难以置信的程度。

唱诗班的活动很多：每日早上的例行公事，周六、周日和假日的赞美诗合唱以及重要节日配合乐队伴奏的合唱。此外，在交响合唱队和联合合唱队的范畴内，参加特殊场合的演出，如婚礼、葬礼和街头演出等。这方面的收入根据一定的规范加以分配，当然分给学生的份额是微乎其微的，但终究还是钱。而更重要的还是演出的内容：即所谓的"音型乐曲"，是一种在对位小节中的复调音乐。而"对位小节"
就是：在其中没有"旋律"和"伴奏"，每个声部都是独立的曲调，
27 但加在一起仍然必须相互符合和声的法则。

约翰·塞巴斯蒂安·巴赫的印鉴

在这种乐曲中，每个参与者的听力都必须经过特殊的训练，同时
还需掌握每个声部的强度和界限。唱诗班演唱的节目具有宽广的对位
音域，年轻的巴赫经历了这种特殊的实践，使他后来在自己的作品
中，即使最困难的声部都保有可唱性。在合唱队节目中没有的东西，
他可以在学校的音乐图书馆里找到。一直任职到1695年的学监弗里
德里希·艾马努埃·普雷托留斯，收藏了丰富的乐谱资料，共有
1100首之多。所以我们年轻的音乐家，在这里就不必像在奥德鲁夫
那样为了自己喜欢的乐谱彻夜抄写，而是可以浏览150多年以来的
200多位作曲家的作品，从而全面了解他那个时代音乐世界的全貌。
再加上约翰教堂档案中的珍藏，尤其是著名大师的管风琴作品，使他
大开眼界，其中有让·彼特森·斯韦林克、萨缪尔·沙伊特、海因里
希·沙伊德曼、约翰·雅格布·弗罗贝格、约翰·卡斯帕·费迪南·
费舍尔、约翰·卡斯帕尔·克尔以及著名的同时代人迪特里希·布克
斯特胡德、约翰·帕赫贝尔和尼古拉·布鲁恩等人的作品。此外还有
28 法国大师的曲谱，巴赫把尼古拉·德·格林尼的《管风琴曲集》、弗
朗索瓦·迪厄帕的《红色加斯帕》以及路易·马尔尚、库普兰和安德

烈·雷宗的作品（安德烈·雷宗的严格主题，他后来在他的长幅帕萨卡利亚管风琴曲中采用）又都抄写了下来（又是抄写！）。他抄写的曲集中，还包括意大利大师的作品：弗雷斯科巴尔迪、佩尔戈莱西以及荷兰人奥兰多·迪·拉索。

所有这些，对他来说都远远超越了仅仅是音响的印象。他读这些乐谱时，即使不使用乐器，也能听到其声音，这是不言而喻的。另一个不言而喻的是，他在哥哥那里不仅仅学会了钢琴。这无疑是同通奏低音密切相连的，这是一种可以根据预示的低音和显示的和弦标志以及间或出现的升降记号，全声部地按曲谱演奏出来的能力。当然其中首要的和重要的条件就是对和弦及和弦连结的完全理解。由此就可以完全自动地写出完美的和声了：我们这位年轻的音乐家在吕内堡贪婪地吞噬着音乐档案馆中的珍藏，他不仅仅阅读了全部音乐文献，而且也掌握了这些文献的生成方式，并理解了和声的法则和日常实践的复调音乐的规律。作为行家，他所看到的不仅仅是艺术品的表象，而且也看到了其内部结构。

但他却没有作曲！像特里那样的人这样认为，但却没有证据。现有的关于那个时期的资料，只是记载了巴赫抄写别人的作曲作品。除了他自己以外，根本没有任何一个作曲家知道，作曲很可能是从抄写开始的。其他人充满了创作的灵感，而巴赫却还在孜孜不倦地学习。当然，在他抄写的时候，也可能是表现出一种聚集自己音符的天赋。但他为什么要抄写库普兰和迪厄帕的钢琴曲呢？它们在弥撒音乐场合是永远用不着的。不，他所感兴趣的，是一切音乐。

第二章

设在古老的吕内堡米歇尔修道院中的中学，是一所广纳兼收的学校。其中最贫穷的就是免费生。在这里就学的市民阶层的子弟，所需的学费和生活费用，均由父辈支付，他们是交响合唱队的主体。然后就是出身贵族的公子少爷们，他们构成了一个"骑士学院"，甚至雇用仆人为其服务。骑士学院注重高雅的行为举止，这在当时当然就是法式教育，通用的语言也是法语。① 在教学科目中，理所当然地设有法国舞蹈课，并为此专门聘请了一位法国舞蹈教师托马斯·德·拉·赛耶。舞蹈课没有音乐当然不行，赛耶先生用他的小型提琴演奏舞曲，这种提琴被称之为"囊中物"，因为它可以放到衣服口袋里面随身携带。学生们可以从他那里学到正统的法国舞蹈形式：其中有库朗特（Courante）、加沃特（Gavotte）、阿勒芒德（Allemande）、萨拉班德（Sarabande）、吉格（Gigue）、布雷（Bourree）和小步舞曲等。就凭这一点，和这位教师处好关系，也是很值得的。

而且，这位赛耶先生不仅是舞蹈大师，而且也是一位真正的优秀乐师。他同时还在策勒的宫廷里参加演出，这是不伦瑞克—吕内堡大公爵主持的完全法式风格的音乐会。公爵娶了一位法国贵族夫人，因而和其他德意志君侯（例如埃森纳赫）一样，决定把他的宫廷建成一

---

① 奥特巴赫断言，说巴赫在这里学习了法语。他根本没有学或没有掌握法语，这可以从他从未使用过法语得到证明，"勃兰登堡协奏曲"上的法语献词，是他花钱请人给翻译的。

座小凡尔赛。这就包括建立一支法国小乐队，当然只能演奏法国音 30
乐。这当然又是一次学习的机会！

然而，两地之间是有一段距离的。[①] 特里认定，"另一所学校位
于策勒，它们相距是如此地近"。希格蒙德·舒尔茨则断言，策勒是
"邻近的音乐中心"。克劳斯·彼德·里希特也把策勒说成是"邻城"。
这种说法还有很多。但是，这些音乐理论家如果能屈尊稍看一眼地
图，就会发现这座"邻城"距吕内堡竟有 90 多公里之遥。谁也不会
认真地说海德堡是斯图加特的"邻城"，也不会说德累斯顿的"邻城"
是哈雷，甚至无人说因格尔施塔德就在慕尼黑的"邻近"，尤其当你
要步行到那里去的时候，就更不能出此狂言了。如果年轻的巴赫通过
赛耶先生到过策勒——除了赛耶还有谁呢？——就有可能坐他的马车
同往。即使是这样，在当时的道路上行驶，也不会有多快，[②] 所以从
吕内堡到达策勒，无论如何也需两天的路程。也就是说，要想去一次
策勒，加上过夜，需要四天的时间，当然吃饭也是必不可少的。这对
一名正在上学，每月最多有一个半塔勒尔零花钱的学生来说，是个可
观的花销。何况时间的浪费也是很大的。这当然并不是说，这样的
旅行就不值得，正相反，巴赫可以利用这样的机会，实地了解法国
音乐的演奏方式。这种方式，来自伟大的让·巴蒂斯特·吕利学
派，他是路易十四的御前音乐教师和王室音乐学院的创始人。赛耶
先生认识他，是他的学生。可以想象，在那漫长的吕内堡至策勒的
往返途中，两人会讨论多少问题和讲述多少故事啊！伟大的吕利不
仅是音乐家，他还是演员和舞蹈家，从国王那里得到一支乐队，作
为戏剧总监，可以在全国演出他的歌剧，并以此确立了法国音乐的
演奏风格、严谨形式和准确手法。所有这些，都可以从策勒宫廷法

---

① 斯皮塔没有详细说明这段距离，因而后来者也就不假思索地使用了"邻城"的说法。
② 沃尔夫冈·蒙格在他的《他们就是这样生活的》一书（1984 年于柏林）中对此有详尽的描写。

31　国乐队的演出中，得以切身体会。而这些法式风格的教育，使约翰·塞巴斯蒂安·巴赫终生难忘：在《赋格的艺术》中，他还专门写了"法国风格"一段。

　　某些音乐学家认为，巴赫观赏了这些音乐会，甚至有人断言，说他还在其中作为小提琴手参加了演出，似乎在一支宫廷法国乐队中任何人都可以参加演奏似的！实际上，这就像一个贫穷的吕内堡修道院的 16 岁拉丁学校学生，又不是贵族出身，是不可能进入宫廷社交一样，他也不可能在这种场合参加乐队的演奏。至于说他有那么大的兴趣前往策勒观赏法国乐队，并能在同行中不需要特殊的许可，唯一的可能就是，观看他们的排练！在排练中，乐曲均被分解，声部均被单列，困难的段落突出练习，关键的部位一再重复，最后再把这一切合在一起，作为整体演奏出来。准确地说，排练时既不分析作品也不分析演出方式。在排练时，有兴趣的年轻的音乐学生可以在场观赏，乐队甚至为此感到骄傲，因为他们可以向年轻人显示，一个真正的专业乐队是如何在工作的。真正的音乐会当然也可以在窗外聆听，但这已是次要的事情，就像一个制作枪支的工匠，他更大的兴趣在于把一支枪拆卸再组装起来，而不是去射击。

　　然而，学习现代的法国音乐演奏，只是年轻的巴赫在吕内堡致力于学习的一个方面，他热衷学习的还有：音型唱法，变嗓音以后用中提琴为合唱伴奏，在学校乐队中演奏小提琴，在两个大档案馆查寻音乐文献。是的，这一切其实也都是些次要的事情，因为，长期以来，他就无比钟爱着一种乐器，对它的钟爱远远超过小提琴和中提琴加在一起，那就是：管风琴。

32　　　他早在孩提时代就接触到了管风琴。当然，星期天上教堂，是理所当然的事情。同样理所当然的是，对酷爱音乐的小巴赫来说，管风琴给他留下的印象，要比所有的讲经布道都强烈得多。后来他住到了哥哥家，哥哥就是一名管风琴师。如果说，他直到 11 岁还未能弹上管风琴，这绝不能就认为哥哥根本就不允许他接触管风琴。旁听和观赏他还是被允许的，这已使他激动不已了。就这样，他了解了这个乐器中蕴藏着的各种可能性。它的两个键盘，它的作为第三键盘的踏板，它的音栓所包含的音色。年轻的塞巴斯蒂安·巴赫如果只对能聆听管风琴各种不同的声调就已经觉得满足的话，那他就不是塞巴斯蒂安·巴赫了。他还必须要弄明白，它们到底是怎么发出声来的。

这样一台管风琴，不仅是一件令人着迷的发音器械，它也是一个技术奇迹。上面那形状各异的风管，它们的大小是如此地不同，从 5 米高的最低音的 C，直到最小的风管，只有一个手指甲那样大小。然后是按键和风管间的连结，按键和活塞的关联，它们之间都是各种拉线和摇杆，细细的木条越过千奇百怪的铰链，进入那错综杂乱的织网之中，再最终达到风管的活塞处，尽管其长短不一，形状各异，但却是如此均衡，只要给予同样的力量，就可以轻易地用手指进行操作。

实际上，这样一台管风琴中，包括了好几台管风琴：伴唱键盘，即上面的键盘，它的音响和下面的主键盘是完全不同的。但中间的连结，使人有可能在两个键盘上同时演奏。这就区分开了金属风管和木质风管，上面的开放式风管和其他用盖封闭的风管，有些是半封闭式的风管，形状也是各异的；还有风管下端的开口，即唇片也各不相同。然后就是那些风管，声音就是通过它们内部震动的簧片产生的，就像肖姆双簧管和双簧管那样，它们的形状由于其声音出口的不同，而变得奇形怪状。

那么那些粗的和细的风管，那些开放的和封闭的风管，发出的声音又如何呢？有些风管可以发出比曲谱低整整八度的音，也有的可高出两个或三个八度来。也有的组管，只能发出高音：五度、三度和七度。但混合起来，却可出现奇奇怪怪的名称：Cornet（短号）、Scharff（萨尔夫）、Zimbel（管钟）、Sesquiatera（西斯基阿尔特拉）。它们单个发出音响时，全都是些扭曲的变调音，但和其他组管合在一起时，却又是那么绚丽多彩。

这是怎么形成的，又是根据什么原则组合的，又如何协调和配备呢？无疑，像这样一种有如此丰富表现形式的乐器，对像约翰·塞巴斯蒂安·巴赫这样的彻头彻尾的音乐家来说，必然从一开始就是一件迷人的乐器，不是乐器中的一件，而是唯一的一件。没有任何其他的乐器可以和它宽广的性能相比。这包括其表现能力的宽度——从极度的柔弱到雷鸣般的"极强"——它有着卤笛音栓和古大管音色的多彩，越过由"八足"和"一足"组管相连而产生的银质声响，直至混合音响的剔透的闪亮。此外它还有一种奇妙的表现多声部的能力，使各声部不致相互消融，而是把各个组管的不同特色清晰地表现出来。这一点，是中提琴和小提琴都无法做到的。而它却既不需要一个合唱团，也不需要一个乐队，两个风箱踏板就足够了，整个音响世界即刻出现在他的面前，这只取决于他的意愿和能力。这就理所当然地决定了，他必须要征服这个从一开始就把他征服了的乐器。

在吕内堡，他再次走了好运：著名的管风琴制造大师约翰·巴尔塔萨·黑尔德来到吕内堡，维修圣米歇尔教堂的管风琴。盖灵格（当然只有他自己一个人）知道，在塞巴斯蒂安时代，奥德鲁夫镇也曾建造过管风琴。在埃森纳赫，当约翰·雅格布在城市吹奏队开始唱歌的时候，圣乔治教堂就建造了一座大管风琴，这是一个巨大的工程，要3个键盘和250组音栓。不排除塞巴斯蒂安当时曾到埃森纳赫探望过他的哥哥——40公里的距离，刚好是一天步行的路程，当然必须有好的腿力——那么，就也完全可以想象，两个年轻的音乐家一起去参观过那座管风琴，因为这并不是每天都可以看到的。但管风琴制造大师黑尔德，在吕内堡却一直工作到1707年，巴赫有很多时间可以去参观、提问、学习。

当约翰·塞巴斯蒂安·巴赫18岁在魏玛当音乐侍从时，他就已经享有了管风琴艺术专家的声誉，而他这方面的知识，只是在吕内堡才有可能获得，当然不仅从黑尔德那里，但关键的部分却肯定来自于此。

此外，他在吕内堡时，利用一切可能的机会尽可能多地坐到管风琴前演奏，也是不言而喻的。在尼古拉教堂演奏管风琴的，当时是约翰·海因里希·勒韦，他是大师海因里希·许茨的学生。现在他已经可以把他的经历、观点和知识传授给下一代年轻的巴赫了。约翰尼斯教堂的管风琴师是乔治·伯姆，是他图林根的老乡，就来自奥德鲁夫附近。他当时在管风琴和作曲方面都享有盛誉，40岁时就已达到了事业的顶峰。

然而盖灵格却断言，说塞巴斯蒂安在吕内堡根本就不认识他，也不知道他的作品，而是后来在魏玛时通过他的表姐才认识的。但一个热爱管风琴超过一切的年轻人，竟没有去圣约翰尼斯教堂看望著名的管风琴大师，完全是不可信的。他为什么一定要长途跋涉去汉堡拜访伟大的约翰·亚当·赖因根呢？大师最好的学生乔治·许茨不就在吕内堡吗？事情应该倒过来说才对：伯姆可能给他讲过海因里希·许茨，但许茨已经去世。伯姆也可能对他讲过许茨的老师约翰·亚当·赖因根，但他在汉堡任职。这对做事认真的塞巴斯蒂安来说，事情就很清楚了：他必须去汉堡。

我们如果谈起约翰·塞巴斯蒂安·巴赫的天才，那我们也不能不佩服他的活力和他的两条不屈的腿：在他的年轻时代，他走了多少路啊！为了获取知识，没有一条路对他是遥远的，没有什么天气对他是太差的。奥德鲁夫至埃森纳赫的距离是40公里，往返是80公里，从奥德鲁夫到吕内堡是350公里，到策勒去欣赏法国乐队是往返180公里，那么去汉堡呢，仔细算起来，也不过60公里，往返一次需要大约四天的时间。曾和他一起住在奥德鲁夫哥哥家的约翰·恩斯特·巴赫，在汉堡上大学。这样，下榻的地方也就有了保证。好，出发去拜访卡塔琳娜教堂的管风琴家约翰·亚当·赖因根！

不仅老赖因根——他当时已经快80岁了——值得拜访，而且他的管风琴也是如此:"在汉堡卡塔琳娜教堂的管风琴中,竟有 16 个簧管音栓。我们的莱比锡乐队指挥约·塞·巴赫,据他自己说,听了两个小时十分精彩的乐音演奏,对这台管风琴音色的美妙和不同凡响赞不绝口。"这是后来在阿德龙的 *"Musica Mechanica Organoedi"* 上可以读到的描写。

在圣尼古拉教堂,还有一位著名的管风琴师自 1702 年起任职,他当时已年近 50,也深受人们的尊敬,他就是:文岑茨·吕贝克。此外在汉堡还有一家歌剧院,赖因根也是它的创始人之一。那里的乐队指挥是一位 21 或 22 岁的年轻人,他的名字叫约翰·马特松,然后是一位比他大不了多少的,既组织音乐会也作曲的赖因哈德·凯塞尔,掌管着汉堡的歌剧院(后者稍晚一些时候曾在乐队里接纳了一名来自哈雷的年轻人亨德尔)。尽管这些都是以后的事情。当文岑茨·吕贝克前往汉堡,赖因哈德·凯塞尔接管歌剧院时,巴赫已经不在吕内堡,但徒步去汉堡一次,仍然是很值得的!

花费很多时间旅行去策勒和汉堡,求索德意志、荷兰、法兰西、意大利的音乐的奥秘,向大师黑尔德学习制造管风琴的技巧,同管风琴师勒韦和伯姆进行交往,练习管风琴,参加唱诗班和交响乐合唱队的演出——在这样的情况下,这位免费生巴赫竟还会有时间上学。何况当时学校课程的安排也是很满的。

课程中最重要的就是宗教和音乐实践。这是两位一体的,在路德式新教学校里,自路德和梅兰赫彤以来一向如此:诚信和唱诗是教团活动的基础,实际上自从宗教改革以来,这两者就成了教学的核心内容了。宗教课程当然是正统的路德式的,主要采用莱昂哈德·胡特尔的《神学简论》(*Compendium Locurum Theologicorum*)作为教材,这本已经使用了百年的神学读本,按当时的教学方法,要求学生们必须全部背诵下来,在埃森纳赫时如此,到了奥德鲁夫和吕内堡,也是如此。课本和 "Dicta Scripturae Sacrae"(圣经箴言录)都是用拉丁文写成的，因此，拉丁文课程也就理所当然是第三位的主课了。

在新教学校里，把信仰课列入基础课程，是有其重要原因的：三十年战争过去还不到 50 年，那是一场残酷的信仰战争，在那之前曾出现企图取消路德自由观点的反改革运动。这场宗教战争于 1552 年以确认教派和解而告终，但教皇却于 1648 年明确否定了那次的威斯特法伦和约，天主教和基督教新教之间从而又以前所未有的激烈程度对立起来，此外在新教内部也产生了尖锐的对立派别：和路德教派相对抗的是革新派，即加尔文教派；而在路德派本身，30 年来也有两派在相互争斗，即正统派和虔信派。所以当时的关键是既要维护路德改革的成果，也要维护神学教条的纯净。

路德的改革内容就包括活跃教团的弥撒活动，共同演唱德意志教堂歌曲，从而发展教会音乐。出于这个考虑，在当时的路德拉丁学校中，唱诗班主事——即学校主事——就是校长以下的最重要的职务，学校里还设有一名副校长的情况下，他就名列第三，总之是在名义上的第三校长之上。在奥德鲁夫，学校的校长又是城市的最高神职人员，即教区牧师。在吕内堡，拉丁学校设在一所路德式改革派修道院中。不论在埃森纳赫，还是在奥德鲁夫及吕内堡，宗教课都是正统路德式的，所以，约翰·塞巴斯蒂安·巴赫从小就熟知路德式正统教条，至今我们没有任何证据说明他曾偏离过它，尽管有很多人曾模棱两可地猜测而无端地断言过这一点。在学校的主课——宗教、音乐和拉丁文上他没有任何困难。当时的拉丁文课，还阅读一些拉丁文经典作品，这在现在当然是学习拉丁文必不可少的基础教材，但在当时却不是理所当然的事情，同样，希腊文课程，也是人文教育的另一根支柱。吕内堡学校也要求学习希腊文，此外还有当时盛行的科目辩学和逻辑学以及算术、历史和地理。自然科学当时还不被重视。从辩学中，音乐家也可以吸取有用的东西，而数学对于一个音乐头脑来说，由于要经常在美妙的境界里编织各种复杂的音调组合，所以也是很有益处的：对年轻的巴赫很幸运的是，学校教育并没有成为他发展的障碍。

他在吕内堡中学学了两年多，从1700年的复活节到1702年的夏天。由于他离开奥德鲁夫拉丁学校时，并未毕业，所以他本应在吕内堡拿到毕业证书。可他得到了什么呢？紧接着上大学，是不可想象的，而且他自己也没有这样的打算。首先是没有足够的费用。其次他在吕内堡这几年里，就像一块海绵一样，以一切可能的方式吸满了音乐。他自从来到吕内堡，自从满16周岁，就已经自立了，而且立志做一名音乐家。他有机会了解了吕内堡、策勒和汉堡的音乐生活，在可能的范围内，全面地了解了音乐，同样全面地了解了管风琴的制造工艺。他了解了合唱，精通了管风琴、中提琴和小提琴，也知道了什么是一流音乐家的功绩，像吕内堡的伯姆、汉堡的赖因根、策勒的法国乐队，而且也清楚他自己已经做到了什么。他已经有能力走向实践了。

所以，为什么还要学完辩学、逻辑学、数学、地理和历史呢？他现在已经17岁了，是个孤儿，囊空如洗，但可以去做音乐，必须去做音乐，而且他也只想做音乐，而不是什么其他的东西！

第三章

　　1702 年夏天，再次站到吕内堡公路上的那个年轻人，是相当孤独的，孤独但并不悲观。生活使这个年轻人从一开始就注定要独来独往。早在父母家中，他就是一只被遗弃的小鸟；他唯一最亲近的哥哥雅格布和他在奥德鲁夫一起生活仅仅一年以后，就又回到了埃森纳赫；而比他年长一倍的大哥，只不过是他的抚养人。

　　然后就是他的同班同学埃尔德曼，他们一起去了吕内堡，虽然在同一个唱诗班里唱歌，但埃尔德曼是为了上学，而不是为了音乐去吕内堡的。而他却把太多的精力致力于音乐，没有时间也不需要和同学结成较深的友情。他不仅要勤奋努力，而且正如他自己所说，还必须尽早自立。这种自立的性格贯穿了他的一生：他无系无派。虽然对各派和各系的情况均很了解，又不像有些平庸的天才那样，孤傲自赏目中无人，而只是不介入任何一个派系。即使是当时联络最佳作曲家的米茨勒协会，想吸收他入会时，也不得不耐心等待他的认可，而且办了入会手续以后，他也没有履行什么义务。没有按规定交纳一个音乐作品，作为年度会费。至于有人说，他仍然交纳了这种会费，那只是一种猜测而已。

　　某些传记作家断言，思乡之情使他又回到了图林根。但他的家乡在何处呢？埃森纳赫没有他的立足之地，奥德鲁夫同样没有。而且，如果说在巴赫的性格中，还有什么他所不能容忍的东西的话，那就是感情用事。他离开吕内堡步行回到图林根，正是新学年开始后不久，所以思乡绝不是他此行的动机。"我来也孤独，去也孤独"，是舒伯特歌曲的内容，而不是巴赫作品的境界。

正在寻找工作岗位的他，回到图林根是有其现实考虑的：巴赫的名字在这里人所皆知，它甚至成了一种职业的名称，是音乐家的代名词。对年轻的巴赫来说，如果在什么地方可以找到工作的话，那就是在图林根。报纸和专业杂志这类媒体当时还不存在。但人与人之间的直接交流却比现在强得多：无法用文字传播的东西，往往是通过口头讲述而传播于世。一个行人坐在路边休息，吃着自己的干粮或者寻找过夜的场所，这都是可以获得信息的机会。而约翰·塞巴斯蒂安又是一个有着特殊兴趣的人：我们知道，一年以后，他就已经被聘任为管风琴顾问了。可以说，单纯在黑尔德那里学到的东西还不足以使他胜任这样的工作，他还需要进行比较的机会，只见识过两三台管风琴是不够的。

在这 350 公里的独自一人的徒步旅行中，他肯定经过了很多村镇，我们决不能想象，他会对其中的教堂和管风琴过门而不见，何况正是那些管风琴师们，会使他最容易获得他还没有掌握的知识，他们是最愿意谈论音乐的人。

传记作家们说，当时在图林根只有三个空缺的管风琴师岗位：埃森纳赫圣乔治教堂的管风琴师，塞巴斯蒂安的叔叔刚刚去世。但他的儿子接替了他的职务——巴赫家族已经在这个岗位上任职了 130 年之久。阿恩施塔特的圣伯尼伐丘斯教堂正在建造一台新的管风琴，另外在赞格豪森还有一个空缺，因为当地的法官兼管风琴师格雷芬海因，于这一年的 7 月 3 日去世。塞巴斯蒂安首先来到这里，谋求这个空缺岗位。很有可能是他在吕内堡时，就已经了解到了这里的空缺情况，否则他怎么会在学年中间离开学校呢？

总之，他在那里接受了考试演奏，给人留下了很好的印象：市政委员会的先生们，当场就想任用他。但赞格豪森和其他城市不同，它是一座公爵直辖城，最后的决定要由萨克森-魏森费尔斯公爵约翰·乔治做出，而他却认为巴赫过于年轻（连中学都没有毕业），而且他身边还有一名年纪较大、经验较丰富的管风琴师，那就是奥古斯廷·克贝留斯先生，他曾在魏森费尔斯任宫廷乐师而受到重视。最后他得到了这个岗位。

现在，在巴赫的生平中出现了一块空白，一直延续了 1702 年整个夏天、秋天和冬天以及 1703 年的春天。直到 1703 年的复活节，我们才又找到了他，是在萨克森-魏玛公爵约翰·恩斯特那里担任宫廷乐师。"他通过什么关系来到魏玛，我们不得而知。"巴赫的第一位传记作家福克尔这样写道。尽管他当时还有机会在卡尔·菲利普·艾马努埃·巴赫那里了解事情的细节。特里知道得多一些："魏玛和魏森费尔斯的宫廷中间存在着裙带关系，从而可以解释巴赫下一步的发展。或许是利用了这种关系，使在赞格豪森失落的巴赫得到相应的补偿。"如果这是事实，那么巴赫就不必等到第二年的 4 月才去魏玛，他是在头一年 8 月遭到拒绝的。而且对公爵们对年轻人的怜悯和关心程度也不必估计过高。

总之，我们找到他时，他已经是宫廷乐队的小提琴手和中提琴手，职位是音乐侍从，这在当时王公贵族的宫廷里是很正常的地位。在城市里担任管风琴师的地位要高一些，从赞格豪森的城市法官担任管风琴师的事实上，就可验证。宫廷乐师克贝留斯如果不是为了改善自己地位的话，也不会费力去争取那个职位。但宫廷乐师的地位也并不太坏，他不是一般的侍从。约翰·恩斯特公爵是威廉·恩斯特公爵的弟弟和参政君主，酷爱音乐和钟情艺术，他的两个儿子恩斯特·奥古斯特和约翰·恩斯特同样具有音乐天才，特别是小儿子具有非凡的音乐悟性。另外，宫廷管风琴师约翰·艾夫勒兼做公爵办事房的秘书，工作十分繁忙，而且已不再年轻，有时坐到管风琴前想进一步完善自己的管风琴演奏技艺，已是力不从心了。所以老艾夫勒绝不会反对解除这个职务去享受几天清闲，除非他是一个大傻瓜。说到公爵乐队演奏的节目，法国音乐已不再受青睐，主流已经转向意大利，像维瓦尔迪、科雷利、塔尔蒂尼都曾为富有的公爵的乐队写过美丽的乐曲。魏玛的红宫中是存不住钱财的，但日常开支还得以保障，而对音乐如饥似渴的年轻巴赫，在这里更不会缺少营养。

斯皮塔、特里那些人的论述，似乎把巴赫描绘成早就在钟爱艺术的约翰·恩斯特公爵及其有音乐天才的儿子那里，系上了一条候补丝带，贪婪地期待着阿恩施塔特新教堂的建成。他们同时犯了两个错误。在贵族手下服务的乐师——两个主人都是萨克森-魏玛的君王——是绝不可能按照自己的意愿行事的。对此，巴赫正是在魏玛有过足够的严酷的经历。不能认为，约翰·恩斯特公爵对他私人乐队中多一名或少一名乐师毫不在乎。卢艾格认为，巴赫在乐队里坐在第三排，但这在当时是不可能的，因为整个乐队是以室内乐形式排座。年轻乐师巴赫在小提琴、中提琴、羽管键琴和管风琴，包括理论方面都很出色，在这样的小乐队里是极其有用的角色，如果公爵很快让他离开，那正是因为他受到了重视。

年轻的巴赫作为他的音乐侍从，绝不会随心所欲地来来去去。有一种说法认为，巴赫一来到公爵乐队就得到许诺去担任管风琴师，[①] 甚至他已经得到了这个职位。但仔细考查一下，就发现这是完全站不住脚的论断：新教堂的管风琴，尽管还没有完全造好，但已经开始启用，[②] 管风琴师就是伯尔纳。如果说，这座精心制作的管风琴最终建成的话，那么这位伯尔纳继续留在那里演奏，就是不言而喻的事情——在一般情况下，临时解决方案，往往就是持续状态的开始。

在阿恩施塔特，实际情况却并非如此：这个临时解决方案，在管

---

① 维尔纳·费利克斯和其他人在莱比锡持这种观点。
② 这在技术上是完全可行的：即使没有把所有音栓的音管都安好，也可以弹奏。

风琴建成之时，却骤然终止了。建造管风琴的时间已远远超过了当初的许诺。某些人显然出于对此事的无知，后来批评来自米尔豪森的管风琴制造师格特利普·文德尔耽误了工期，这实际是一种妄言：因为建造管风琴的费用是在工程开始时就商定好的，制造师必须用这笔钱来完成这项工程：建成的时间越短，他就越可以更早地接受下一个项目。但是，当管风琴建好以后，管风琴师伯尔纳却向市政委员会声明，说他对工程不满意，说文德尔的管风琴达不到应有的演出效果，

阿恩施塔特伯尼法丘斯教堂的管风琴，至今保持着巴赫时代的风貌

所以他不能验收这项工程。而已经投入过多时间和过多费用的文德尔，理所当然地不能接受这个指责，伯尔纳的批评还牵涉到了文德尔的推荐人，米尔豪森圣公会执事菲舍尔。尽管在当时验收管风琴时一般由专家鉴定，但这里的管风琴早就开始启用，所以难以鉴定其质量，在这种情况下，必须由专家前来仲裁。

历史是充满神奇的。首先，这座管风琴早已启用。其次，在这种棘手的问题上，往往都是要请一位资深阅广的人前来处理此事。在奥德鲁夫，有一位巴赫家族的管风琴师，这方面的造诣驰名远近。在邻近的美宁根和周围地区，也都有巴赫家族成员担任管风琴师的要职。所以，找一个巴赫来处理此事也就顺理成章了，何况阿恩施塔特宫殿的施瓦岑贝格伯爵，早已看中了一名老巴赫即塞巴斯蒂安父亲的孪生兄弟。伯爵在这种问题上有何权限，赞格豪森市志上早就有所记载。（就是在这本市志上，也记载了年轻的巴赫被公爵剥夺了获得职位的经过。）

塞巴斯蒂安当时还很年轻，到3月才刚刚19岁，是周围一带最年轻的巴赫。尽管如此，当时关于他对管风琴博学多才的传说，早已不胫而走。而且，这不仅是从他和艾夫勒交谈和参加公爵乐队演出时有所表现。自从他通过黑尔德了解了这种乐器的技术奥秘以来——后来的一系列管风琴考试证明了这一点——他始终在专心致志地研究这个问题。对比相关的知识，是积累经验的前提，对年轻的巴赫来说，经验的积累，完全来自他对所有接触过的管风琴进行详尽考查和演习，这些可能也都名声在外了。其他管风琴师大都是留在自己的管风琴前。而约翰·塞巴斯蒂安·巴赫却是移动他的脚步，四处奔走八方观察。他的一生都充满着强烈的求知欲望，他具有独特的彻底精神。今天我们会说，他是一个"一丝不苟的人"。但一般人说到这一点时，总是带有一丝愤慨，似乎其他一丝不苟的人会做出更加完美无缺的事业来。

如果说，人人都知道，这个巴赫了解周围地区所有的管风琴，而且小小的年纪就已经在萨克森-魏玛公爵处任职管风琴师，那么他当然就是合适的人选，有能力判断文德尔的管风琴是否和其他地方的管风琴一样好，或者更好或者不好。此外，他还是一个巴赫，来自一个资深的家族，同时——这对城市的财政很重要——由于他年轻，所以费用也不会太高。这些都是聘请他作为专家顾问参加鉴定来解决这个难题的良好的理由。也有人认为，另一个最重要的理由是，阿恩施塔特市长是年轻巴赫母亲的亲戚。[①] 但这一点，实际上更应看成是一个可能的障碍：如果对他的评判不中意，那么反对他的最好理由，就将是裙带关系。

如果像很多人认定的那样，这个职位早已为巴赫预定，那么他只需要简单地演奏一下，证明这个年轻人有能力担任这一职位就足够了。但他却被确定为鉴定专家。这是一个高超的外交步骤：他对阿恩施塔特市政委员会不承担任何义务。如果评判不充分或者受到别人的非议，那么人们总还可以用鉴定员过于年轻作为借口加以解脱。任命鉴定员为管风琴师的义务是不存在的，何况他业已在宫廷中有了职务和收入。（市政纪要中把他称为"萨克森公爵宫廷管风琴师"。）我们可以看到：市政委员会对此事做了置身事外的良好准备，使自己处于最佳处境。在财政上也是精打细算的：这位鉴定员确实同意，只收取较低的管风琴鉴定费用。

管风琴制造师文德尔是一位48岁的经验丰富的大师，他理所当然不能同意这个解决方法：一个才19岁的年轻人，在这方面又能有多少知识？

但结果却出人意料：年轻人开始工作，作为鉴定人，他没有放过制造者任何一个细节（直到生命终止，他保持了这一品质），同时他

① 还是维尔纳·费利克斯的观点，并得到其他人的认同，但事态后来的发展却未能得以验证：巴赫在阿恩施塔特遭遇的各种困难中，都没有发现有亲戚出面帮助。

也指出很多别人几乎没有注意到的制造中的卓越之处。结论是，文德尔制造了一台优秀的管风琴：它一直工作了 180 年之久，直到 1864年由于式样过时而改建；但这台管风琴的音管，至今仍在阿恩施塔特圣伯尼法丘斯教堂里，发出美妙的声音。它就是老文德尔所造、年轻的约翰·塞巴斯蒂安·巴赫给予验收的那台精品。

　　这位年轻的管风琴鉴定家，不仅出人意料地精通管风琴，而且同样甚至更善于演奏管风琴，他使这台新管风琴演奏出阿恩施塔特还从没有人听到过的美妙的声音。阿恩施塔特市政委员们的印象是无与伦比的，他们不仅聘请他在管风琴启用的庆典上演奏，而且立即打算聘任他为这里的管风琴师，所付工资之高，在阿恩施塔特也是绝无仅有的。他们不得不多付些工资，因为这个年轻人必须为此放弃他在宫廷里的一份像样的工作。（这也证明，巴赫所以来阿恩施塔特，并不是来接受已经为他准备好的这一职务的。）

　　不，他没有坐在一块早已铺好的坐垫上，也不意味着他的愿望就此得到了满足。一个幼稚而虔诚的人，终于在教堂里找到了职位，[①]有人说，他从 14 岁开始就渴望着这一天的到来。然而，在教堂做礼拜时担任管风琴师，发挥音乐才干的可能性并不是很充分的。一支序曲一支终曲，教拜曲和为教民唱诗伴奏，这就是已成固定模式的使命。教民们上教堂并不是出席管风琴音乐会，即使最美的管风琴曲，在礼拜仪式上演奏时，其效果和规模也都受到不少限制。

　　巴赫在阿恩施塔特任管风琴师的工作，只局限在周日 8 点到 10点的礼拜仪式、周一的祈祷和周四 7 点至 9 点的早课上。游手好闲的人会说：他没有多少事情可做。但我们也可以说：他很少有机会施展才能。总之，他现在有很多自己可支配的时间，而且也有了不菲的收入：50 盾加 30 塔勒尔，大大超过了他父亲当年在埃森纳赫以及他哥

---

① 特里想让我们相信这一点。

哥在奥德鲁夫所得到的报酬。但客观地说，他留在约翰·恩斯特公爵的宫廷里，作为宫廷乐师会有更多的表现机会，可以演奏更多的音乐，特别是管风琴音乐，因为管风琴对他是开放的。

当然，阿恩施塔特除了管风琴，也向他提供了参与乐队演奏的机会：当地的伯爵在宫中拥有一支比魏玛宫廷中的还大的乐队，共有 24 名乐师，再增加一名曾为公爵演奏小提琴的年轻人，正是求之不得的，哪能让他逃脱掉呢！除此之外，除了优厚的工资，他还得到了另一个更重要的东西：他的自主！

管风琴是十分优秀的。贝瑟勒曾断言，说这是巴赫弹奏过的最好的管风琴，当然这也是值得怀疑的，因为他后来到魏玛时，曾得到了一个机会，让人按照他的设想制造了一台管风琴。但这里的管风琴确实很好，而且钥匙不是掌管在宫廷办事房秘书埃夫勒手里，而是放在他的身上。阿恩施塔特看中了他，在他没有请求的情况下，赋予了他这个职务。而在伯爵那里，巴赫这个名字是早就如雷贯耳了。

当时的阿恩施塔特大约有 4000 居民，三座教堂和一所人文中 48
学，但没有合唱队，所以也没有复调对位音乐。虽然人文中学校长约翰·弗里德里希·特莱伯尔自己有时也作曲（例如一部歌剧，关于喝啤酒的好处），却没有一个合唱队。但合唱队是可以建立的！作为新任管风琴师，巴赫从埃森纳赫、奥德鲁夫和吕内堡积累了不少学校音乐教育方面的经验。在其他地方理所当然的事情，在这里也应该是可行的。

但巴赫毕竟不是阿恩施塔特人。他对那位校长、人文中学以及自己在这个问题上的权限做了完全错误的估计。在阿恩施塔特，学校的时钟完全是另外一个走法。那位钟爱音乐的校长，在学校里没有为他的学生搞复调对位音乐，道理是十分明显的。他的人文中学不是吕内堡的米歇尔人文中学，在那里只有那些"教师所熟悉的虔诚、谦逊和勤奋的学生"才可加入合唱队。按这个标准，阿恩施塔特中学根本组织不起一个合唱团。这是一个手工业发达的小城镇：纺织、制革、酿啤酒，都是些兴旺发达的行业，而且城镇也正好处于一条商道之上。那些有地位的人把子弟送进中学读书，只是因为他们有钱。而这些富人子弟，正是由于家财豪富，也清楚地意识到了父母在社会上的影响力。因而，他们实际是一个无恶不作的团队，根本不急于在学校里毕业。其中有些人已经年过20，他们宁可在夜间做打情骂俏的勾当和其他恶作剧，也绝不考虑结业的问题。阿恩施塔特人都知道：他们的中学生是一群恶少，尽量避免和他们接触。

巴赫对此应该是有所闻的，但他并没有害怕。他知道如何管理一支合唱队，而且想付诸实践。于是他开始行动了，而且收到了立竿见影的效果，他甚至没有为此付出过多的精力。学生们唱得也不坏，对此，首先是市政委员们感到格外欣慰，庆幸他们任用了一个如此优秀的管风琴师。当地的教会监理会、教区牧师和本地牧师当然也都十分满意，因为他们的教会终于有了自己正式的复调对位音乐。中学生们自己对此也感到很开心。因为，学校合唱队的创始人也是一个年轻人，在年龄上和他们相差无几。他们可以在教堂里唱诗了，也可以证明，他们都是些像样的小伙子，而且参加合唱队，也使他们获得了一定的社会地位。

但这种状况只持续了一年多时间。然后就出现了两大问题。首先，原本是学生乐趣的唱诗，变成了一种义务，成了令人讨厌的社会活动。其次，这个新任管风琴师虽然还没有他们中年长的年龄大，却开始发号施令了：他向学生们提出了要求！

巴赫是个办事认真的人，这是他从小到老所遵循的准则。他所开始的事情，一定要执著地进行到底。他在一生的各个阶段，虽然也显示了不少幽默的品格，但在音乐上，他是从不开玩笑的，在这方面，他不容许敷衍了事，更不准许吊儿郎当。

他这样做自然引起了合唱队员的抵制。对他们来说，唱歌是一种不承担任何义务的享乐：他们并不是靠唱歌而生活的。但巴赫对他们的成绩却不能满意：他想把他们造就成为一支优秀的合唱队。他对他们不满意，他们对他同样不满意。"不满意"不是恰当的表达，他们是在反叛。学生们决定，不再容忍他对他们的摆布。

据说，他曾把一个叫盖耶斯巴赫的捣乱分子称为"吹大管的刺毛"。这在今天看起来只是个玩笑话，并不含骂人的成分，但想吵架的人却抓住了一个良机。他的那些歌手们已经举起了战斧，而且实际上也发生了真正的暴乱，参加者为 6 名一年级的新生，他们是：盖耶斯巴赫、许特乌费尔、特拉斯多夫、霍夫曼、马内巴赫和施蒂茨豪斯。这 6 个人都和巴赫同龄或比他年长，他们手持木棒躲在黑暗中，企图用暴力强迫他，向盖耶斯巴赫正式道歉，收回"吹大管的刺毛"的说法。这当然是一个借口，实际上是想把他殴打一顿。（如果不是这样，又何必来 6 个人等他。）

研究音乐理论的传记作家们，完全没有重视这一对巴赫性命攸关的经历。他们把此事只当成一个无关紧要的插曲对待。当时，完全有可能把巴赫打成残废，这对 6 名 20 岁的暴徒来说，是一件轻而易举的事。估计，巴赫当时胳膊下夹着小提琴，正从伯爵家里的一场音乐会回家。音乐家一般都是很脆弱的。罗伯特·舒曼由于一个手指僵硬而放弃了钢琴家的生涯。如果当时人们有目的地打残巴赫的手，那他的一生就会完全是另一个样子了。

就在这一年，亨德尔也遭遇过一次危险：他的所谓朋友约翰·马特森在他的歌剧克蕾奥帕特拉首演后，同他以剑相对。马特森如果刺中了亨德尔，那么亨德尔的一切作品将不存在于世界，只是由于亨德尔外衣的纽扣折断了马特森的剑尖，才避免了这场悲剧。

但盖耶斯巴赫及其同伙手中的木棒，巴赫的纽扣是无法抵挡的。有什么其他办法吗？有！当时穿宫廷制服必须佩带装饰用的佩剑。于是他把佩剑抽了出来，向对方进行了反击。他们本来以为巴赫会害怕，但相反却遇到了坚决的反抗，最后只好逃之夭夭了。

巴赫向上级起诉了这一事件。聚众闹事、夜间袭击、扰乱城市安宁，袭击者可以得到一系列罪名。巴赫期待着公正的法律判决，但他不是阿恩施塔特人，他完全想错了。他的亲戚市长马丁·费尔德豪斯完全置身于事外。（由此可见，巴赫对裙带关系的重视是如何薄弱。）从学校开除首犯盖耶斯巴赫，禁闭其他参与者，应该是最轻的处罚。但情况完全不是这样。6个人都是有地位人家的子弟。为首的盖耶斯巴赫只得到了警告，"不要危及今后的发展"，而其他几个人却没有受到任何处罚，"因为缺乏行凶的证据"。为这次事件唯一受到指责的是……管风琴师巴赫。教会监理会指示："让学生参加音乐活动，并立即以缓和的形式继续进行"。

音乐理论家保罗·迪布歇，把此事列入"年轻人脾气暴躁"的范畴。阿尔贝·施威策也把责任推给了巴赫。他写道："在这里，人们没有谈及教会当局对年轻的管风琴师天才的不理解。他们处理此事是有道理的。巴赫不知如何领导合唱队。在阿恩施塔特时，就已显示出，他缺乏任何组织才干，这使他后来在莱比锡的职务遇到很多困难。"

在这里需要指出，在莱比锡他遇到了两个对他百般挑剔的部门——市政委员会和教堂监理会，但在巴赫在莱比锡27年之久的任职期间，他们却没有一次对他的组织能力进行过指责，尽管他在最后的13年里不再进入托马斯学校，对四个教堂的唱诗班，只通过他的副手，即"助理"进行组织。迪布歇和施威策的说法，只是作者的臆想，很容易用事实加以否定。

施威策说，在阿恩施塔特有过10年合唱经历的巴赫，又是主动开始组建合唱队，而却"不知道"如何领导。这是一种不负责任的断言：在档案资料中的记载是"以缓和的方式继续进行"，这就清楚地说明，是巴赫对歌唱质量的要求，引起了事件的发生。在莱

比锡也有类似的现象：只要他对质量的要求没有引起麻烦，就没有   52
人指责他。

如果他是一个像斯皮塔、特里、施威策所说，是个虔诚的上帝的
信徒，那他就必然会屈从于其上级教会的指令。不幸的是，他是一个
音乐家，这就驱使他进入了艺术的深层之中，并在任何坎坷的形势下
忠于艺术。他更需要的不是任职的合同，而是支持者，但在他的一生
中，他却只获得过一次真正的支持，还不到四年的时间。

他没有挨到盖耶斯巴赫及其同伙的殴打。作为处罚，教会监理会
却强加给他一项他从未承诺过的义务。这彻底改变了他同阿恩施塔特
当局的关系。1703 年 8 月 9 日，他签署了任职合同，然后他就试图
组建复调对位音乐合唱队。两年后的几乎同一天，即在 1705 年 8 月
8 日，他遭到了袭击。

谁也不能责怪他，根本不去考虑执行监理会的决定。否则他就会
陷入一个无望的境地：对他的歌手们，他再也不能提出什么质量要
求。学生们已经向他"表明"了这一点。他们将自行决定，在多大程
度上服从他的指挥，而且他们也知道，即使再进行一次袭击，也不会
产生什么可以顾忌的后果。巴赫也已看到，教会上层人士不仅不支持
他，反而明显站到了对立面一边。因而，在阿恩施塔特搞复调对位音
乐，对他来说，已宣告终结。

他的批评者们，如果设身处地想一想，没有一个人在这种环境下
还有能力，把复调对位音乐重新搞起来。可他们为什么就忽视了这一
点呢？

巴赫把复调对位音乐只是当做一种艺术实践，也并不是非搞不
可。首先，他还在做着管风琴师的工作。其次，他无疑已经开始了一
件至今未留下任何确凿痕迹的活动：作曲。当然有很多这方面的推
测，说他在吕内堡时就已经开始了作曲，但却缺少足够的证据，而且   53
也不太可能：学校的功课占据了他太多的时间。我们如果总结一下，

看他在 1700 年复活节到 1702 年夏天，在这里都做了些什么事情，就可以发现一种难以置信的积累知识的激情。其他的作曲家已经在年轻时代就迸发出作曲的欲望，而从巴赫身上我们得到的印象却是：他全身心地向他的艺术殿堂靠近，小心翼翼地但却十分严谨地迈着步伐。直到他年满 18 岁，我们还找不到一份他写的曲谱，至少没有一份他认为值得保留的作品。而到了阿恩施塔特以后就不同了：在他还领导合唱队时，他写下了第一批康塔塔。一开始就有三首带有他的标痕：其中的一首是一个赋格——是的，开始就是赋格，他把这首赋格献给了他的大哥，并用拉丁文写了一段充满敬意的献词。从献词里我们可以看出，他对这位哥哥虽有崇敬之情，但却保持着距离。他的作曲至少已向我们表明，这个当年的学生在艺术上已经走了多么远。

然后是一首随想曲《送别亲爱的兄弟》。在埃森纳赫的雅格布在瑞典得到了一个职务，将远行至君士坦丁堡——他将远离家乡。这首随想曲有不少值得注意的地方。用德文和意大利文写下的献词，要比赋格的献词充满无比的亲情。随想曲的曲调给人留下的印象，仿佛巴赫并不是出自离别的悲痛而创作此曲，它听起来反倒像是一件饯行的礼物。雅格布是吹奏家，而不是提琴手，所以可以想象，塞巴斯蒂安在雅格布行前兄弟又见面时，演奏了这首随想曲。埃森纳赫距阿恩施塔特不过 50 公里的路程。这首曲子也多少反映了巴赫对手足骨肉的亲情。

接下去的一首则令人瞠目结舌：这首随想曲的各个部分简直就是标题音乐。开曲的咏叙调是"为劝阻友人出游而对他的赞扬"，接下来的赋格段是"表白不同的观点，说明在异乡可能的遭遇"，极柔板一段则是"朋友的相互哭诉"，而全曲的终结却没有采用简单的终曲咏叹，而是用了一个赋格。人们在惊叹之余不禁要问：难道巴赫的音乐会是另一个样子吗？但值得注意的还有两点：第一，巴赫是如何自如地运用复调音乐；第二，他又是如何自如地用复调音乐手段表达自己的意愿。

音乐理论家们，很自然地把这首随想曲和约翰·库瑙的《圣经故事》奏鸣曲联系了起来，并揣测说，巴赫很可能是从库瑙的乐曲中获得的灵感。表面上看起来，似乎不无道理，但巴赫除此以外却从未从库瑙作品中借鉴过什么。因此从这种论断中可以得出的唯一结论就是，持此种观点者，从未对两部作品进行过认真的比较。否则他们就会发现，年轻的巴赫在这方面，早就不需要向老库瑙学习什么了。（尽管库瑙是个很有趣的人，他还首次提出了"华丽风格"的概念，比在巴赫传记中早出现了 40 年。）

巴赫和库瑙的作品迥然不同，不论是在立意上还是在结构上，也不论是在小节技术上还是在其他处理上。库瑙在他的"几个圣经故事的音乐表现"中，意在讲述故事，而巴赫则是在各种场合描绘气氛，这是完全不同的手法。而且，巴赫也完全没有必要为了这首随想曲而去查询库瑙的作品：音乐叙述和音响描绘的技巧，他早在吕内堡就已有所接触，是当他抄写库普兰曲谱时；而库瑙不会给他提供什么新东西。最后，大家都忽视了，巴赫终究是一个音乐天才，随时掌握着这门艺术的灵魂。因此，他完全没有必要为了灵感先去学习别人的东西，然后才用音乐去表达他的情感。平庸的人或许需要不断模仿，而天才却精于自己创造。而且在声部运行与和声方面，这里早就是"完全巴赫式"的风格了。 *55*

在这首随想曲中，还有一个有趣的例证，就是其中出现的转调，特别是在进行曲部分。这里也不可能是从库瑙那里借鉴的：在库瑙的《圣经故事》里，找不到类似的痕迹。

在这首充满离苦的乐曲中，我们还可以看到另一面：一种亲切而调皮的幽默，贯穿在全曲之中。这一特色同样出现在这个时期创作的第三首实用音乐作品当中：即《婚礼集腋曲》，其中表现了新郎在面包烤炉旁向心上人靠近的趣味横生的情节。这种巴赫式的幽默，从此就一直贯穿在他的创作之中。不仅在《咖啡康塔塔》和《农夫康塔塔》中有所表现，而且在《圣诞清唱剧》和《戈尔德堡变奏曲》中也是如此。是啊，甚至在豪斯曼为他绘制的肖像上作为背景的卡农，也是他这种幽默感的体现。我们可以说，这三首阿恩施塔特的实用音乐作品，已经铭刻了他后来一生中创作的作品所具有的个人标记。

第四章

　　那么，到底什么是"实用作曲"呢？他的同时代人特勒曼，实际就是个只写实用音乐的作曲家，就是在他的音乐被需要的时候作曲。亨德尔在他一生中大部分时间也是这样做的。反对实用，从艺术角度看，是根本不成立的。能够提供这样的机会，恰恰是时代之幸运。莫扎特的歌剧也都是委托之作，甚至他的安魂曲也是受人委托而写的。但在巴赫这里，我们却在很大程度上看到一种奇特的现象，即他除了为完成职业所需创作的很多作品外（其数量足以构成他终身之事业），还额外为满足自己的欲望而创作乐曲，其上司部门或许可称之为"无目的"作品，这是当时通用的说法，但他自己当然不这样看。这其中包括他的大型管风琴曲，也包括《h 小调弥撒曲》和《赋格的艺术》。没有人预约，也没有很多人可以利用它们。他的同时代人或许会问，他难道不该做点更有用的事情吗？而我们却感到很幸运，因为回答是：不！

　　他的最著名的管风琴曲，很可能也都是实用音乐作品：《d 小调托卡塔和赋格》，是他为管风琴考试而创作。但现在已无法知晓，那次考试是在哪里举行的。可以肯定的只是，它产生于阿恩施塔特，在巴赫 19 或 20 岁的时候。赫尔曼·凯勒尔，那位在出版管风琴曲方面成绩卓越的出版商，在描写这部曲子时，简直抑制不住自己诗人般的激情。他说，"没有第二个例子会像这部托卡塔那样，从一开头就如此激动人心，以其闪电般的同度音一泄而下，然后是滚滚而来的断续

的风琴和弦，然后是暴风雨般的三连音波涛"。当然，巴赫其他管风
琴曲的开头也同样是激动人心的。被凯勒尔描绘的"滚滚而来的断续
的风琴和弦"，从两个方面看，是很值得注意的。第一，从管风琴技
术角度。巴赫在验收管风琴时，总是习惯首先检验其风箱是否发送足
够的空气。以这种断续和弦可以使管风琴逐步获得足够的空气，这是
演奏者用手和脚的驱动可以达到的效果，是一种十分有效的验证方
法。另一方面更为有趣：巴赫以这种琶音，即快速依次发出各个音阶
的手法，奏出一个渐强音来，这只有在管风琴上才有可能，而在管风
琴字典里有关 d 小调托卡塔条目中却找不到对此的解释，这是他的发
现。第一个琶音的结尾，要比开头多 7 个风管发声，而第二个琶音的
结尾则多 9 个，如用数字表明，则是：就巴赫的阿恩施塔特管风琴结
构而言，第一个音系由 27 个风管发出，逐渐增强到最后一个音时，
则增至 243 个，也就是增加 9 倍！

在这首曲子中，还有很多新创造。作品的形式也有新意。其实，
"托卡塔和赋格"这个名字并不确切，赋格实际是天衣无缝地融入了托
卡塔之中。这同其他管风琴作曲大师的通常作品相比，是一种崭新的
形式。我们可以研究一下克里格尔、克尔、施佩特、弗罗贝格尔、赖
因根、布克斯特胡德、帕赫贝尔、穆法特等人的作品。他们的托卡塔，
如果不是一首完整独立的短曲，则是很多独立的和赋格式部分的并列，
而且像这样一个篇幅的作品中加入赋格，也是极其罕见的。显然，在
整个巴赫的研究中尚无人指出：这首托卡塔在形式上，是那个时代的
一个绝作！可以说，年轻的巴赫从一开始就按照一种完全固定的感觉
来塑造他的音乐形象。对其他人的与此不同的手法，他显然是不感兴
趣的。此外，他的作品一开篇就寄寓着一种宽宏的音乐气势，一种起
始的大手笔，在这一点上，没有人能和这个 20 岁的年轻人相比拟。这
种宽宏使他的狭隘的同时代人及其后代陷入了相当大的困惑。

这首托卡塔的第三个有趣之处在于它的赋格主题。这又是那种

造型，在巴赫后来的长期创作生活中一再出现的典型形式：无休止的 1/16 音符的运动及其旋律发展和一个长音主调的永恒的对应。

弗里德曼·奥特巴赫在他的巴赫传中，企图把巴赫的这一特色归纳入法式古琉特琴的"分解和弦"（style brise）风格之中。但是，巴赫为树立自己个人的管风琴风格，而去借助法式琉特琴音乐，显然是不可信的。巴赫在吕内堡见识过法国管风琴师，但却没有受过这方面的影响：在库普兰、格林尼、迪厄帕、鲁克斯和雷宗的作品中都是找不到这种可借鉴的东西的。巴赫有时并不忌讳借鉴，在实用作曲时，对他的灵感甚至是一种求之不得的源泉，但在他的《d 小调托卡塔》中出现的赋格主题，却没有借鉴任何流派，尽管对那些总想引经据典东拉西联的人们来说不可置信，但事实确是如此：这是他自己的思想结晶。

但我们必须观察一下这个主题的加工。一般情况下，各个声部插入后，以比较自由的形式继续发展，次要部分逐步扩展，插段渐离主题。但在《d 小调托卡塔》中，巴赫却不断插入赋格主题的各种新的变调，他不仅让其表现，而且随心所欲地加以改变，甚至不减少额外的插入。同样在这里也必须考查一下他同时代人的作品：像如此动人心弦的艺术魅力，是无处可以找到的。（一位著名的科学家把这称之为"从印象看，这是较弱的赋格"[①]。）

59

除了其他一些重要的乐曲（如施威策列举的前奏曲和赋格）之外，还有那首《G 大调幻想曲》，对此约阿希姆·凯塞尔曾于 1985 巴赫纪念年时发表了一篇卓越而深刻的分析文章；也有很多人断言，说这首曲子反映了迪特里希·布克斯特胡德的影响。然而像巴赫在其中发展主题的方式，人们在布克斯特胡德那里却找不到。诚然，布克斯

---

① 盖克的话。赫尔曼·凯勒尔也是这种观点。他们两人都忽视了巴赫的主题在这里得到了非凡的升华。开始时的谨慎是结构上的必然。按两位评论家的观点，巴赫的赋格主题应该直接由"表"及"里"才对。可巴赫并不这么愚蠢！

特胡德式的经过句，不时出现在同时代的其他人的作品当中，尽管我们可以肯定地说，这些人从未拜访过布克斯特胡德。那么在这首幻想曲中，那一严格的五声部乐章又是怎么一回事呢？这也同样是独一无二的，正常的乐章是四声部，就像在唱诗歌中一样。（盖克断言，说是三声部，他缺乏实践。[①]）二声部也是常见的，或者三声部。但年轻的巴赫却试验了五声部，这是很困难的尝试，因为即使在五声部中，三度音也只能重复一次。五声部乐章在老一代法国大师那里也曾出现过，但越是困难的东西，越能刺激他的创作欲，比如让主题和伴句同时出现的赋格，尽管是普通的赋格，却仍然充满令人惊奇的艺术魅力。

至于说到受布克斯特胡德的影响，也都是些无稽之谈，类似的说法，还有所谓乔治·伯姆对众赞歌前奏的影响。所谓影响确实是个难说的问题。在布克斯特胡德作品中曾出现的梦幻式造型，同样在他的同时代人帕赫贝尔作品中也出现过，但他肯定不是受前者的影响。同样风格的众赞歌写法，[②] 出现在伯姆、布克斯特胡德以及约翰·尼古拉·汉福的作品当中，后者虽然和伯姆及巴赫同是来自图林根，但却在柯尼斯堡任职。作为各种插入排列的托卡塔形式，也同样出现在布克斯特胡德以及格特利普·穆法特作品之中，但他们之间却毫无关联：后者其一是在帕骚和维也纳供职，其二是一个天主教徒。然而，像在巴赫《d 小调托卡塔》或上述的《G 大调幻想曲》（类似的例子还有很多）中出现的激情的奔放，我们在伯姆和布克斯特胡德作品中可惜是找不到的：于是，所谓的影响一下子就消失不见了。如果把伯姆的旋律和巴赫相比，那么人们几乎很难相信，他们竟是同时代人。

---

① 如果批评者仔细阅读音乐史的话，那他就会发现，早在 16 世纪，四声部乐章（不是三声部）就已成为作曲技巧的完美形式了。

② 施威策甚至告诉我们，说其他的可能性根本就不存在。

　　早在巴赫的阿恩施塔特的作品中，所显示的结构上和作曲技巧上的复杂程度，实际已经是绝无仅有了。如果说巴赫在作曲过程中也参考了别人的先例，那并不是为了模仿，而正是为了摆脱他们的影响。（当贝托尔特·布莱希特写三毛钱歌剧时，他并不是在"约翰·盖伊的影响下"完成此作，同样，贝多芬的"卡卡杜变奏曲"也绝不是"在文策尔·缪勒的影响下"写成的。）

　　引人注目的是，在阿恩施塔特时期，很多随意创作的管风琴作品都注明了写作日期，但在众赞歌序曲上却很少出现这种现象。如果巴赫在阿恩施塔特就任管风琴师以后，把他的音乐献给他的教会，以满足自己的心愿，那么他的创作就应该主要考虑使音乐适应教堂礼拜的需要；就像他在莱比锡时一样，每个周日都要创作一首康塔塔才行。但看来，他这时的活动更多是考虑音乐本身。尽管人们把他的众赞歌帕蒂塔的产生列入到阿恩施塔特时期，但这些变奏帕蒂塔也都更多是随意创作的管风琴音乐。施威策认为，这是当时的习惯，把众赞歌中的个别段落变换着从唱诗转向管风琴中去，如果他说得正确，那就应该有比管风琴师和众赞歌多得多的众赞歌帕蒂塔才对。但事实却是，帕蒂塔确实不少，但它们是来自普通歌曲，却不是来自众赞歌。

　　巴赫在莱比锡准备了很多备用的康塔塔，但在阿恩施塔特却没有创作多余的众赞歌前奏，其中有两个原因。其一是，巴赫是一位优秀的实用音乐作曲家。在教堂礼拜中，即兴奏出前奏和间奏，对他根本就不困难，相反正是一种乐趣。其二是，他和教会首脑的关系在1706 年 8 月，受到了一次严重的冲击。伯爵的监理会不仅没有保护他，而且还要把他自发担任起的唱诗班领导工作，作为义务强置于他 61 无法接受的条件之下。

　　一向被传记作家强加的性情暴躁的巴赫，对此事却泰然处之。他等待了两个月，希望上司能够转变态度。然后他就申请了假期，目的是去吕贝克进行考察旅行，拜访著名的布克斯特胡德。

他当时申请 4 个礼拜的假期，并推荐他的表兄约翰·恩斯特·巴赫代理他的工作。由于工作有人负责，所以他得到批准。他在后来的一生中，从未获准过这么长的假期，也从未度过这么长的假期。监理会的批准，或许是一种让步（希望以此种宽容的态度同样获取他的回报），但巴赫却有自己的主意，他知道，超过 4 个礼拜的假期是无论如何也无法获准的。

后来很多人都指出，这次假期最后还是大大超越了时限。事实确是如此，但不是最后：他从一开始就知道，4 个礼拜对他此行的意图是远远不够用的，他不可能事先没有这种考虑。他曾走过奥德鲁夫到吕内堡这条路，而且是在白天较长的三月。他也知道吕内堡到汉堡的距离，所以也知道吕贝克要更远一些。

这共有约 400 公里的路程，即使每天走 30 里，路上也需要 4 个礼拜。他上路时已是晚秋——10 月底——白天已经很短，而且越来越短，如果是阴天，天黑得就更早了，而这个季节常常是阴天较多。他必须穿越在这个季节并不适宜旅行的哈尔茨山区。他必须估计到会遇上狂风暴雨，泥泞的道路，以及连狗都不愿意出门的天气，所以每日步行 8 个小时，简直就是不可能的。

他必须徒步旅行，这是理所当然的事情。他对此已经习惯，而且积累了经验，也符合他的身份。他不需进入那些酒店，坐等下一班驿车的到来；他也没有找无关的人和他同行，避免扰乱他的思考；他可以自己找到留宿的地方：他是自由自在的。何况当时乘驿车，并不一定快捷，如果抛了锚，还会更慢。

他在上路之前就已经知道，他的假期太短，无法在批准的期限内返回，而且也不想遵守这个期限。教会上层知道他的旅行目的地，但仍给予批准，只能证明他们是如何缺少必要的地理常识。

管风琴师巴赫早在上路时，就不打算遵守上面批准的休假期限，却没有一位传记作家注意到这点。从这个事件中也可以看出，这时的巴赫和阿恩施塔特教会上层，实际是一种相当无制约的关系。就像他在阿恩施塔特更重视赋格的艺术，而不是把主要精力放到同宗教礼仪相联系的管风琴音乐上一样：他对音乐上进一步发展的重视程度，也更大于那份教会的职务，何况这个职务还给他带来了不少麻烦。本来，他也会对帕赫贝尔感兴趣的，他的哥哥曾由此受益不浅，但可惜帕赫贝尔已于这一年的春天在纽伦堡去世了。他从汉堡来时就知道，布克斯特胡德当时享有非凡的声望，这也有两方面的原因：不仅他的天赋和思想上的活跃，而且还有吕贝克商会出于尊重他的活动和功绩而对他的崇拜（后来莱比锡人对巴赫的态度却没有达到这种程度）。

人们可以进入圣玛利教堂，不只是去做礼拜，而且也可以单单为了去听布克斯特胡德的演奏。到了 11 月底，降临节到来的时候，平安的教堂音乐时期就开始了，他就会举行他著名的音乐晚会了。巴赫来得正是时候，任何人都不能提出过分的要求，让他经过长途跋涉后，立即再启程回家：他在这里经历了更为生动的实践，了解了一位有造诣的音乐家如何在教会职务之外发挥特长。

布克斯特胡德当时 69 岁，一年后的 5 月，他也跟随他的伟大同行帕赫贝尔进入了极乐世界。他本早想隐退，圣玛利教堂管风琴师的职位将要空缺的传说，早已沸沸扬扬。1704 年，当时的指挥家、歌唱家和作曲家约翰·马特松和一个朋友曾为此而来，他本想把这里的空缺塞给那位朋友，以便摆脱这个讨厌的竞争对手。他自己在这次访问中，只是在一个音乐会上演奏了羽管键琴。演奏管风琴的就是那位他想摆脱的朋友，那个朋友的名字叫乔治·弗里德里希·亨德尔。就在这一年，马特松抽出佩剑要和这位朋友决斗。

亨德尔本来也是可以接受这个管风琴师的职位的，这个位子不仅报酬优厚，甚至还提供一栋住房。但它却附加一个条件：谁想要这个职位，必须和老管风琴师的女儿结婚。这就是布克斯特胡德当时提出

的条件，可这位布克斯特胡德姑娘不仅体态臃肿，而且比当时才 19
岁的亨德尔年长整整 9 岁。

约翰·塞巴斯蒂安·巴赫也完全可以成为布克斯特胡德的合适的
接班人，而且他的艺术也会在这里获得丰硕的发展，他也确实于
1706 年和 1707 年之间得到过同样的举荐。但他也谢绝了这门婚事，
不仅是因为双方的年龄差别过大，而且还因为他在阿恩施塔特早就找
到了他生活中最佳的意中人：他的表姐玛丽娅·芭芭拉·巴赫（来自
盖伦的约翰·米歇尔·巴赫的女儿，是一个远房的表姐），虽说也比
他年长，但却只大一岁。于是，他于 1707 年 1 月又踏上了返乡之路，
在严冬，一年中白日最短的季节，在冰冻的道路上，踏着泥浆和积
雪。我们可以看出，这个年轻的巴赫具有一副熊一样的性格。但也不
像斯皮塔等人所说的那样没有责任感。只是对音乐的钟情，才使他从
一开始就计划超越假期。但当他学到了想学的东西以后，立即就踏上
了归途。（当然也可以说，爱情在其中也起了很大的作用。）

到家以后他就遇到了预料中的麻烦：监理会传呼他去谈超假的问
题，当然也同时提出要求，尽快恢复中学生的唱诗活动。

这种要求对他意味着面临什么样的处境，在市政委员会写给监理
会的一份报告中可以看出。因为当时的拉丁学校不属城市而属监理会
管辖。我们可以回忆一下：在奥德鲁夫教区牧师本人同时兼任学校的
校长。在阿恩施塔特，学校的校长虽然是约翰·弗里德里希·特莱伯
尔，但他却位居教区牧师约翰·戈特弗里德·奥勒阿留斯先生之下，
而后者只不过是为了摆脱日常繁杂的事务才不担任校长的。1706 年 4
月 16 日，市政委员会写给监理会的报告中对学生的行为是这样表述
的："他们对教师没有畏惧，在教师面前肆无忌惮地以最污浊的方式
寻衅斗殴。他们不仅在马路上而且在学校里也携带佩剑，在教堂做礼
拜时以及在教室上课时玩球，甚至出入不堪入目的场所。"

这就是监理会推荐的那些歌手。巴赫已经有了经验，不会再做傻

事，第二次同这些流氓打交道。然而，不仅仅是施威策把学生的行为归罪于巴赫，斯皮塔也这样写道："他的青年狂热使他忽视了，即使才华过人也要竭尽自己的义务。"其实，唱诗班的工作，根本就不属于他尽义务的范畴。

特里说："他不懂得控制他的学生，过于敏感且性情暴躁。"[1] 他没有告诉我们，从何处知道这些情况，他只是如此断言而已。

奥特巴赫做了总结："巴赫在履行职务时的弱点，性格上的缺陷，都在这个例子上暴露无遗。"他接着说："然而在不少有关巴赫的书籍中却加以美化。"看起来，似乎这些先生们正热烈期望着，他能够以卑躬的下级身份同那些市井无赖打成一片，去完成其他教师做不到的事情。 65

巴赫的合同中并没有承担这项义务的内容，而且他理所当然地还有其他的兴趣。他主要想搞音乐，用他获得的新的知识去搞音乐。这样他就干扰了教堂的礼拜活动。首先是他的前奏过长，他总是弹不够他的管风琴。当人们向他提出以后，他又演奏得过于短了。对此也是有记载的，值得注意的是，恰好是一个中学生，那个学生唱诗班的班长给他提出了意见：这正是把巴赫除掉的一个好机会。

在所有这些档案中，没有一处记载过，教会方面和这位管风琴师之间的人际关系。下级遭到了指责，并赋予了他新的义务。这种办法当然不会改善他们之间的关系：这个上司已不能再给巴赫什么东西了。他决定离此而去。

即使不是这样，作曲中的一个音乐方面的基本问题也使他梦寐萦怀，这对其他人可能已是习以为常：音乐中音准的问题和与此相关的和弦与调式。

从物理上说，表明这一问题是相当复杂的。今日普遍表现的是

---

[1] 所有有关人士都是一再这样认为，但从巴赫同时代的人的口中却没有找到一句这样的说法。

均衡的即"中庸"的音准。调式的理论上虽然可以计算，但实践中尚不存在。尤其是管风琴，由于高音声管很多，因而也就格外困难。巴赫自己的作曲作品就曾证实：其基本调式局限在三个升降记号范畴之内——降 E 大调至 A 大调之间，E 大调及降 A 大调只是例外。问题就在于：如果管风琴由于音响的不统一，而不容使用某些调式时，那么在通常的和声学以外，又有哪些和弦是可能的呢？

66

巴赫在阿恩施塔特时期留下的十几首管风琴众赞歌，也都反映出了这个问题。需要指出的是：当时的众赞歌的唱法和今天是不同的，在众赞歌各个部分之间管风琴要奏一段间奏曲，以便让教民们喘一口气，进行默思。这在巴赫的众赞歌"只有上天的上帝才是英明的"一段中，尤为明显。我们不能说，巴赫想以此强调歌词的内涵，而是想以此来创作一支管风琴托卡塔，他不但没有强调歌词中的"上帝对我们的喜爱"，反而预示了世界末日。

这里的和声是极其大胆的，对那个时代简直就是肆无忌惮，我们完全可以而且必须称其为一场革命。完全可以理解的是，教民听众却由此而忘记了唱诗。这当然又是监理会召见他的一个原因："向他指出，他迄今为止在众赞歌中插入了很多稀奇的变奏，掺入了过多陌生的音调，致使教民们对此难以理解。"

说得很对。但可惜的是，这些先生们没有利用这一机会，向他发出宗教方面的指令和警告，反而给巴赫上了一堂音乐创作课："今后，他如果想要插入异调，必须保持节制，不应过急地寻找异端的曲调，甚至像他所惯用的那样，演奏起对位的曲调来。"这当然是再次和以前的指责有关，即他不愿意再同学生们一起作乐。教会的指令，要求他 8 天之内作出解释。

如果我们仔细阅读这份记录，就会看出，唱诗班的学生们又在教堂做礼拜时，在管风琴师面前举止不端，而且唱诗班班长拉姆巴赫不但不致歉意，反而利用管风琴曲调问题，肆意丑化巴赫。他虽然由于

其恶举受到了禁闭的处罚，但对巴赫有关"为他安排一位以法治校的 67
校长"的要求却没有任何反应。

还应注意的是，学生拉姆巴赫的举止是在管风琴师受到指责后，才受到惩治的。奇怪的是，唱诗班学生如此恶作剧的行为，却未能引起巴赫的臭名远扬的暴躁反应，没有一份记录有过这样的记载：看来，他的这个性格特点在他的同时代人那里是无人有所发现。即使在福克尔的作品中也无从找到。它的出现是斯皮塔的发明，其他人只是后来勤奋地不动脑子地抄袭而已。

巴赫不想"解释"。他和教会上层之间的气候早已进入冰冻时期。他的合同里无这项义务，所以不回答也是一个回答。他在 10 年以后，当然又有了切身的体会。但此时的抉择完全取决于他自己。但他不愿意为了教会行政的利益而牺牲他的艺术准则。

这个被人称之为不能自制的巴赫，在这里却以一种引人注目的程度表现了无动于衷。他准确遵守合同中的义务，周日、周一和周四。对他的执行公务，他的上司直到他离开也未提出过任何非议，只有一件事例外：这一年的 11 月 11 日，监理会就唱诗班问题再次召见他；记录中如是说："向他提出，他有何权于不久前在唱诗班中邀请一名陌生的少女参加唱诗。"巴赫的回答经典式的简短："我告诉了乌特校长。"他没有说请求校长许可。他只是通知了他。

除了卢艾格认为，那位女士也可能是玛丽娅·芭芭拉的妹妹，其他人均认为，那位"陌生的少女"必是巴赫未来的生活伴侣。我们的管风琴师似乎不太可能把未婚妻扔在家里，而带着她的妹妹来"参加唱诗"。大家也都一致估计，此事可能是一次私下的音乐活动。"如果由此得出结论说，这位女歌手竟在做礼拜时参加唱诗，这很可能……是一场误会，"斯皮塔根据"妇女在教堂保持缄默"如此评论。 68

圣徒保罗在哥林多前书中向教徒指示，"女人在会中要闭口不言"，这对基督教来说，直至今日并未带来什么好处。巴赫时代，在萨克森图林根地区，人们还十分忠实地遵守这一信条。在汉堡就已不那么严格了：马特松的报告中说，人们把一些女歌手藏在柱子后面，教民们不仅想听她们唱诗，后来也想见到她们的容貌。在吕贝克布克斯特胡德那里，就更加自由化，但大多不在宗教活动的场合。在莱比锡巴赫任职期间，康塔塔的歌词多出自女人的手笔，至于演出时是否也有女声加入，却找不到相关的记载。

但这份记录的内容，仍给人带来启示：巴赫不仅仅让这位"陌生的少女"参与"唱诗班"演唱，而且还是他亲自邀请而来，让人听到她的声音，"他邀请和让她参加唱诗"；如果没有人听，那就不会邀请和让她演唱。除了管风琴师的简短表态"我告诉了乌特校长"外，我们没有再听到什么其他的解释，道歉绝对没有必要，更无须做出解释，不管是 11 月、12 月还是 1 月。他继续任职，避免介入其他的事务中去。

尽管发生了这种职业上的不快，但阿恩施塔特对他来说，还是一段十分幸运的时期：在这里，除了生活着远房巴赫家族的亲戚，还有他已去世的叔父遗孀的妹妹，即他的姨母维德曼小姐。已故的来自盖伦的市政书记员的两个女儿，即他的表姐，当时就住在这位姨母家中，她们和他一样，也是双亲均无的孤儿。一个是芭芭拉·卡塔琳娜，另一个是玛丽娅·芭芭拉，后者就是他的心上人。他们在阿恩施塔特初遇时，巴赫 18 岁，女孩 19 岁。这是一个相爱极佳的季节，而且两人都陷入了热烈的爱河，何况玛丽娅早在摇篮时期，就受到音乐的熏陶。

同样在职业上，幸运也没有远离过他：1706 年 12 月 2 日，在不到 60 公里以外的米尔豪森，蒂维·布拉希教堂的管风琴师约翰·乔治·阿勒去世了。他当时是一个著名的人物，不仅在米尔豪森。他的父亲约翰·鲁道夫，以前就是这里的管风琴师，在基督教新教的众赞歌曲集中，至今还保留着他创作的宏伟的众赞歌的旋律：例如《亲爱的耶稣，我们就在这里》或《永恒的朝霞》。

儿子继承了父亲的作曲事业，虽然不是管风琴曲。比这更重要的还有一点，那就是这里是圣公会副主祭费舍尔的家，就是他当年为阿恩施塔特推荐了管风琴制造师文德尔和管风琴验收师巴赫，所以他不仅知道谁是巴赫，而且也确切地知道，人们已经得到了这个年轻人。

我们可以这样认为，巴赫完全可以见风使舵抓住这个机会，从阿恩施塔特前往米尔豪森。"情况已无法忍受，"施威策是这样描写的。但这也只是他一个人的看法。对巴赫来说却不是如此，他完全泰然地让其他应聘者先去，让11月、12月、1月和2月乃至3月流逝过去。我们必须承认他是泰然的，而决不是觉得情况"无法忍受"。正好相反：他取得了成功。

在米尔豪森，他的艺术像3年前在阿恩施塔特一样，也受到了热烈的欢迎。当一个月以后教会理事会开会时，问题早已确定：就是巴赫而不是别人。一名市政委员被派往阿恩施塔特，去和年轻的巴赫谈判。对他的报酬仍然远远超过他的前任，条件和阿恩施塔特没有什么两样。6月14日，他来到米尔豪森，6月15日签署了任职合同。6月29日，他交回了阿恩施塔特管风琴的钥匙，提出了辞呈。

阿恩施塔特伯爵监理会没有刁难他，而且也找到了接班人，即在巴赫去吕贝克时做过代理的那位约翰·恩斯特·巴赫。他答应领导学生唱诗，而且报酬也低得多。 *70*

当时巴赫试演以后得到的专家报酬当然只是个例外情况。他在米尔豪森同样得到了这种报酬：这个22岁的年轻人毕竟是一个极度不寻常的并给人以极深印象的天才。

卢艾格当然认为，这更加证明了巴赫所具备的非凡的经济才干，而且还说他当时就为降低他的接班人的工资做了手脚。把对同事不公的行为强加给巴赫，是很不善意的。然而，和同时代的伟大亨德尔以及更渺小一点的马特松比起来，巴赫的经济才干小得可怜，这可以从他在莱比锡时代的情况中看出。（尽管他会算算术。）

于是，他和阿恩施塔特的解约于 9 月 16 日生效，为了搬家他甚至从米尔豪森预定了运输家具的车辆。他唯一暂时留在阿恩施塔特的，就是他的未婚妻。从此，阿恩施塔特对他来说已成为过去。

第五章

巴赫早期的教会任职经历不能说是很愉快的。他当然不是斯皮塔说的那种忘记履行义务的人，也不像施威策、奥特巴赫等人所描绘的那种无能的组织者和暴躁成性的人。但作为一个从小就归附于教会的天赋的音乐家，这是特里的论断，经过阿恩施塔特事件以后，却改变了人们对他的看法——至少改变了上司的看法。根据文件记载，这时他们和巴赫之间保持了相当的距离。在阿恩施塔特的3年经历，使巴赫已经不再信任此地教会中的任何人了。虽然他这时已是米尔豪森的市民，但由于未婚妻的关系，结婚仍然需要取得施瓦茨堡伯爵的恩准。

他顺利地得到了结婚证书，但结婚仪式却是在1707年10月17日，在多恩海姆的牧师洛伦茨·施陶伯主持下完成的。这里还产生了一种新的联亲关系。这位牧师的生活不久前遭受沉重打击，他的妻子刚刚去世。约翰·塞巴斯蒂安和玛丽娅的婚礼给牧师带来了一个意想不到的幸运：芭芭拉的姨母维德曼小姐，一直照料他度过这个悲伤的时期，一年的丧期过去以后，维德曼小姐成了牧师的第二个妻子，迁入了多恩海姆牧师家中。

约翰·塞巴斯蒂安在米尔豪森的人际关系，完全不同于阿恩施塔特。这是一座自由城镇，不隶属于任何贵族，30年战争的后果，使其失去了往日的辉煌，而且在巴赫来到之前的1707年5月30日，一场无情的大火，使400所市民住房和圈舍毁之一炬，半座城市变成了烟尘和废墟。

两周以后，巴赫成了蒂维·布拉希教堂的管风琴师。它和圣玛丽娅教堂一样，在火灾中幸免于难。但这场灾难留下的后果实在巨大，市政委员想找到墨水和羽笔签署任命证书都十分困难。

这里的市政委员会和以往不同：巴赫不再隶属于一个伯爵的宗教机构，而是市政府的雇员，因而受到了市政委员会高度重视。市政委员会由 3 名委员组成，通过经常的更换，主持城市的行政事务。（巴赫后来在莱比锡遇到了同样的组织形式。）

委员的更换是一次庆典活动，我们手头就有一首巴赫在米尔豪森创作的《委员更换康塔塔》，由市政委员会出资制成铜版印刷出版。这类作品在后来的魏玛和莱比锡都未曾重现，这是巴赫在他 65 年的生活中独一无二的康塔塔。此外，还有 4 首也来自米尔豪森时代，这些早期的康塔塔和他在阿恩施塔特创作的管风琴曲一样，引起人们的注目。

早在 19 至 22 岁之间，他的作品就已向我们显示了一位无与伦比大师的雏形：其思想内容之深邃，作曲技巧之高超，即使在他同时代的成名大师的作品中也难以找到。哈雷的音乐理论家希格蒙德·舒尔茨曾对这些早期作品评论说："这均是些技巧纯熟、即兴而发的作品，尚不是严谨创作的音乐……他天才的火花在这些早期存留的作品中已初露端倪，但却没有继续下去"。这一评论显然说明，他从未见过这样的乐曲，这同样适应他下面的一段论述："在米尔豪森写的其他曲谱，实际是阿恩施塔特时期钢琴和管风琴曲的继续。"非常可惜的是，他没有向我们说明，他指的是哪些曲子，因为除了《G 大调管风琴前奏曲》之外，巴赫在米尔豪森的钢琴和管风琴曲，我们至今还没有找到，而这并不是偶然的。

首先，布拉希教堂的管风琴已经破旧不堪（巴赫提出了一个详细的维修建议）；其次，他终于可以进行他在阿恩施塔特由于那些公子哥们和监理会的干扰无法进行的事情：重奏音乐。

米尔豪森有着良好的音乐传统，并辐射到了附近的农村，尤其是那里存在的"音乐协会"，把邻近的歌唱和演奏人才聚合了起来。巴赫的前任就曾同他们合作演出，蒂维·布拉希教堂的管风琴师们，很久以来就为培育城市音乐做过重要的贡献。

巴赫的五代前任都为此做过贡献，尽管他的直接前任约翰·乔治·阿勒，在才干和勤奋上都不如他的父亲约翰·鲁道夫·阿勒。后者不仅是城市的管风琴师，而且还是这座城市的一位市长。由此也可见此地管风琴师的地位是如何地显赫。

我们由此可以理解，这座城市的元老们在小阿勒死后，为什么在挑选接班人上花费了如此多的时间：蒂维·布拉希教堂的管风琴师，实际上是这座城市的音乐主持。年轻的巴赫——他就任时才22岁——同时还接管了一个很有专业实力的米尔豪森"音乐协会"。这也可以从他在米尔豪森创作的康塔塔的水准上看出。特别有名的是那首康塔塔《上帝，你是我的王》（作品号71），是他于1708年2月4日为上面提到的为委员更换在玛丽娅教堂演出的；他用了三个小号，两支横笛，两支双簧管和大管、弦乐器、定音鼓、管风琴以及大小合唱组成的乐队——这种组成形式，是他在阿恩施塔特或莱比锡很少采用的。当然是由他来指挥！ ⁷⁴

也有人断言，说是由两个管风琴师指挥，还包括一名乐监，但他们又不知道此人是谁。"乐监"实际上不是一个教会职务，而是学校职务，不论是在阿勒时期，还是在塞巴斯蒂安的接班人埃森纳赫的巴赫时期都没有记载过，他们在演出声乐作品时需要过一名乐监。巴赫在米尔豪森充分展示了丰富的指挥和组织才能，全身心投入了在阿恩施塔特受阻的音乐领域。从他的辞职报告中可以看出，他在同"协会"的合作中，完全是自费解决了曲谱和乐器的开销，同时也关怀着周围村镇的教堂音乐，所有这些都不是他在任职合同中所承担的义务，但却为他开辟了无限的可能性。他的《委员更换康塔塔》得以付印——

在米尔豪森是空前的举动——也说明，在他领导下的演出，已被看作是米尔豪森音乐生活中的高潮。即使在他离开以后，仍然被委托担任监理工作和继续写一首委员更换康塔塔，就是25年以后，他在那里的影响仍然到处可见，尽管他在这座城市仅仅住了不到一年的时间。

然而，施威策从这些事实中竟得出了令人无法理解的结论："市民们以为，他们以超乎寻常的优厚财政条件聘用了一名艺术家，已经做了他们应做的事情，但此人却没有能力改进这里的工作。"

至于"超乎寻常的财政优厚条件"，巴赫在辞职报告中特别强调指出，"鉴于我的生活方式简单，刨去房租和其他必要的消费，我还可以勉强地生活"。至于说到"没有能力改进这里的工作"，我们不知道在巴赫和他的乐师们之间有过什么纠葛，但声乐方面在这之前和在这之后都未曾经历过如此的高潮。而且巴赫离开以后，还给城市留下了一个重要的改进项目：关于圣布拉希教堂管风琴审慎周到的维修方案。

这是一个十分经济的方案，他建议利用一架可以缺少的小管风琴来扩大这架大管风琴，这样做花费较少；这是一个经过慎重考虑的方案，这表明，他不仅是一个筹划方面的大师，而且也是一名谙熟技术的行家里手；巴赫的建议同时也是很大胆的，因为他提出给管风琴增加一套组钟，这种异乎寻常的设想也是巴赫的个人创造。聘请的管风琴制造师又是那位文德尔，巴赫曾在阿恩施塔特验收和启用过他制造的管风琴。由市政委员组成的教会理事会，对巴赫的建议十分满意，甚至表示由他们掏腰包修建组钟，即使在巴赫离开米尔豪森以后，仍然委托他监理此事。

也就是说，米尔豪森的主管部门是无保留地支持巴赫的。但他仍然只在米尔豪森待了不到一年的时间，然后再次遭到了破坏。这次又是他的教区牧师，使他无法实现自己的目标。在写给市政委员会的辞职报告中，他用一句名言为他的追求定义："把一种均衡的教会音乐献给上帝和他的意志。"

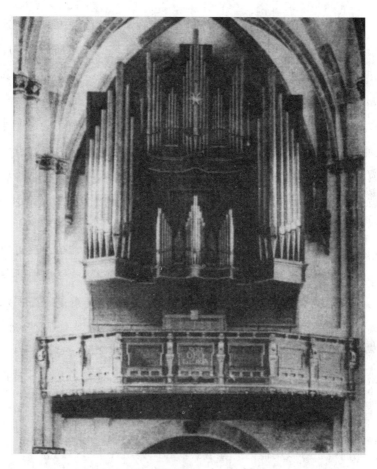

米尔豪森城市教堂的管风琴，巴赫曾为其改造提出创新的设计方案。
1959 年维修时终于实现了巴赫的设想

　　他不能容忍的是，教区牧师兼蒂维·布拉希教堂首席牧师约翰·阿道夫·弗罗纳的虔敬倾向。这是路德新教中的一个教派，以虔敬主义（Pietismus）而闻名于世。而巴赫则是在路德正统学派（Ortho-doxie）影响下成长的，在学校里他受到正统派的神学教育，而正统学派也是阿恩施塔特的神学体系。

　　"正统"意味着"正宗"，而"虔敬"则意味着"虔诚"。企图用内在的虔诚突破坚定的信仰原则的努力，并不是什么新东西。早在

100 年前，约翰·阿恩特、菲利普·尼克莱等人就已著书表述。这一
教派得以传播，是从法兰克福传教士菲利普·雅克布·斯彭内尔的著
作开始的，他后来到德累斯顿担任宫廷首席传教士，他著作的名称是
"*Pia desideria*"（《虔诚的愿望》），这一学派也从此而得名。要求以
内省更新信仰，不仅局限于路德信徒当中，在法国和荷兰，还产生了
"詹森教派"，在英国出现了"清教徒"。所有这些运动的共同点，是
他们挑起了激烈的争论。詹森派被教皇斥为异端，下谕禁绝，最后成
为被追迫的对象。在英国和苏格兰，清教徒推翻了英王的专制主义，
最后取得了英伦革命的胜利。

　　总的说来，17 世纪甚至到 18 世纪所发生的宗教辩争，其激烈程
度是我们今天难以想象的；到了 19 世纪，它实际就已经逐渐销声匿
迹了。宗教辩争不仅局限于 30 年战争，这只是这场辩争的结果，它
持续了整整一个世纪。这些信仰运动的共性就在于，他们对"纯信
仰"的执着远远超过现存的各个教会，不论是天主教、英国圣公会还
是路德正统教会都是如此。然而，这些运动的信徒们，却没有因此而
变成了更为欣慰的人群！

　　马丁·路德以其改革，把救世主重新从教堂和修道院请到了人
间：他们终于可以用他们的母语获取和阅读圣经中所讲述的一切，并
可以咏唱其教义歌曲，即众赞歌，愉快地采用世俗的音律。"生活又
充满乐趣。"乌里希·封·胡滕给予了这样的评价。

　　可后来又出现了反复，原罪再次战胜基督徒的自由。那些认真对
待信仰的人，认为这是一种对世界的叛离。正统派虽然也持这种观
点，但却不怎么坚定。但又不愿意让别人怀疑他们的纯真。为维护纯
真教义所需的立场，一向是保守的。但其他人为表明他们的信仰更为
纯正，也就需要表现得更加保守。这期间已发表了不少有关虔敬主义
本质的论述，进行着经常性的虔敬主义的研究，约翰·塞巴斯蒂安·
巴赫在米尔豪森短暂的停留，也没有使他逃避开虔敬主义观点的影

响。我们可以毫不困难地证明，保尔·格哈德的歌曲具有虔敬教派的色彩，虽然他和这个运动毫无关系。《晨星的闪耀是如何美妙》[78] 一歌的歌词，是菲利普·尼古拉的一首诗，而他被人看成是虔敬教派的鼻祖之一，因而也就不难把约翰·乔治·阿勒算成虔敬教派的信徒了。[①]

但令人担忧的是，虔敬主义的教义内容及其同正统思想的对立，会在巴赫身上不起什么作用。巴赫对教义歌曲的美妙和虔诚的诠解，却超越了一切教条的桎梏。他的观点和信念从未应声于他的教会的上司。他的和声既非取自伯姆，也未借鉴布克斯特胡德，他不依附于这个或那个教派，也不屈从于这个或那个音乐流派。

莱比锡的神学家马丁·佩措尔德曾试图证明，巴赫精神世界之根是置于——相当勉强——他的忏悔教父那里，并探索其发展过程，说是他使巴赫受到启蒙运动思想的熏陶。但他却未意识到，启蒙运动正好和神学的桎梏大相径庭，这种思潮最不会出现在忏悔教父身上。按康德的说法，启蒙思想是"一种不靠别人帮助而运用理智的能力"，而这正是巴赫所具备的能力，从青年时期起就显露锋芒。当时的宗教辩争同他的信仰毫无关系，既没有影响他的信仰，也没有影响他的音乐创作。

正好相反，是他干扰了宗教的辩争，在米尔豪森就是一例。教区牧师兼圣布拉希教堂的首席牧师约翰·阿道夫·弗罗纳，是一个坚定的虔敬主义者。因此他不仅反对任何星期日的活动，而且反对任何世俗的娱乐和消遣，这些都被虔敬主义信徒看成是罪孽。其中当然也包括音乐，特别是对教堂音乐的任何丰富和发挥。

---

① 盖克曾潜心在布克斯特胡德的康塔塔的歌词中寻找虔敬主义的影响。这实际上并不困难，因为虔敬主义只是一种精神立场，而并不是单独的神学教义：虔敬派从未离开过路德教派的土地，但在精神文学领域，确实接近了巴洛克文学的激情。"虔敬主义的影响"也完全可以在巴赫在莱比锡创作的康塔塔中找到，只不过当时肯定是不被允许的。但在布克斯特胡德的教会音乐作品中，完全可以肯定留存有虔敬主义的痕迹。虔敬派和路德正统派之间的对立程度可以从新教降临节众赞歌"房门请高高抬起，大门请大大敞开"的命运中看出：它于1707年在哈雷产生，被定性为虔敬主义作品。因此这首歌从未有过同时代的众赞歌前奏曲：虔敬派不要前奏曲，而正统派则不唱虔敬派的歌。

例如，1697 年，耶纳的虔敬主义教授戈特弗里德·弗克罗特曾发表关于《自由艺术的滥用，尤其在音乐领域》一书，详尽地批评了"奏鸣曲、托卡塔和利切卡尔"以及歌剧和喜剧。弗克罗特是米尔豪森市长的本家亲戚。弗罗纳自 1691 年起任职，但没有任何证据说明，他不同意弗克罗特的观点。

约翰·阿道夫·弗罗纳，虔敬教派信徒，对音乐持敌视态度，剥夺了巴赫管风琴师的职务

乔治·克里斯蒂安·艾尔马，除多恩海姆的施陶伯神甫外，唯一和巴赫保持友好关系的神学家

"对一个人的最好的认识，莫过于看他不喜欢什么笑话。"里希腾贝格认为。虔敬主义人物不喜欢任何笑话。对一个真正的虔敬派信徒来说，连轻松地笑一下都是罪孽的。"不要无谓地笑"，斯彭内尔著文说，"特别在别人为了一个笑话或滑稽行为笑的时候，要避免跟着去笑。因为上帝不喜欢，而你为什么喜欢呢？"

比周日在教堂做礼拜，比一切话语和圣事更为重要的，是在家中做静思练习，在这里，人们不是把虔诚的圣歌高声唱给外界，而是轻声唱入自己的心田。赫德尔 1780 年曾在一些涉及到神学研究问题的书信中说，"虔敬主义者把教堂唱诗，以娇憨的方式降至室内音乐的格调，使其音律变成充满柔弱的感受和调情的水平，致使唱诗中一切激动人心的神韵消失殆尽。"在这种情况下，希格蒙德·舒尔茨竟然评论巴赫说："他感到深受虔敬主义教义的强大的情感价值的震动。"对此我们就不得不摇头了。还有些人也是这种类似的看法。但像约翰·塞巴斯蒂安·巴赫这样一个充满创作活力的年轻音乐家，面临此种信仰流派该怎么办呢？它是会釜底抽薪的：不允许他为之而来到这个世界上的音乐发展！那位弗罗纳先生，可能是一位和气而虔诚的人，斯皮塔曾对他的性格详尽而赞赏地进行过描写，甚至赞誉了他的传道演说。但他却不允许发展教堂音乐，因为这违背了他内心的信仰。

然而，玛丽娅教堂的首席牧师乔治·克里斯蒂安·艾尔马却是另外一种人。自从他 1699 年来到米尔豪森以后，作为坚定的路德正统派信徒，即刻开始了反对弗罗纳学说的斗争。但由于此地的虔敬派坚定的信徒与传统路德派信徒的人数相差无几，所以争斗常常发生。市政委员会因而不得不正式发布禁令加以制止。此类事件还不仅发生在米尔豪森，1712 年在埃森纳赫也曾发布过公爵禁止虔敬派分裂主义活动的命令。在阿恩施塔特，巴赫去这里之前，当时的教区牧师约翰·戈特弗里德·奥莱阿留斯也曾多次展开反对魏玛宫廷乐队指挥萨姆埃尔·德雷泽的虔敬主义式的家庭静思活动的斗争——而且卓有成效。后来，巴赫在魏玛又多次遭遇虔敬派和正统派之间的斗争，没有任何一个地方，是按照圣经的指示行事的——圣经说："你们看，兄弟之间如果和睦相处，该是多么温馨和美好。"

在米尔豪森盛行的虔敬主义，无疑不利于巴赫的创作。至于说有关"虔敬主义分子"的证据问题，却无论如何是要谨慎对待的："虔敬主义分子"在今天的教内人士看来和在天主教圣歌集中，是不难分辨的，甚至在弗兰茨·阿西西那里也不难分辨。实际上，关键的问题倒不在于同虔敬主义的思想，而是与派别相连的狭隘性。从上面讲述的情况可以看出，巴赫那个时代的虔敬主义，已绝不仅仅是一种虔诚宗教的运动，而是变成了一种世俗尚武的风波了，它导致了大规模的政治对立和国家政权的干预。

在米尔豪森，市政当局的禁令并没有奏效。正是在巴赫那个时期它又死灰复燃。从巴赫的《市政委员更换康塔塔》中我们获悉，这首乐曲没有在圣布拉希教堂中演出，尽管城市的主教堂不是玛丽娅教堂，而是圣布拉希教堂。如果斯皮塔描绘巴赫前任情况时说，他在乐曲方面，"只局限于宗教咏叹调和多种乐器的小曲子"，这只能说是出自宗教信条方面的原因，这就是和弗罗纳的虔敬学说还能取得共识的领域。巴赫在创作宗教音乐的观点上，无法忍受弗罗纳，而在当时的形势下，却同接受他的艺术并在很大程度上讲求实效的艾尔马相处得很好，就是不言而喻的事了。我们无法理解有些人的观点，他们认为，"巴赫符合了虔敬主义运动的要求"。① 他的音乐都没有立足之地，他岂能这样做！

玛丽娅教堂的艾尔马所代表的正是巴赫在其中成长的信仰学说。巴赫不可能是弗罗纳的管风琴师，同时又是艾尔马的朋友。他公开和弗罗纳对立，自然引起弗罗纳信徒的不满，而且艾尔马始终没有放弃对弗罗纳的攻击，以致市政当局不得不于 1708 年 5 月 8 日再次进行干预。②

82

"尽管我对所委托的任务总是很乐意接受，但却终归是不无违心的，从当前的形势看，也没有迹象今后会有所改观。"巴赫在他的辞职报告中这样描写了当时的情况，以及他枉费心机的努力结果，随后又补充了他的新的立场说："我对教堂音乐创作的终极目的，只能在顺心的岗位没有其他人给脸色看的环境下才能达到"。鉴于市政委员

① 其他一些作家，同样在没有研究这个推测和其可能性的情况下，而简单地接受了过来。
② 居斯特一再引用他的资料来源，但却无所收获，于是武断地认定这一切都是过于夸张，实际上根本就没有发生过此事。

会对他极其看中，所以"给脸色看"的其他人，显然不是指他们。巴赫以其对艾尔马的友谊和宗教的音乐，刺激了那些其他人，而且又引起了一名教区牧师的反对。他正式向市政当局致歉，并请求："此次成全我的愿望，免去我这微薄的教会义务"；他还保证说，"今后我如果还能够为您服务，必将全力以赴"。

我们可以看到：他和市政当局还是可以相处的。在这里，又是教会不允许他创作"均衡的教会音乐"。

第六章

魏玛的宫廷管风琴师约翰·埃夫勒出于年迈的原因，辞去了这个职务。魏玛宫廷熟悉巴赫。巴赫也熟悉魏玛宫廷，或至少以为是熟悉的。他申请了这个职务，并得到了它。和在阿恩施塔特及米尔豪森一样，他在魏玛公爵威廉·恩斯特面前的试演奏，立即使他得到了比其前任更高的工资待遇。他的经济状况有了很大的改善：在米尔豪森，他的工资加上补贴为85古尔登，在魏玛他得到150古尔登，比他的前任埃夫勒多了20古尔登。

巴赫在所有的地方都得到比前任多的报酬，从这里也可以看出，他卓越的才干多么受到重视。而他的接班人的工资却又立即退回到了他的前任的水平。只有一个地方例外，那就是莱比锡：他在那里不仅没有拿到比前任更多的报酬，而且后来反而被扣减了收入——是为了处罚。但那是他处于发展最高峰时期，即在"马太受难曲"演出之后。

经济上，他来到魏玛以后有了很大的改善。艺术上当然更是如此：在这里他可以在管风琴前、礼拜堂里、室内乐和交响乐场合施展他的音乐才干，再也不受虔敬主义反世俗教条的干扰。社会地位上，对巴赫来说并不是一次提高：从一个自由城市的市民又沦落为一个君王臣民的侍从。这两者之间的差别，他在这里也有了进一步的了解。至于在宫廷乐师中的地位，他则是被排在倒数第二，他的后面只还有一个城市乐师的帮衬。宫廷乐师在宫廷侍从人员中也是列为中下水平，虽然比驭手和马夫略高一些，但却低于贴身侍从和宫廷园丁。也就是说，他在魏玛的社会地位是相当低下的。

玛丽娅·芭芭拉于1708年生了他们的第一个孩子，卡塔琳娜·多萝泰娅。艾尔马牧师专程从米尔豪森赶来，作为孩子的洗礼教父。这也表明，巴赫和艾尔马之间的友谊，在米尔豪森以后的时间里仍然得以保持。巴赫共生有20个孩子，而其中只有两名教父是宗教人士。另一个值得我们深思的事实是，巴赫在魏玛10年期间，共聘请了15位教父，但只有两名来自魏玛，只有一名来自宫廷。

魏玛公国政府内部关系是很难以看透的。为了防止国家的破碎，威廉公爵决定，他的两个大儿子威廉·恩斯特和约翰·恩斯特以同等的权力分别执政。于是就出现了两个宫廷、两份家业和两份个人预算及一份共同的预算。所以，约翰·恩斯特和比他大2岁的哥哥威廉·恩斯特享有同样的权力，而巴赫于1703年至1704年间就是在他的帐下任"私人音乐侍从"。后来发生了变化，约翰·恩斯特于1707年去世。他的大儿子19岁的公爵恩斯特·奥古斯特继位，他不再维持自己的私人乐师。这样，巴赫就成了"共同宫廷乐队"的成员了。

巴赫的传记作家们，极力以斑斓的色彩赞扬公爵威廉·恩斯特的人格。"他属于那个时代最高贵和最有教养的君王之列，全心倾注于艺术事业。"施威策如是说。"在当时德意志中部地区的小国君主中，大多尽可能否认他们的德意志属性，只注重个人的荣华，而对管理国家的义务一无所知，而萨克森·魏玛公爵威廉·恩斯特却是一峰突起，显示出独一无二的正直而深邃的个性。"斯皮塔又是这样说。"巴 85 赫于1708年所依附任职的威廉·恩斯特公爵，以其非凡的品德和崇高的抱负而出类拔萃。他是那个时代君王中的一个例外。"这是特里的观点。

类似的看法一直持续到今天："这位公爵始终注意不让正统观点和虔敬学说之间的斗争蔓延到他的宫廷中来，在他执政期间，始终笼罩着一种启蒙式的进步气氛……从某种意义上讲，是为魏玛文化的繁

荣奠定了基石，从而吸引了歌德和席勒的到来。"奥特巴赫是这样写
的，而且我们也知道其来源在哪里，[①] 因为我们在希格蒙德·舒尔茨
那里也可以读到："执政的公爵威廉·恩斯特是那个时代君王中的一
个例外现象，他认真地致力于提高文化的地位。从某种意义上讲，为
世纪末的魏玛盛世奠定了基础。"在这之前不久，他还说到了"早期
的古典主义气氛"。

从如此多的方面蜂拥而来的溢美之词，我觉得还是过于抽象，我
真想为这位光彩夺目的君王的一生补充一些具体细节，以便能使人对
他有一个更加鲜明的印象。然而，就在音乐理论家们众口一致地唱赞
歌的时候，图林根的历史却显现出一幅完全不同的图像。

公爵生于 1662 年，从 1683 年开始执政，巴赫去的时候，他 46
岁。在接管政府时，他和他的弟弟签署了一项协议，保障了他所拥有
的权限。两年以后，他又通过法律程序，改变协议，进一步限制了弟
弟的职权范围，扩大了自己的权势。又过两年，他提出单独享有国家
最高审判权，实际上把他的弟弟打入了冷宫。弟弟最后只好求助于德
意志皇帝，希望重新得到原属于他的权利，至少可以两人分而治之。
但等待了 4 年以后，他的要求遭到了拒绝，终于彻底退出执政：经过
9 年的争执，威廉·恩斯特终于达到了从一开始就渴望的目的。

86

他被说成是一个虔诚的人，但却没有兄弟之情：1706 年至 1707
年间，他的弟弟已病入膏肓，卧床不起，他却从未去探望过一次，因
为弟弟对他已无足轻重。相反，他对弟弟的两个儿子恩斯特·奥古斯
特和约翰·恩斯特却极为关注，在违背弟弟遗孀意愿的情况下，他决
定取得对两个孩子的监护权。然而，大儿子恩斯特·奥古斯特却和伯
父一样执着，决心不让自己应有的共同执政权像父亲那样被夺走。

---

① 这种在其他场合也能遇到的不加思考引用语录的方法，无疑有两个优点：其一是可以节省自己
的研究工作，其二是引用者必能得到被引用者的欣赏。

于是，在这两个微型国家之间就发生了不断的丑陋不堪的纠葛，自然也殃及了百姓的利益。有一次，威廉·恩斯特公爵让他的警察进驻恩斯特·奥古斯特税区村镇。随后恩斯特·奥古斯特公爵则派出他所属的20名士兵，到通往威廉·恩斯特村镇的公路上，向行人收取过路费。而威廉·恩斯特则立即派人夺走了这些士兵的马匹。

他的很多做法都是恩断义绝的。当他的来自黑森·洪堡家族的妻子夏洛特和他意见不一致时，他立即和她离婚，并把她禁闭在一所城堡中了此一生。和邻国的"外交政策"也同样是强硬的。在他完全冷落他弟弟之前，曾同萨克森-埃森纳赫发生过一场争执，他提出要占有耶纳，并把此事一直拿到了帝国宫廷会议上。过了不久，又同萨克森-哥达发生了类似的争执，随后又向施瓦茨堡伯爵安东·君特二世要求占有阿恩施塔特和凯佛堡的某些职位。这场争执持续了几乎30年之久，最后由帝国宫廷会议裁决，他当然败诉。

世纪之初，他甚至不得不派他的宰相赖因哈本去维也纳处理此事。但伯爵在皇帝那里握有更好的王牌。于是公爵利用了一个机会，派出100名民兵进驻阿恩施塔特。他的这些争执曾于1706、1707、1708、1713年在埃尔内斯廷会议上进行过反复的争吵，但却没有取得任何成果。参加这些贵族会议的成员对他的看法和后来巴赫在莱比锡的观点一致，说他是"不可救药"。

他在外交上取得的最重要的成就，是他拒绝为萨克森派遣支援部队，从而使他的国家没有卷入北方战争。即使参加了，也不会给他带来好处：他的国家很穷，穷的可怕。1681年就曾颁布法令制止乞讨。1704年和1715年，公爵又不断发出禁令。由于他无法铲除根源来改变这种状态，所以只好让他的警察把那些遭遇不幸而沦为乞丐的人驱逐出境。而对四处流浪的吉卜赛人，他就让人把他们直接从公路上送入监狱。他就是这样在国内建立秩序和规矩的。他确实有一座监狱，巴赫传记作家把它赞美为"孤儿院"，但其全名是："监狱和孤儿院"，也可以说是一种进步，公爵把孤儿和犯人放在一起。在汉诺威的各小国中，都是把孤儿放到疯人院里，长大成人。

此外，人们还赞赏他的另一个功绩，就是实行了普遍义务教育。在那个时代他当然不是最早这样做的，在哥达和埃森纳赫早已存在，同样萨克森大选侯国也自 1685 年开始就实行了这种制度。但他的教学课程表却是很有趣。伏尔泰在费尔内为他的农民讲授种植、园艺和畜牧课，他认为，这要比学字母更有实用意义。公爵威廉·恩斯特也从经济上考虑此事，认为设立算术、写字、读书和宗教几门课已经足够。穷人虽然不知道学这些东西有什么用，但他们来上学，以后可以从公爵那里免费得以安葬。

他的此种作为不能给他的臣民带来幸福，也不能给他的国家带来富有（尽管在魏玛有 18 种捐税，连鞋袜都不能幸免），他只好借助于宗教，宗教活动成了他最大的爱好。他 8 岁时就曾做过布道讲演，以致他的为之自豪的父亲立即让人印刷出来公之于众。他很喜欢把魏玛的牧师们聚集在自己周围，而且全部穿上法衣。高级宫廷牧师当时在魏玛是个十分重要的职务，但不是公爵的灵魂的左右者（他只相信自己），而是魏玛国家教会的首脑。

在这个国家的教会就是这样。去教堂做礼拜是每个臣民的义务，谁要是带着圣经或唱诗本去教堂，那他就会被怀疑为信仰松弛。魏玛的市民完全可以遇到这样的事情，做完礼拜以后，被公爵本人拦住，要求说出今天布道的内容。参加礼拜的人也可能被要求当众回答教义问题。公爵常常要亲自听取下人背诵圣经语录，然后决定他们去吃圣餐的次序。在他的监狱和孤儿院里，祈祷是一种处罚。

他十分重视贞操。约塞夫二世曾无情地整顿了修道院的秩序，为未婚母亲建立了一所专门的产院。他的母亲玛丽娅·特蕾茜娅就比他更加严厉一些：她把这些女人一律剃光头发。威廉·恩斯特觉得这种处罚都太轻。在他的国家里，所有未婚的母亲生产后一律禁闭两周，只给清水和面包。

在其他方面他也是很重视秩序的：夏天 9 点钟，冬天 8 点钟，宫殿里的灯火一律熄灭，魏玛开始进入夜间休息。我们可以看出，这里完全没有"启蒙式的进步思想"，即使说，公爵还建立了一个图书馆（他的臣民当然无幸进入），常常乐意把时间用在他的钱币和珍品收藏上，并为此雇用了一名监理会秘书索罗门·弗朗克（他在业余时间撰 89 写宗教诗歌），也仍然看不出公爵有进步思想的迹象。

康德对启蒙运动下的定义是："让人从自我约束的不自主中解放出来"。而公爵对此是毫无兴趣的。自主的国民只会给独裁的统治者带来麻烦。公爵更愿意他的臣民能够严格遵循路德正统宗教礼仪行事。启蒙教育对他将意味着一种障碍，他制定的学校教育课程——宗教必读和认字——根本不包括这方面的内容。谁如果不同意这个观点，他就是既没有研究过公爵，也没有研究过启蒙运动。

维尔纳·诺伊曼的论断是相当大胆的，他说："他在文化和国民教育领域采取的促进措施，有助于歌德、席勒时代繁荣土壤的形成。"这两位伟人，恐怕很难在这位公爵统治下心情愉快。

但他却建立了一所人文中学！如果仔细观察，这只不过是一种弥补空白之举而已：埃森纳赫在前一个世纪就建立了拉丁学校，阿恩施塔特和耶纳也是如此，哥达和奥德鲁夫的中学甚至远近闻名——而魏玛却始终没有。

那是在 1712 年，他执政的第 29 个年头。公爵在他的臣民受教育的问题上并不十分着急。但他需要自己的脸面：他从奥德鲁夫请来了校长，当一位耶纳神学家的年轻家庭教师发表了一篇教育学论文而引人瞩目的时候，公爵也把他请来担任副校长。他的名字叫约翰·马蒂亚斯·盖斯纳，以后我们还要提到他。

然而，这里有音乐！他所喜欢和培育的当然不是室内乐，这在乔治·孟茨的《魏玛国家和执政史》中或在其他地方都没有记载，也没

78

有证据表明他曾演奏过任何一种乐器——他更重视的是宏伟和激动人
心的教堂音乐和华丽的狩猎音乐，狩猎是他喜欢的为数不多的爱好之
一。为教堂音乐，他除了有管风琴师和乐队外，甚至有 18 名训练有
素的歌手；为狩猎音乐，他还有 6 名小号手。为了显示气派，由 16
名乐师组成的"共同宫廷乐队"，在这种场合一律穿上匈牙利海度肯
军服演出。

　　宫廷乐队指挥一职，自上个世纪以来，除了短暂的中断以外，始
终来自德雷泽家族。曾创作过美丽曲调"在生命之旅途上走向耶稣"
的亚当·德雷泽，就曾担任过魏玛宫廷乐队指挥，不久就由他的儿子
继承了这个职务，他的孙子威廉那时就已经担任了乐队副指挥。

　　人们或许会认为，在这种情况下，巴赫在乐队里很难有所作为，
但当时的乐队指挥德雷泽已经 64 岁，而且体弱多病，而他的儿子又
没有更大的抱负。所以，新来的管风琴师也能在乐队里参加演奏，他
们两人都感到很满意，开始替他们做些这方面和那方面的工作，逐渐
减轻了他们的很多负担。

　　室内乐当时只在他的侄儿恩斯特·奥古斯特和约翰·恩斯特的红
宫中演奏。巴赫为他们的父亲效力时，就曾为两个孩子教授过音乐
课。两个人都有音乐天才，尤其是约翰·恩斯特。他创作了不少音乐
作品，其中的两首，巴赫曾改编成管风琴协奏曲，另一首是出自他的
表弟戈特弗里德·瓦尔特之手。这几首曲子在创新和内容上，都不比
维瓦尔迪的协奏曲逊色。

　　恩斯特·奥古斯特拉一手好提琴，他和伯父一样是一个做事果
断有魄力的人，决心要重新获得被伯父夺去的参与执政的权力。公
爵当然要极力抵制。所以在巴赫任职两年以后，一场大规模的伯侄
之争就爆发了。当侄子向伯父提出要求以后，公爵立即把侄子的幕
僚禁闭了起来，于是开始了一场公开的官司，社会各界都牵涉了进
来，最后通过哥达的埃尔内斯廷会议的调停，才导致了停战，但却

90

91

远没有达到和解。

虔诚的公爵从圣经中编辑了一本语录。"上帝就是爱",圣徒保罗是这样写的。但威廉斯堡中的这位老鳏夫却绝不想知道什么是爱。像这样一些语录"谁要是说'我爱上帝',但却恨自己的兄弟,那他就是个骗子",或者"我给你们一条新的法则,你们要相互爱",他是根本不想听到的,而且加以拒绝。威廉斯堡和红宫中间的敌对持续了下去,他的侄子不像其父亲那样屈服,使他烦恼异常。

巴赫很少理会这些事情:他是管风琴师和"共同宫廷乐队"成员,他只按照合同行事,效力于两个宫廷。在红宫他有两个狂热的和对他友好的音乐家。而和威廉斯堡的主人却相反,他没有机会演奏室内乐。

公爵也不关心巴赫在红宫搞什么音乐。他知道他是强者,如果两个侄子演奏音乐,那他们就没有时间参与政治。他觉得,聘请了这位年轻的巴赫先生——来此地任职时 23 岁——是他抓住的一个良机:这样一名管风琴师在周围远近是首屈一指的。他没有局限于合同规定的范围,只要有可用之处,他就立刻抓住不放。自从巴赫到来,宫廷乐队的水平有了很大改善。(施威策关于巴赫没有组织才干的说法绝对站不住脚,还可以从此看出,巴赫不论在米尔豪森,还是在魏玛、克腾,还是在莱比锡,都从未和他的乐队发生过口角。)公爵得到巴赫,也是得到了一名卓越的作曲家,远远超过他的想象。

在这一点上,公爵毫无保留地给予确认。在后来的几年里,他不断提高这位管风琴师的工资,1711 年提高了 50 古尔登,1713 年提高了 15 古尔登。"慈祥的主人对他演奏的喜爱,使他受到了鼓舞,试图把管风琴艺术的一切可能都尽情发挥出来。"我们可以在悼词中读到这样的叙述。由此可以看出,公爵对巴赫的能力和价值了解得一清二楚。最后巴赫终于成了整个公爵音乐的灵魂。

公爵给他增加工资,但却不考虑提高他的地位。巴赫最后不得不

92

为此而提出正式书面申请。于是，公爵批准了他为乐队首席，实际上巴赫早已担任这一工作，只不过现在得到了正式认可而已。公爵为此再次把巴赫的工资提高了 35 古尔登。

应该指出的是，至今在乐队中仍起关键作用的乐队首席，在当时有着更为重要的作用。在首演海顿的伦敦交响乐时，乐队首席威廉·克拉莫的名字以完全平等的地位与指挥海顿并列在节目单上。乐队指挥通常从羽管键琴处指挥演奏。巴赫在魏玛的乐队首席地位在艺术上远超过当时的副指挥德雷泽，实际上成了全乐队的指挥。

工资的提高对巴赫来的正是时候。在米尔豪森他仅得到 85 古尔登的报酬，而现在却可拿到 250 古尔登。传记作家都愿意讲述，说他在魏玛搞了多少音乐和什么音乐。但对他的家境却大多沉默不提。当时他已经是一个大家庭的家长，全家都得由他来供养。自从结婚以后，他妻子芭芭拉·卡塔琳娜的妹妹也迁来一起居住。然后就是孩子们的出世，1708 年是卡塔琳娜·多萝泰娅，1710 年是威廉·弗里德曼，1714 年是卡尔·菲利普·埃马努埃。生活中当然也有痛苦：1713 年芭芭拉生了双胞胎，但出生后即夭折。于是，年轻的巴赫第一次站到了孩子的坟墓之前。还有些事情也追随而至。

威廉·弗里德曼洗礼时，教母是艾尔牧师的女儿，和艾尔马的关系仍然保持着。卡尔·菲利普·埃马努埃洗礼时，担任教父的是来自埃森纳赫的特勒曼，他是 1708 年在宫廷担任乐队首席的，比巴赫大 4 岁，也和巴赫一样完全是一个纯粹的音乐家。

93　　家中不仅挤满了孩子，还有他的学生。约翰·马丁·舒伯特，当时已经 27 岁，在米尔豪森时就跟着巴赫学艺。在埃森纳赫父亲的家中当时就有学徒，授课、把自己的经验和知识传授给别人，这是巴赫直至生命终结所无法摆脱的爱好。他作曲中的一大部分都是授课用的教材，从创意曲到管风琴小书直到赋格的艺术，都是如此。像"键盘练习曲一、二、三、四部"这样的题目都显示着教学和学习的性质，而不是音乐灵感的记录，如苏格兰舞曲、即兴曲、纪念册页、浪漫曲或者无言歌曲。神奇的是，巴赫主要为授课目的所写的作品，其音乐魅力却往往超越多少其他人所刻意创作的曲目。

在魏玛任职期间，巴赫主要还是继续创作他的大型管风琴曲：他的管风琴曲，几乎有一半是在阿恩施塔特和魏玛创作的。它们几乎都与教堂音乐无关，而是随意管风琴乐曲，对它们进行研究，会使你惊异不已：它们不仅整体看是独一无二的，而且每一首也是如此。贝瑟勒的论断是没有道理的，他说，巴赫的高峰期是从担任乐队首席开始的。我们且不说，巴赫在正式受命之前就已经做这个工作，他的管风琴音乐高峰期的作品也绝不是些被动的产物："慈祥主人……的喜爱，使他受到了鼓舞，试图把管风琴艺术的一切可能尽情发挥出来"，而且，他还被允许对上任时刚刚维修过的管风琴，按照他的设想，于1714年进行改造。他在这里也同样安装了组钟，这种改造方式，只出现在魏玛和米尔豪森的两架管风琴上，都是按照巴赫的意愿。我们可以看到，巴赫在改造管风琴方面确实显示了非凡的想象力。

第七章

　　值得注意的是，巴赫尽管受到了各种赞扬，也具备了一切发展和活动的可能性，但他并没有把在"共同宫廷乐队"中任职看成是一种真正的生活。（在克腾，尽管没有管风琴也没有教堂音乐，但几年以后却完全改变了样子。）

　　公爵恩准他外出旅行——他可能已经和在迈宁根的表兄进行过联系，我们知道，当时在卡塞尔举行过一场盛大的管风琴音乐会，红宫两位年轻主人的母亲就是卡塞尔人。1713 年秋天，我们在哈雷找到了巴赫，那里的圣母教堂中有一台 62 音管的巨型管风琴即将建成。前一年，弗里德里希·威廉·扎豪在那里去世，他是亨德尔的老师，也是一位很有名望的作曲家。

　　巴赫参观了这架管风琴，教会理事会提出让他接替业已空缺的岗位，巴赫立即表示愿意接受这个职务。他甚至创作了一首康塔塔作为试弹的乐曲。如果他对魏玛的工作完全满意的话，是不会发生这种事情的。

　　有些人断言，说他所以到哈雷去，只是为了在魏玛争取得到更多的工资。但是，只是为了多得几个钱，就费力为哈雷专门创作一首康塔塔并进行演奏，似乎有些言过其实了。只有认真对待此事的人，才能做这种事。

　　尽管双方都有这个意愿，但此事终究没有成功，因为哈雷不愿也无法付给巴赫与魏玛同样高的工资，而且巴赫要求担任乐队首席的申请也已获得批准，同时还增加了工资。值得注意的是，尽管如此，哈雷管风琴落成时，仍邀请了巴赫前来验收。这是一次奇特的验收事件，莱比锡托马斯唱歌班的乐监约翰·库瑙和来自奎德林堡的海因里希·罗勒也在场，新管风琴各个部分都受到了好评，这次验收的高潮是市政厅举行的庆祝盛宴。[①]

这一切都表明，巴赫在魏玛还是有行动自由的。他没有像公爵的遭贬的夫人那样被禁闭在宫中。而且他的生活也绝不是只局限在一个窄小的空间。（"除个别例外，他基本没有走出图林根范围"。）正好相反，他的信息灵通得惊人，他熟悉各式各样的音乐家及其作品，参观过很多管风琴，无法见到的，他也让人尽可能详尽做了介绍。他不仅认识了很多人，他的声名也越来越为人所知，受到人们的赏识。由于他的作品没有付印，所以人们只能从手抄件上了解它们。汉堡的约翰·马特松就是一个例子，此人多才多艺，他的地位和能力，使他享有歌唱家、羽管键琴演奏家、管风琴师、作曲家、文书和音乐作家各种声誉。

1717年他在其著作《受保护的乐队》中写道："我在魏玛著名的管风琴师约翰·塞巴斯蒂安·巴赫那里，看到一些为教会和为自己写的东西，从其质量看，我们不得不对此人脱帽致敬。"（马特松给予这样的评价，尽管巴赫的作品当时并没有付印上市！如果把巴赫的作品和同时代的作曲家相对比，那就不必吃惊，为什么有那么多的音乐家不惜费力去抄写巴赫的曲谱了。这也就使一位莱比锡的音乐理论家，得出了这样的结论："作为作曲家他并没有什么名气。"）[②]

---

① 特里告诉了我们当时的菜单："一片清炖牛肉——梭鱼加蓝鱼酱——熏火腿——一碗豌豆——一碗马铃薯——两碗菠菜和'Zerzigen'（？）——烧南瓜——奶油糕点——蜜饯柠檬皮——蜜饯樱桃——热芦笋配菜——生菜沙拉——小水萝卜——新鲜黄油——烤小牛排。"菜单能保留下来，说明这样丰盛的宴会在当时是异乎寻常的。

② 这是莱比锡音乐理论家汉斯·约阿西姆·舒尔茨的断言。他忽视了，在同行的作品中很少包含这类的评价。但巴赫的名气早在1717年就从魏玛传到了汉堡、德累斯顿和卡塞尔！如果当时马特松写道："我看到了魏玛著名的管风琴师的作品"，这只能证明，巴赫的作品在那里就已被同行们传抄和传播了。值得注意的是，他作品的大部分都不适用于教堂礼拜需要。

约翰·马特松比巴赫年长4
岁，以其在汉堡发表的理论联
系实际的文章而在音乐界享有
崇高威望

96 　　巴赫的交往颇广，同卡塞尔宫廷、美宁根宫廷、魏森费尔斯宫廷
都保持有某种关系。同特勒曼之间存在着友谊，也是不言而喻的。他
的表兄约翰·戈特弗里德·瓦尔特和他有着特殊的亲情，必须说上几
句。瓦尔特只比他大半岁，两人都住在魏玛，两人都是管风琴师，一
个在宫廷，一个在城市教堂。他们在无言的竞赛中，创造了独一无二
的成就：把当代的法国器乐协奏曲改编成为管风琴协奏曲。巴赫根据
维瓦尔迪改编了两首，根据约翰·恩斯特公爵的作品改编两首。而瓦
尔特则根据阿尔比诺尼、托雷利、麦克、特勒曼等人的作品进行了改
编，另一首则完全是他个人的创作。

　　巴赫在他的《意大利协奏曲》中，把器乐自我协奏的规则运用到
羽管键琴上。人们如果想了解巴赫的高超技巧，就必须以巴赫加工的
曲谱和瓦尔特的曲谱加以比较。巴赫的曲谱中编曲的难度是无与伦比
的，这当然也证实了当时的论断：他不知道什么是困难。

　　但是，这些都不是教堂音乐，也不是为教会的礼拜活动而做，同样那些大型管风琴前奏曲和赋格也是如此。施威策虽然认为，人们也可以在做礼拜时演奏，只需要缩短礼拜仪式就行，但这个建议是不会被神职人员认可的：音乐虽然和仪式一样，也是做礼拜的一个部分，但做礼拜终究不是一场音乐会。

巴赫的管风琴作品都是宏伟的，不论是其规模还是其水平。就连费利克斯·门德尔松，这位不仅在柏林演奏过巴赫的《马太受难曲》、在莱比锡演奏过巴赫的很多管风琴作品的卓越的管风琴演奏家也承认，他为演奏这些乐曲要练习很长时间才行。"我们必须承认，他是我们时代最优秀的钢琴和管风琴演奏家，每一个熟悉其管风琴和钢琴作品的人，都认定它们的难度很高。但这些对他来说却不算一回事，他演奏这些作品时，是如此轻松和熟练，就好像这只不过是些简单的缪赛特舞曲。"约翰·亚当·库勒在巴赫去世 34 年后这样写道。

巴赫喜欢复杂的对位技巧，对他来说，复调音乐的演奏并不复杂，难度非但没有限制他的创作才干，反而是对他的一种激励。看一眼布鲁克纳的对位学导师西蒙·赛赫特的对位学著作，就会对其中对艺术性的精确要求惊异不止。然而在巴赫的作品中，它就不仅是精确无误的音律，而且简直就是一种音乐激情，其中的管风琴赋格充满演奏者的欢乐，这同样表现在他的羽管键琴的托尔塔中。

那些炉火纯青的作品和大型管风琴前奏曲，总是最终归结于赋格，把它当成自由演奏的主体和真正的高峰。他对赋格的喜爱和乐趣几乎是无止境的。贯穿全曲的赋格，是如此宏伟，又如此清澈，是没有一个同时代人和后来人能够做到的。而且每一曲赋格本身又独具特色。马丁·盖克，这位已提到过多次的来自多特蒙德的音乐理论家，把赋格称之为"一种遵循自己法则的静止的结构"——他多亏没有断言，说河流是局限在自己河床之中的静止水域，否则他就会做下迄今最大的蠢事。他在另外的场合当然也强调说，赋格是没有固定形式的——他是一位自由派的教授。耶纳的音乐理论家贝瑟勒，把巴赫赋格作品中的最大的功绩归结于为他创造了一种可称为"性格主题"^①的东西。在一篇题为"开拓者巴赫"的文章中，他以科学家的精细详尽地进行了剖析，以证明巴赫在这方面的天才。但这只是自作多情而已。这种如此详尽剖析的"性格主题"，他也同样可以在布克斯特胡德、亨德尔、莱格伦齐、波尔波拉、扎豪、瓦尔特或者约翰·卡斯帕尔·费迪南·菲舍尔的作品中找到。而且，在巴赫那里也可以找到很多赋格主题，你就是竭尽全力，也无法把它们修饰成为贝瑟勒所说的"性格主题"。他其实应该更多地看一看，而少一些学究气就好了。可惜的是，却没有一个同行向他指出过这个失误。

巴赫的赋格作品之所以伟大，并不是来源于主题材料。它所以伟大，是因为他把平淡的开端发展成难以置信的结果！贝多芬第五交响曲开头的 8 个音，单独看起来也不能算是天才之作——真正显示天才的是他用这 8 个音所组成的交响曲主线……它从整体上看，却完全背离了贝瑟勒所提出的分析方法。这是音乐理论家的一个不可救药的悲剧，他们一旦失去了辅助学科的扎实的根基，就只能依靠那些不实用的手段了，谈论音乐必然是没有音乐味道的。

巴赫的《管风琴小书》也是如此，他很可能是从 1716 年开始写的，对它的诠解似乎过重了。据说，这是巴赫为他的儿子威廉·弗里德曼所写。他当时 6 岁，坐在琴凳上，两脚还够不到踏板。巴赫的家里虽然还有些学生，但却讲不出如此美妙的传说来。施威策谈到《管风琴小书》时，说这是"巴赫的音乐语汇词典"，而且是"音乐界最大的事件之一"。其他一些行内人士也以各种类似的方式重复了这种说法。巴赫对如此多的赞美可能不会感到高兴，他把这本《管风琴小书》只看成是给初学者的启蒙读物。

---

① 贝瑟勒在他的《开拓者巴赫》一文中，详尽论述了他关于"性格主题"的思想（1950 年），但他却没有列举有关作曲家的名字。

施威策继续说："各种众赞歌的典型主题，同样符合巴赫作曲时所惯于采用的表达情感和图像的方式。"他当然可以如此自信地断言，但人们却没有这方面的证据。如果我们仔细观察，这个曲集中出现的各种不同的作品，却正好表明了它的反面。"音乐的意义就在于它是特殊的东西。"有一个人这样说。他是言之有据的，他就是作曲家、钢琴家、指挥和教师伦纳德·伯恩斯坦。他证明，罗西尼的《威廉·退尔》序曲，也完全可以定位成美国西部片的电影音乐。对音乐评论各种学派的正误广泛浏览以后，他得出结论说："对音乐的诠释只能在音乐之中，而不在别处。"

这样一来，他就把一大批评论家的根基拆除殆尽，但并没有使他们感到失落，因为没有这个根基，他们也生活得很好。

贝瑟勒感到奇怪的，是巴赫在《管风琴小书》中采用的处理众赞歌的典型方法——巴赫自己强调这些均是为初学的管风琴手授课之用——后来再没有使用过。因而断言，说这在其他人身上还没有出现过，就不对了；在特勒曼、扎豪和瓦尔特那里也出现过类似的现象，当然是符合特勒曼、扎豪和瓦尔特的特点的。但这决不是贬低《管风琴小书》的美妙，莫扎特的成就也并没有因为他不是交响乐的发明者而有所逊色。巴赫在后来也曾创造过和《管风琴小书》类似的典集。贝瑟勒只要看一看那首著名的众赞歌序曲《醒来！一个声音在向我们呼唤》或者翻阅一下诺伊迈斯特的集锦就明白了。体系得到了发展，原则得到了保持。

巴赫就任乐队首席，也意味着增加了义务，"每月演奏新作品"——公爵给予的恩惠，是要得到回报的。对其他乐队首席他并没有提出过同样的要求。由此也可以看出，巴赫实际被当成乐队指挥来对待，因为通常是乐队指挥而不是乐队首席决定演出的节目。这个义务同时也给巴赫开辟了更加广阔的可能性：除了宫廷乐队以外，当时还有一个不太大、但很有能量的合唱队以及额外的定音鼓和小号。于是巴赫的

100

《魏玛康塔塔》就应运而生了。

我们就看这个系列中的第一首，《我有很多烦恼》，这是真正的巴赫的杰作。首演是在三一主日后的第3个星期天。这不仅是一首降临节康塔塔，而且是一首离别康塔塔，是为了身体不好而要出行疗养的约翰·恩斯特王子所写。他没有再回来，死的时候只有19岁。他也是一个音乐家，如果活着，对当时的音乐还会有所作为的。

这首康塔塔，在很多方面都引人瞩目。其歌词出自公爵藏品管家和监理会秘书索罗门·弗朗克之手。他的宗教诗歌已经超出了教堂实用的水平，具有文学价值。但有人对这首康塔塔的歌词提出了异议，认为其结构不合逻辑，[①] 因为首句"我有很多烦恼，但你的安慰在清洗我的灵魂"，其中已经包含了安慰，也就剥夺了作曲家深入安慰之中的可能性。可是，巴赫却以其音乐证明了相反的可能，用完全巴赫式的方法，处理现成的歌词：他只按其意思配曲，而把歌词远远放置在音乐的后面。

11年以后，马特松在他的"评巴赫的音乐"一文中，把对歌词的反复，多次摘录出来，却脱离开巴赫的乐谱。这样读起来当然就很可怕了，很多人认为，他想嘲笑巴赫。但马特松在文章的开头针对巴赫讲了一句话，倒是值得注意的："他不是因为无聊才进行这种反复的。"原来如此！

为演奏这首康塔塔，巴赫有一个完整的乐队加上定音鼓、小号和合唱队。具有这样一些器乐条件，他如果一开始就充分加以利用，对烦恼进行刻意的强调，这将是再自然不过的事情了。

可巴赫没有这样做：他让这首伟大的作品以室内乐开篇，每次出现独唱之后，又立即返回至室内乐的晶莹剔透之中。他并没有采用他拥有的手段，而只是选择了他所需要的东西。他鬼斧神工般地变换着

---

① 捷克音乐理论家卡米尔·施拉帕拉克对"超音波唱片公司"录制康塔塔时所说。

各种效果：时而独唱，时而二重唱，时而又在声乐和器乐独奏之中，加进背景是合唱的四重唱。只到结尾处，当安慰已成定数，烦恼者变成被安慰者时，才插入了之前始终沉默的定音鼓和小号的声音，末尾是欢呼，而开头则是叹息。他不仅塑造了一连串充满艺术性和反差的音符，而且还从开场合唱中的圣经训词里，展示了一座宏伟的音乐大厦。有一位评论家认为，耶稣和渴求安慰灵魂间的二重唱，是"误入了戏剧性的歧途"①。实际上，他是低估了这种歧途。像巴赫处理这一题材的方式，恰恰是使这首康塔塔作为整体有了戏剧性的升华。

但巴赫不仅创造教堂音乐，尽管他的音乐从整体上看，是一种绝对履行义务式的、神圣的事业。但最虔诚的，也完全可以是最自由的，因为他在这个世界上有着自己不可动摇的立场，不把自己封闭起来，所以巴赫的音乐也并不约束在教堂之中，而是一种坚定的信仰所主导的对世界开放的音乐。一个最好的例子就是1716年创作的《狩猎康塔塔》，这是他为魏森费尔斯宫廷创作的。威廉·恩斯特公爵和那里保持着良好的往来，那里的人们也是喜爱戏剧、音乐和狩猎，甚至有一所歌剧院，而且魏森费尔斯歌剧院享有不小的声望。他们喜欢举行各种庆典活动，兴致是如此之高，以致1712年维提纳的首脑奥古斯特大王不得不亲自干预，以避免出现破产的危险。威廉·恩斯特有时也会从他的阴暗的威廉斯堡里走出来，应邀投入到那里的欢乐气氛之中，尤其是乐于参加那里的狩猎。至于说威廉斯堡回请魏森费尔斯的人来做客，我们却找不到相应的记载。这就好像普鲁士国王弗里德里希·威廉很乐意应波兰国王的邀请，去德累斯顿做客，而后者却极少前往柏林。

在魏森费尔斯，巴赫于1716年2月演奏了他的康塔塔《使我欢快的，只有活跃的狩猎》（这首极具世俗气息的歌词又是出自弗朗克

102

---

① 施拉帕克论述"格格不入的戏剧性因素。"

之手）。这首康塔塔，巴赫后来又多次演奏，足以证明他对其喜欢的
程度。

如果我们对他在魏玛时期的创作，在数量和品种上有个概括的了
解，那我们就会对其中艺术上的高超和形式上的坚定而感到震惊，而
对贝瑟勒的判断只能摇头称奇了。他在"巴赫在魏玛的高峰期"中
说："他很晚才趋于成熟。"

对巴赫离开魏玛，大部分传记作家都描写得很不准确，甚至像特里，完全不能理解。特里根本不能理解，巴赫为什么要放弃这么好的岗位。唯一对巴赫离开魏玛的细节给予描述的，是魏玛教会高级委员赖因霍尔德·姚尔尼西，他以模范的科学态度，整理了魏玛的有关材料。[①] 他虽然也只是反映了一半事实，但却远远超过其他人论述的总汇。

1716 年，对巴赫来说既是一个卓有成就的年份，也是一个危机四伏的年份，但他是在第二年才有所体会。当时他 31 岁，正是这一年，马特松从汉堡方面传出了巴赫名声大振的信息。

起因是当地发生的政治事件，但他显然低估了这个事件对自己命运的影响。虔诚的公爵威廉·恩斯特遵照父亲的遗嘱，必须和他的兄弟平分政权，但他又极不情愿让他的侄子获得比弟弟更多的权利，也就是说丝毫权利都不能给。伯侄二人的争执愈演愈烈。当侄子 1716 年要求从国库支取 1.6 万古尔登大兴土木时，"思想开放和责任心极强的"另一个统治者（斯皮塔如此评价他）则立即提出也要支取 5 万古尔登，来扩大他的收藏。侄子的钱留在了国内，而他的钱却流到了国外。但他仍为此很恼火，于是压缩了侄子的红宫晚间照明用的蜡烛数量。因为，蜡烛的费用出自共同的金库。

----

① 姚尔尼西的文章，收集在《巴赫在图林根》文集中（魏玛 1950 年）。

104   1716 年，侄子对伯父的独断专行和自我吹嘘受够了，于是向帝国宫廷委员会控告了伯父，以讨回自己的公道。在这个委员会里，他的伯父已经由于和施瓦茨堡伯爵的争执而打过一场官司，并以他的败诉告终。我们还记得，上一年维提纳家族委员会已经第四次裁决这位公爵的争强好胜了。他的声誉也因此而江河日下，周边的很多贵族已不再和他往来。他的阿尔腾堡和哥达的亲戚对他的看法，他早在 10 年前就不予理会了。

但在这样的形势下，侄子的控告使他处于难堪的境地。为了报复，他在减少了侄子的照明费用以后，就打算采取进一步措施，夺取侄子生活的乐趣。

宗教正是一个良好的把柄。伯父并不反对虔敬主义思想，只要它有助于国内的子民脱离红尘，学会忍耐和知足。但他却反对虔敬派个人信仰的方式，因为它有可能导致国家人民的分裂。他的侄子理所当然不愿意和伯父在一起做祈祷，因而倾向于在家中静修。于是伯父就借口反对虔敬主义而发出了禁令。

宫廷的老首席传教士，教区总牧师和监理会成员约翰·乔治·莱里茨于 1716 年去世，威廉·恩斯特于是任命当时颇有声望的神学家托伊纳为接班人。他指望这位新传教士能够在宗教这一层次上干预他和侄子之间的争执。可惜的是托伊纳一开始就好心做了错事：他认为也有必要启发伯父的良知。这位虔诚的伯父坚持圣经中的一句话"不顺我者，即反我"，长期不让这位传教士赴职，直到他修正了自己的立场。

伯父继续反对他的侄子。由于侄子喜欢音乐并扶持音乐，那么最好的办法就是取消他对"共同宫廷乐队"的使用权。然而，侄子对伯父这个指令不予理睬——因为他的血管里也流淌着和他伯父同样的血液。所以伯父就召来乐队成员，明令禁止他们以任何方式为其侄子提供音乐服务。违反者罚款 10 个塔勒尔，这在当时是很多的钱！

105

萨克森·魏玛公爵威廉·恩斯特，先是提携巴赫，
后又监禁他，最后不想再见到他

这也是巴赫被卷进去的一个方面。作为乐队首席，他把自己看成是乐队的领导，而不是普通成员。侄子是真的喜欢音乐，而伯父只是把音乐作为一种排场。巴赫与侄子有着直接的友好的关系，而和伯父却没有任何个人交往。而且，巴赫承担着合同明确规定的义务，为两个宫廷创作音乐。他看不到有什么理由，不去遵守合同的这种规定，因而他继续为侄子服务并和他在一起从事音乐活动。

1716 年魏玛的环境，很难说是温馨的，尽管托伊纳后来谈到公爵时违心地说："在周围的 50 位君王当中，找不到一位如此虔诚、如此节俭的主公，国内的财政如此井井有条，公共秩序和情操如此高尚，他创建了学校、中学、监狱和孤儿院，科学也受到了支持。"（如 106 果不看细节，这都符合事实。）

总而言之，威廉斯堡的这位老鳏夫不是一个和善而随和的人。红宫中的侄子虽然也不能算是贵族中的开明典范，但却生机勃勃，而且和巴赫的关系比较密切。1716 年他终于结婚了：新娘是一个寡妇，

萨克森-麦塞堡的公爵夫人艾雷欧诺·威廉米娜，她是安哈特-克腾侯
爵莱奥波德的妹妹。奇怪的是，婚礼没有在魏玛而是在属于安哈特-
克腾的尼恩堡举行。他的伯父是否参加了婚礼，我们不知道，但婚礼
上没有演出音乐是不可想象的。克腾的侯爵是个狂热的音乐爱好者，
通过他的新妹夫，他认识了一生中最重要的人物巴赫。

开始时一切都循规蹈矩。2月，威廉·恩斯特应邀去参加魏森费
尔斯公爵克里斯蒂安的诞辰活动。活动包括观看歌剧和参加狩猎，公
爵带去了他的乐队首席，席间演奏了他的康塔塔《使我欢娱的，只是
活跃的狩猎》。巴赫就是以这种方式开始了和魏森费尔斯的关系，后
来持续了很长的时间，巴赫在莱比锡任职时，甚至获得了魏森费尔斯
宫廷乐队指挥的称号——但除了魏森费尔斯成了他的一处音乐疗养地
以外，这个称号对他在莱比锡没有任何好处。

恩斯特·奥古斯特公爵和他的夫人都很想听这首狩猎康塔塔，
巴赫于是在这一年的4月为他们进行了演奏；但由于魏玛的乐师们
被禁止前来，他是和魏森费尔斯乐队一起演奏的。这有两个好处：
第一，乐队学会了这首乐曲；第二，威廉·恩斯特出于对魏森费尔
斯的友谊不好反对这场演出。他什么都没有说。8月在哈雷进行了
那次令人瞩目的管风琴验收。巴赫继续在红宫中演奏音乐。威廉·
恩斯特对此保持沉默，显然他不想采取反对的措施。

107 　　这期间巴赫结识了前一年就任的中学副校长约翰·马蒂亚斯·
盖斯纳，两人之间甚至建立了友谊。盖斯纳喜欢音乐，是巴赫音乐
的狂热崇拜者。在头一年，巴赫的第三个男孩约翰·伯恩哈德出世
了，巴赫为公爵创作了一批美妙而具有现代意识的康塔塔，即加入
了咏叹调和宣叙调，这在当时曾被认为是歌剧对教会的入侵，从而
遭到各种激烈的非议。斯皮塔说这是"一种无谓的艺术活动造成的
混浊的潮水"——在斯皮塔的眼里，亨德尔及其歌剧必然就是纯粹
的沼泽之花了。

巴赫显然是另外一种观点，他利用这一手段给教堂音乐带来了生气，通过插入戏剧文学色彩，使其成为可能，而所用的歌词则又是由诗人索罗门·弗朗克按照艾尔德曼·诺伊迈斯特的榜样而创作的。他在魏玛写下了20多首康塔塔，并进行了演奏。公爵看来对他的乐队首席似乎很满意。1716年12月1日，乐队指挥老德雷泽离开了人世，对巴赫来说，乐队指挥一职理所当然地应该归他所有，何况他实际上早就做着这个工作，只需要正式确认而已。

他完全想错了。他在红宫演奏了音乐。公爵已经发现了他的乐队首席违反他的指令行事。一个不尊重他命令的人，是不能考虑担任乐队指挥的。他出于报复心理，决定要让巴赫知道违反命令的后果。但他开始时却不让巴赫感觉到，甚至不通知他。公爵甚至还给他增加了4个塔勒尔的工资，以显示他是一个多么宽宏大量的君主。但在暗地里，他却决定彻底毁灭巴赫期待这一职务的欢乐。他选中的接班人是特勒曼，在埃森纳赫他就已经发现这个人的才干。此人自1712年开始就担任美因河畔法兰克福城市乐队的主持，在那里不仅开展了很多演出活动，而且也显示了多方面的组织才能。

公爵为他的人文中学请来了知名的奥德鲁夫拉丁学校的校长担任校长，请来了由于发表著作而闻名的年轻的学者盖斯纳担任副校长，请来监理会秘书弗朗克为他的藏品管家，他是远近公认的宗教诗人，他的首席传教士是神学界公认的一盏明灯——现在又请来特勒曼作他的乐队指挥，他认为这是他汇集名人的又一个幸运的补充。

然而，特勒曼首先是在法兰克福有一个称心的职务，其次是通过巴赫了解魏玛，再次是他认识巴赫。当他收到公爵给他发去的邀请信后，他立即回信说，在他的身边的巴赫就是最好的音乐家，也是乐队指挥的最佳人选。巴赫也从特勒曼方面知道了这封回信，立即向公爵正式提出应聘这个职务的申请。为取得乐队首席，他当时也是这样做的。

但这次他没有得到答复。他又写了一封卑躬屈膝的信提醒此事，但仍无回音。他申请晋见，却未获批准。公爵在没有得到理想的人选以后，就决定无论如何不能启用这个乐队首席担任乐队指挥。

他四处传言，要任用德雷泽的儿子接替他父亲的职务。这一谣传一直持续到年底，最终还是得以实现。公爵以这种态度也同时显示了他在音乐方面的水平：当他不能得到第一流音乐家的时候，得到一个三流音乐家他也完全可以满足。音乐水平对他来说是无所谓的。

但巴赫一案对他尚未结束，他又向前走了一步。迄今为止巴赫为了作曲每年都从国库得到一令双页曲谱纸。现在他不想再见到他，他取消了提供曲谱纸。

109　　当克腾侯爵听说，巴赫没有取得魏玛乐队指挥的职务，他就高兴地邀请巴赫到克腾来担任他的乐队指挥。这个职务刚好空缺，他从内心里清楚，这个巴赫是个什么等级的人物，尤其知道，对他这将意味着什么。而且他本人就是一个狂热的音乐家。他提出了最优厚的条件：工资不是现在的 316 古尔登，而是 456 古尔登，外加房租补贴和取暖木柴，全权监管和决定整个宫廷音乐、室内乐、席间乐和君主音乐陪同事务，主管演出和作曲……

这个条件中的经济方面的优厚程度，可以从另一个实例中看出，匈牙利最富有的贵族埃斯特哈希公爵，40 年后聘用那位约塞夫·海顿担任乐队指挥时，支付的工资还没有超过这个水平。而他是哈布斯堡王朝中最富有的贵族！

但这不仅仅是钱的问题。与此相关的还有巴赫社会地位的猛升，这在他的大部分传记中却很少提及。在魏玛，约翰·塞巴斯蒂安·巴赫的地位始终是一个侍从。在克腾他上升到宫廷乐队指挥地位，属于宫廷官员系列，只有宫廷总管位居他之上，在某些方面，他的地位甚至高于克腾市长。可很多人都忽视了社会地位的上升在那个时代的意义。

另一方面，魏玛公爵的决定，实际是把他冷落在一边。取消曲谱纸的供应，表明巴赫在魏玛已经不再是作曲家了：他不再写康塔塔，即使还能演出的作品，巴赫也只能把自己对音乐的要求，降低到一个平庸的音乐家的水平。

鉴于上述事实，巴赫传记的大作家特里写道："对传记作家来说，巴赫如何才能决定接受克腾的呼唤，是一个难解的问题。"但对巴赫，这并不是什么难题。当一个人不被重视的时候，也就无人能把他留下。他这样想。5 月底，他提出了辞呈。

就像前几次的申请和要求晋见一样，他仍然得不到回音。公爵不想和他说话，一个执政的主子对他的侍从是不需要做任何解释的。巴赫对公爵来说只是一个侍从。

110

巴赫还没有和傲慢的权贵打交道的经验。在阿恩施塔特他顺利地从伯爵的臣民地位中解脱了出来。伯爵还批准了他的臣民玛丽娅·芭芭拉·巴赫和自由城米尔豪森市民的婚事。在魏玛，他和约翰·恩斯特公爵的合同也顺利地得到了解除。但他对乐队的领导被剥夺了以后，甚至连他的作品也无人过问了以后，问题已经很清楚，他无法也不想留在这里了。是的，鉴于他所受到的待遇，他也不应该留在这里。

在这种情况下，巴赫和克腾的侯爵签署了合同，规定于 1717 年 8 月 1 日起就任那里的乐队指挥一职，他这样做是完全可以理解的：辞别只是一个形式。但对公爵来说却不是这样。他遵循旧约全书的信条："我要走向你们，并教训你们，你们应该爱我。"当 8 月 1 日来到时，巴赫一直没有得到答复。他被定在了此地。

我们不妨提一个问题——他的传记作家当然没有一个人提过这个问题——他为什么不从公爵这里一走了之呢？他不是自愿来为公爵效劳的吗？他为什么不能不辞而别，踏上去克腾的 30 公里的路程呢？当年吕贝克之行超假不归，他没有过任何顾虑。为什么这次不能去做这个短途的旅行呢？

　　这里实际涉及到了在那个时代的一些法律和制度上的状况，如果忽视了这一点，那是绝对不公正的。

萨克森·魏玛公爵恩斯特·奥古斯特，威廉·恩斯特的侄子，接班后对一切不满的臣民禁闭半年

111　　我们可以回忆一下：奴隶制在普鲁士到 1807 年才得到废除，其他地方为时更晚。根据魏玛的警察治安法规，任何人在拿到解职证明之前，是不允许接受其他职务的，没有公爵的特许，任何雇用者都不能出境。（巴赫的地位是个侍从！）

　　法学教师乔治·威廉·伯莫尔对此解释如下："只要你在君主的领地出生或者置于他的保护之下，你就要开始对他承担臣民的义务。"莱比锡的法律学家克里斯蒂安·托马西乌斯在他的《神圣法律制度》一书中解释说："君主和臣民的关系，犹如父母和子女，前者握有制裁和教训的权力。"而萨姆埃尔·封·普芬多夫男爵，他实际是自然法和国际法的创始人，曾确认："下属服从上司，这是必须做到的，不能考虑其自由意愿。"

　　巴赫正是置身于这样的窘境之中：公爵实际上可以，如果他愿意的话，把他埋葬在这块虔诚的魏玛土地上。

　　安哈特·克腾侯爵试图干预。但和威廉·恩斯特公爵进行谈判当然是毫无意义的，因为他和公爵的对头，即他的侄子恩斯特·奥古斯特是连襟。但他过问了巴赫的搬迁：9 月 10 日他派一名骑手前往魏玛，住到了当时就存在的"大象"旅馆，两个星期以后，又派了两名侍从，由他的妹夫安排在坦罗达村中，在那里整整停留了一个星期。据此可以想象，侯爵向巴赫提供了个人保护。但巴赫没有接受这番好意。

　　因为没有和公爵的正式辞行，他不敢搬迁。根据卡尔五世皇帝的法令《卡洛林法》，他如果这样做，不仅会失去做臣民的权利，而且还会失去他的全部家产。是的，即使他能取得皇帝御书在公爵那里受到保护，他仍然可以被当作叛逆受到审判。根据萨克森-图林根的法律，公爵甚至可以要求神圣罗马帝国德意志民族的各国君主引渡罪犯。这项法律在当时仍然有效，可以从前一年的克赛尔伯爵夫人的例子上得以证明：她受到萨克森大臣雅格布·海因里希·封·弗莱明伯爵诽谤以后，从普鲁士逃到了哈雷。而弗里德利希·威廉一世却二话不说就把她送回到奥古斯特大王手中。

　　巴赫通过同公爵痛恨的侄子一起搞音乐以及过高估计了公爵对艺术的兴趣，才不可避免地陷入了这个恶劣的环境之中。这并不像有些人说的那样，是一件无关紧要的小事，而且也可以排除他对此事毫无所知，因为他的一个教父圈内的至亲，弗里德曼·莫克巴赫就是一位律师。

　　为了说明其处境的严重，当后来他的崇拜者恩斯特·奥古斯特公爵掌权以后，他的第一小号手申请辞职。恩斯特·奥古斯特却把他痛打一顿，而当他仍然还想离开这个国家时，却被禁闭在一座囚塔之中。这位公爵就职时就宣告，"每个下属，凡要叛逆的"均判以 6 个月监禁。

　　这就是魏玛的"早期古典式气氛"。

112

第九章

就在这困难而危险的处境下，1717 年的秋天，巴赫获得了一份去德累斯顿的邀请。他的交往很广泛，绝不像斯皮塔所说的那样"他的艺术创作充满寂静和单调"。就我们了解的情况看，他虽然从未去过德累斯顿，但他在那里也有很多熟人，而且不是无关紧要之辈。比如著名的德累斯顿宫廷乐队的乐队首席让·巴布蒂斯特·乌迈耶，从名字就可以看出，他来自法国。而乐队指挥则是十分能干的约翰·戈特弗里德·施密特。在这个 1717 年，一直被低估了的卓越的约翰·达维德·海尼兴也来到了德累斯顿。大选侯国的王子弗里德里希·奥古斯特在前一年从威尼斯把他请到了德累斯顿宫廷。此外还有一个埃森纳赫的熟人，潘塔雷翁·哈本施特赖特，是一位小提琴手，还有一手演奏扬琴的绝技，善于在上面敲出各种神奇美妙的声音来。

巴赫接受了德累斯顿的邀请。他可以去德累斯顿，是因为他没有离开维提纳区域。我们不知道，他是否获得了那位顽固的公爵的恩准，但请假去德累斯顿是很难拒绝的，奥古斯特大王是所有维提纳公国的宗主。

德累斯顿确实有很多特殊的地方。传记作家们把巴赫的德累斯顿之行只当成一个插曲，就好像他也可以去普劳恩和马格德堡一样。但他们错了：德累斯顿当时是仅次于凡尔赛的最光辉、最富有和最伟大
的宫廷。[①] 伦敦、马德里和圣彼得堡与之相比都自叹不如。甚至皇帝

---

① 伏尔泰说它是"欧洲最辉煌的宫殿"。

驻地维也纳加上新建的美泉宫都无法和它相比，这当然不只是因为德累斯顿的宫廷歌剧也是全欧洲最好的。（当亨德尔在伦敦上演歌剧需要明星时，他就从德累斯顿聘请。他付给演员的报酬超过国王，因为他当时有人赞助，成为欧洲绝对最富有的歌剧经济人。）

德累斯顿的音乐和威尼斯一样辉煌。然而，使德累斯顿辉煌的，却既不是歌剧也不是它的乐队，这些只是它的佩饰，只是宫廷的外貌而已。德累斯顿所以辉煌，就因为它是波兰国王的驻地。巴赫协会把当时的维提纳王朝只称为一个"大选侯家族"是不公道的，从国家法上说，也是不正确的。一个莱比锡的教授，在莱比锡以外仍然是一个教授，而奥古斯特大王作为奥古斯特二世，自 1697 年就是合法当选的波兰国王，他死后，他的儿子同样是合法当选的波兰国王奥古斯特三世。但弗里德里希一世、弗里德里希·威廉一世和弗里德里希二世的情况就不同了，从国家法上说，他们是勃兰登堡大选侯，以及只是（东）普鲁士的国王。这种情况直到 1772 年波兰分裂以后才发生变化，尽管勃兰登堡选侯国早就自称为普鲁士了。

"波兰国王"也不止是一个形式，尽管波兰的贵族一再限制国王的权利，但它并非是一个虚名。萨克森大选侯宫殿的光彩夺目，是波兰王室授予两位维提纳族人国王的地位以后才出现的。波兰-立陶宛大帝国，在两位萨克森国王统治时期，经历了文化和经济的大繁荣和历史上最长的和平时期。时至今日，波兰的历史学家，包括短暂的马克思主义时期，仍然把维提纳国王统治时期描绘成最光辉的历史阶段。实际上，萨克森和波兰当时的结合确是给双方都带来了好处。萨克森当时是德意志各邦国中最富裕的国家——这种状况一直延续到 7 年战争，那场战争是腓德烈大帝入侵后，用残酷掠夺萨克森的钱财进行的。

不仅作为波兰国王，奥古斯特大王在帝国占据重要地位，而且作为萨克森大选侯也是如此。他当时在大选侯中名列第一，地位仅次于

115

皇帝，是皇帝的副手；作为助理（如 1711 年）他也曾掌管过皇室的事务，因而和维也纳皇室有着密切的关系。与用铁皮盘子吃饭的柏林的弗里德里希·威廉王室相反，他更喜欢执政的排场。在他的政治中不仅有萨克森的贵族，而且也有波兰的贵族任职。王室中权势大臣雅格布·海因里希·封·弗莱明伯爵就是波兰贵族的显赫的象征，他在波兰的财富盖过整个萨克森选侯国。所以，前往德累斯顿是一件大事。不论维也纳还是伦敦，不论马德里还是圣彼得堡，都没有如此的光辉，至于柏林和其他德意志王室就更不值一提了。

1717 年秋，巴赫前往德累斯顿。发出这个邀请并不是没有缘由的：德累斯顿的乐队出了麻烦。德累斯顿宫廷新近来了一个叫路易·马尚的名家，在这之前他曾在凡尔赛担任法国国王的宫廷管风琴师和羽管键琴师。

巴赫和马尚的会面，或者说没有成功的会面，通常都是被简单地——比如第一位巴赫传记作者福克尔——说成是一次爱国主义的行动，是德意志音乐家对法国傲慢的一次胜利；即使不说是德意志民族主义式的胜利，也要说是巴赫这次艺术之旅的一个特别成果。

所以出现这种说法，就因为没有人认为有必要，去研究一下这个马尚。实际上，马尚绝不是一个偶经此地的无名之辈，而是一个赫赫有名的音乐家：他 14 岁就在内威斯主教堂担任管风琴师，20 岁就任巴黎耶稣教团的管风琴师的职位，24 岁业已获得"一级管风琴师"称号，到了 31 岁，成了"王室管风琴师"。他是法国管风琴艺术的重要代表人物。在他的音乐作品上，他在名字前总缀上加了一个"大"字。他的作品集中，可以看到他的名字是"大马尚"。他也是一个相当自信的人。使他失去职务的原因，十分典型地表明了他行为的胆大妄为：他离开了冷落他的夫人，于是夫人提出了获得抚养的申诉，国王判决他支付一半的工资。于是，他在这之后的一场音乐会上，当着国王的面，在演出当中突然停了下来，并面对整个王室成员宣布：既然国王把他的一半工资支付给他的夫人，那么下一半音乐会就应由他夫人来演奏。

雅格布·海因里希·封·弗莱明伯爵，奥古斯特
大王的实力派大臣，始终给巴赫以特殊的照顾

这样一来，他不仅断绝了和国王的关系，也断绝了和斯皮塔及特里的关系。（特里称他为"喜怒无常、不顾后果和自以为是"，斯皮塔说："他的民族的优点和缺点在很大程度上都反映在他身上——在艺术上的技巧和潇洒的才干——同样也表现出虚荣、傲慢和喜怒无常。"）

我们可以看到，马尚是如何冒犯了德意志所特有的臣民精神。[①]这种"傲慢者"在法国王室是层出不穷的：年轻的伏尔泰由于莽撞触犯了国王，被判处一年半监禁，刑满后从巴士底狱中返回，向其主子感恩时说："陛下，我觉得您的此举甚佳，为我解决了吃饭的问题，

117

[①]　对巴赫生平的澄清是斯皮塔的伟大功绩，应给予高度评价。但此例却表明，即使精细整理的资料，也难免得出不正确的结论。彼得·哈克斯在他的"艺术规范"一书以及马克·吐温的小说"森林之兽如何落入猎人之手"都对这一现象有精彩的论述。居斯特在《年轻的巴赫》一书中（斯图加特1998年）列举了一些很好的例证。

但我请求您尊敬的陛下，今后不用再为我的住处操心了。"

两个人，马尚和伏尔泰知道自己的价值，并从中得到了应有的自信。巴赫从他的日常表现看，特别是在同周围世界的交往中，无疑是一个朴实的人，几乎是一个正人君子，从来没有过很多个人表现——但自信他还是有的，在阿恩施塔特是如此，在魏玛以及后来在莱比锡也是如此。因此也遭到了不仅是斯皮塔和特里的指责。

马尚从凡尔赛被赶了出来，来到德累斯顿，是有足够的理由的：这不仅是因为在欧洲没有比此地更为光辉的宫廷，而且也没有如此重视艺术的王室。他的献艺产生了两个效果：一是王室众人的惊诧，这位来自法国宫廷的先生竟也摆出一副贵族的姿态；一是乐队的愤慨，他竟如此肆无忌惮地不顾地位的差别。王室众人的欢欣鼓舞是因为通过这位聪敏过人的先生，可以说是从源头上欣赏了法国音乐；乐队则咬牙切齿，他们担心这个法国行家的成就会影响他们的意大利风格的光彩。而且不是一时的，因为国王可能会考虑，授予马尚一个宫廷头衔，把他留下来。

我们还必须知道，法国风格和意大利风格，在当时是格格不入的。在那个世纪里，法国的歌唱家和意大利的诙谐歌手，曾在巴黎进行过一场名副其实的大战，诙谐歌手甚至取得了胜利。因为意大利式的音乐比较易懂，更能深入人心。法国音乐是建之于让·巴布蒂斯特·吕利的流派上，重视准确精细，十分严格。德累斯顿乐队对这种方式还是熟悉的，其中不少成员都曾去过巴黎。但这种风格不是他们的风格，他们已经树立了自己的风格。不言而喻，艺术家对待自己的艺术是不能宽容的：风格不是从天而降，而是通过不懈的努力而形成，并成了他们自身的组成部分。不是出于民族的原因，而是出于艺术的原因，德累斯顿乐队无法容忍马尚。何况这个马尚还在这里摆出一副自傲的姿态，这对德累斯顿或对任何一家德意志王室，都是不可想象的。

118

路易·马尚，当时最著名的
羽管键琴师，曾在巴赫面前
逃逸

　　作为管风琴师，巴赫早已经享有传奇般的盛名，在羽管键琴方面
也造诣很深（他的魏玛托卡塔的精绝就是证明），而马尚的名声也与
其不相上下。① 反对他的人最希望看到的，莫过于让他们两人走到一
起，或者说让他们两个人对抗一下。如果能把马尚挑动起来，进行一
场音乐比赛的话，那么对德累斯顿只会有好处。乌迈耶邀请巴赫从魏
玛来到德累斯顿，也是他的一步好棋。实际上，比巴赫更好的专家确
实也是找不到了，尽管专家并不是巴赫所渴望的目标。只要可能，他
是愿意接受这样的邀请的，这无疑符合他对音乐信息如饥似渴的追 119
求。愿望实现了，巴赫知道马尚的作品，也必然知道这个人。

　　事情的结局是众所周知的：巴赫来了，在弗莱明宫殿准备了一场
竞赛，但马尚在这一天早上却离开了这里，巴赫单独进行了演奏。马

------

　　①　阿贝·德·方滕奈在他的《艺术家词典》（巴黎）对他是这样写的："他一把双手放在琴键上，
就令所有的听众惊叹不已"。

尚在这种怯懦的逃走中，毁掉了自己，德意志音乐家战胜了罗曼国家的精英。至少福克尔是这样描写的。

为什么至今还没有人发现这段历史中的奇特之处呢？马尚的不辞而别，绝不可能是他有自卑感。据说他是一个"喜怒无常、傲慢不逊和不能自制"的人。在王室观众中他也有崇拜者，也就是占了地利人和之利。而且他的巨大才能也是无人质疑的。由于巴赫传记作者只关注巴赫，所以就对马尚忽略不顾了。然而，马尚返乡是去参加一次对他重要的巡回演出，回到了巴黎，声望未受丝毫损失。他仍然是作为"大马尚"进入了法兰西音乐史册。可他当时为什么要避开一名微型王国（魏玛当时只有 500 户人家）的管风琴师，在夜雾中踏上归程呢？何况巴赫在这场音乐会之前，还没有人知道，他是否有机会在德累斯顿获得公众的青睐。

马尚是以其大胆的和声转化而闻名的。[①] 而巴赫在这方面的胆量，却没有被斯皮塔所发现，对施威策来说，巴赫只是"巴洛克音乐的顶峰"，而且再也没有超出过这个领域。然而他的历届上司们却不这样看。阿恩施塔特明确地指责他，在众赞歌中"掺入了过多的异调"，要求他"如果想同时插入一个异调，那么就把它坚持下去，而不要很快又变成了另外一个……或者甚至插入一个反调进去"。总之，这就意味着：他们对他的和声转化极不满意，这对他们过于新潮。这一点我们可以借助他给他的儿子卡尔·菲利普·埃马努埃整理的和声众赞歌集得以证实：其中很大一部分具有大胆的和声，至今还有的教众认为"应该在唱诗时忘掉它"。其实，巴赫不仅是一个大胆的而且是有开拓意识的和声大家。马尚其实也是。但他所没有的，是巴赫在阿恩施塔特已经形成的座右铭："平均律音准"。

---

① 安德烈·皮罗赞赏马尚是"大胆的革新家"，并在他的《羽管键琴弹奏者》（巴黎 1848 年）一书中写道："他毫不顾忌地运用了减七音程和弦"，法国当时的伟大的作曲家和理论家拉莫也极欣赏他。

问题的关键在于，在合成好的八度和五度音阶总体之间，是存在一个差异的，由于古代的皮塔哥拉斯就已发现，故称其为"皮塔哥拉斯逗点"。这种差异的实际后果就是，在用 C 大调调好的钢琴上，升 B 大调完全可以发出不协调的音阶，这样五度音就完全是不纯的，甚至是在嚎叫，因而巴赫时代的音乐家称其为"五度狼嚎"。这种现象不仅在升 B 大调才出现，而且随着调式升降记号的增加而加强。因此就有必要对"纯"音准进行修正，使其"趋于平稳"，让所有的音都稍微偏离"纯音准"一段距离。从理论上这个问题早已得到了解决。法国修士马兰·梅尔塞内早在 1637 年，就发表了对此问题研究的结果，而哈伯施塔特的管风琴师安德烈亚斯·韦克麦斯特尔也同样于 1686 年和 1687 年间，用德文做了这方面的工作。但在他的管风琴作品中，他却极力避免完全超越五度循环。从理论上的认识贯彻到实践中决非易事。首先，几乎完全不可能的是改变管风琴，为了过渡到"平稳的平均律"上去，就必须相应改变所有的高区音管，而且想保持其音响的纯净就已是十分困难的事情了。同样不可能的是在斯皮耐琴和简单羽管键琴上，因为它们并不是为每个音都有单独的琴弦，而是像琉特琴一样，通过它的"品"来完成区间音。所以说，人们已经习惯于对有四个升降符号的调式只进行有限的处理。而对有五个或六个升降符号的调式，根本就不去演奏。我们可以去翻阅那个时代的全部资料，特别是查阅马尚的作品，甚至巴赫的管风琴作品，我们无处能够找到降 F 大调或降 D 大调，而四个升降符号只是出现在个别的作品之中。但巴赫已经走到可行的极限，这可以从下列事实上看出：他的同时代的伟大管风琴家戈特弗里德·谢尔德曼，在演奏巴赫作品时仍然有时出现不纯净音：[1] 谢尔德曼的管风琴还没有"达到平稳的

---

[1] 这是弗莱堡教堂乐监汉斯·奥托的论断，当德累斯顿圣母教堂的齐尔伯曼管风琴重新维修时，在讨论中也多次论证了这一观点。

平均律"。

但巴赫也在为实现这种音准而努力，因为这是在作曲中无法逾越的问题。[①] 他必须为"平均律音准"找到一种钢琴调音的新方法，除了自己的灵气和两只耳朵，就没有什么其他的依托了。但他确实已经面临解决：两年后他在他的《变音幻想曲与赋格》中已经走进了这个"平均律音准"全部宽阔范畴的可能之中，注入了前人从未敢尝试过的和声转化。

这很可能就是马尚提前离去的原因所在。从他的作品中可以看出，他是如何努力在解决和声的问题，而且显示了他在这方面的深厚造诣。他不需要听巴赫的演奏，他的自由的想象力或羽管键琴的几个音调，就会使他意识到，这个人早已超越过他很多，而且掌握了他至今尚未入门的可能性。[②]

马尚当然不是"喜怒无常、傲慢不逊和不能自制"，否则他在阴谋四伏的凡尔赛连两个星期都待不下去。他也并不是被"激怒"而对国王说那番话的。这个传说故事存在明显的刻意编造的痕迹：他的妻子侮辱了他，国王通过判决再次侮辱了他，因而他无论如何是无法留在宫廷了（更谈不上高工资）。他并没有不辞而别，可以肯定地说，人们没有忘记他。这可以从他清醒的头脑中看出。他同样以这种清醒的分析，不辞而别离开了德累斯顿：作为内行他知道，他是不可能取胜的。他毅然离开了凡尔赛，是因为他已经输了；他暗暗地离开了德累斯顿，是因为他不想输掉。他这样回到巴黎，没有事先传回他失败

123

_____

① 它是如何驱使巴赫穿越各种调式的，可以从"平均律钢琴曲集第一部"中的C大调前奏曲中看出：其中包括了三度（e小调）、七度（b小调）甚至三度大调（降f小调！）的七重和弦，所有这些和其他一些和弦在和声学中都具有多层意义。纯净的C大调和弦，在这首C大调前奏曲中，只是在结尾处，仅仅是全曲35节拍的4个节拍而已。在8个节拍中根本没有C音，但整个曲中却出现过整整100次。这些神秘数字学家们或许又会得出结论说，巴赫所以写这首乐曲，就是为了安插这100个C音，至于结尾和弦连续三次出现C音，那就必然是巴赫对圣灵三位一体的崇敬了。

② 马尚的"Livres d'orque"体系的开端只有#和b两个符号，而没有其他总符。把他的三卷管风琴作品和巴赫魏玛时期的作品加以比较，就会立即明白，马尚在巴赫面前逃逸，是他唯一的选择。

的消息，他是带着光辉返乡的。他不是傲慢，而是看到了自己的界限；他绝不是不能自制，而是像一个聪明人那样经过了深思熟虑。

巴赫在规定的时间，出现在弗莱明宫殿的崇拜马尚的观众面前。身着寒酸的魏玛市民服装的他，不可能给观众留下什么印象，只不过是一个乡下来的钢琴乐师！

然后，演奏开始了，整个世界发生了变化。很快，人们就搓着手说："这是一个难忘的夜晚！"事实也确是如此，德累斯顿从此再也没有忘记这个巴赫。后来的事实表明，这是一个有决定意义的夜晚。

巴赫给他的儿子们讲了这个故事，这在他的悼词中有所记载。巴赫的第一位传记作家福克尔直接从卡尔·菲利普·埃马努埃口中听到过这个故事。对施威策来说，这当然是不值一提的事，而盖克则一口咬定说没有这方面的证据，所以它根本没有发生过。说马尚根本没去德累斯顿。而巴赫去德累斯顿，只是为了在那里的音乐图书馆里研究维瓦尔迪的协奏曲①（他早在吕内堡就了解这类作品，而且还为管风琴改编了三首，为羽管键琴改编了十几首）。

当巴赫又回家以后，克腾侯爵的骑手已经来过又走了，巴赫的处境没有发生变化。在这种情况下，他只有一种可能的选择：就是同公爵抗争。继续为公爵提供作品，他已认为没有必要，因为他已得不到曲谱纸了。他把管风琴师的位置，让他的高才生舒伯特替代。在美国生活的奥地利巴赫传记作家盖灵格报告说，10月30日，耗巨资举行宗教改革二百周年庆典时，巴赫没有出现在宫廷教堂中，而是去参加了城市教堂的礼拜。他所遵循的原则是："公爵不放我走，我就不为公爵效力。"否则他还有什么办法呢？为了摆脱公爵的控制，用善意

① 这种论断完全站不住脚的地方就在于，巴赫改编维瓦尔迪的作品均在德累斯顿之前，所以在这次旅行中没有这方面的考虑。马尚去德累斯顿的事实，盖克不仅可以在马普格和阿德龙那里读到，而且也可以在安德烈·皮罗新版"马尚管风琴作品集"（巴黎1842年）中的生平介绍中得到证实。对科学研究工作的这种轻率态度我们只能摇头，可他的出版社却说，这是"一部作者通过一系列科学著作得以证明的权威之作"。

达不到目的时，他只能铤而走险。而公爵的反应却是当机立断：

当年他的侄子的谋臣提出了不符合公爵意愿的策略，公爵立即把他们逮捕起来。现在巴赫的行为同样不符合公爵的愿望，他也立即把巴赫逮捕，关在了公国法官小屋中。

"公国法官小屋"这个词听起来好像很温馨，似乎有些像是有教养人家的软禁室。有些人至今还一直认为，巴赫在这个公国法官小屋中，也就是在一个休闲环境里写下了他的《管风琴小书》。可惜有两个理由说明，这是不太可能的。第一是从目的上看，这本书是为"初学管风琴者"，也就是为他的学生所写。巴赫这时想去克腾，而那里他没有学生。（威廉·弗里德曼才刚刚 7 岁。）

第二是这个公国法官小屋，可以想象不是做这种事情的合适的场所。在威廉·恩斯特公爵的魏玛，有三种形式的监狱：由他创建的监狱和孤儿院（他在道路上抓的吉卜赛人，就关在这里），城市监狱（被关押的人中有刚生养过的未婚母亲），然后就是那个公国法官小屋了。这是为乞丐、流浪汉和一切被称为"下九流"的人准备的监狱。这也是魏玛所有的最低下的、最具侮辱性的地方。公爵把他的乐队首席和社会的渣滓关在了一起，目的就是让他明白，他在公爵眼里是个什么东西——不外乎是一个叛逆的侍从！

但他没有想到，把这个叛逆的侍从关起来，却引起了一场风波。公爵的政治声望本来就不佳。克腾的侯爵，作为他侄子的连襟和柏林的王室有着特殊的关系。而巴赫自从在德累斯顿亮相以后，又成了执政大臣弗莱明伯爵棋盘上一颗大棋子。[①] 他的被捕，很快就传播开来——巴赫的妻子也还在，她也不会保持沉默。公爵在前一年由于行为不端已经受到维提纳宫廷的谴责，而且在帝国宫廷会议上还在进行着与他有关的两起官司，一个是和他的侄子，一个是

---

① 这个高度评价后来又传给了他的接班人布吕尔伯爵。

关于他向施瓦茨堡伯爵提出的不合理的要求。现在他又把一位赫赫有名的音乐家和社会渣滓关在了一起，只因为他想离开魏玛，这对公爵是个绝非美妙的事情。而且为了一个叛逆侍从，和德累斯顿的执政大臣可能发生纠葛，也确实没有好处。反正他已经向巴赫表明了，他能做到什么程度。

于是，我们在魏玛的档案中，看到了出于宫廷秘书特奥多尔·本内迪克特·伯尔曼手笔的记载："11 月 6 日（1717 年）原乐队首席、宫廷管风琴师巴赫，由于固执的行为和提出辞职书，被关押在公国法官小屋中，最后于 12 月 2 日，由于明显的失宠，通过宫廷秘书下达了辞职批准书，同时予以释放。"一条旁注说："见档案"。

然而，尽管当时的魏玛宫廷中，连库房现存的马料单据都保存了下来，但关于巴赫的档案，却消失不见了，这就是说：公爵让他消失了！他对这次失利异常恼火，所以把档案的一切有关资料全部销毁。而且还做了交代，即使在他死后，巴赫的名字在魏玛仍入另册。

当约翰·戈特弗里德·瓦尔特 1732 年在莱比锡发表他的《音乐词典》时，他还不敢违反魏玛的禁令，对他的表兄和好友，讲述更多的东西。他不能不提巴赫，因为巴赫也生活在同一个城市。但在戈特弗里德·阿尔宾·维特的"著名的魏玛都城的历史新闻——在国王陛下的高贵的监督和批准下，发表关于监理会事项，魏玛 1737 年"，其中提到管风琴师时，却没有提到巴赫。公爵做了安排：叫这个名字的音乐家在他的宫廷中从未有过。他想把"巴赫"的名字抹掉！

斯皮塔说："在当时德意志中部地区的小君主中，威廉·恩斯特公爵是一个特殊的、认真的和办事深邃的人物。"

他的竞选口号是："一切与上帝同在。"

第十章

巴赫于 1717 年 12 月来到了克腾。在这之前，他在魏玛最差的监狱住了 4 个星期之久，亲身体会了一个被激怒的权贵可能的作为。哈雷的音乐理论家希格蒙德·舒尔茨，由此事得出结论说："巴赫离开魏玛显然不是一件很容易的事情。"他又根据公爵是个虔诚的人这一点，提到公爵甚至对不来参加宗教必修课的臣民赋予罚款的事例，再次证明了当时的"活跃的精神气氛"。特里则根据这一事实，稍加估计说："他或许已经对公爵的严厉感到厌烦。"紧接着，他又无端地给巴赫强安了个罪名，"而且，他暴躁的性格，在受委屈的情况下，很快就上升为好斗的程度。"似乎这个被冷落的人，除了离开没有什么其他的出路！卢艾格不知道公爵中断了对巴赫的曲谱纸的供应，明显剥夺了巴赫作曲的可能，所以他写道："巴赫觉得受到了侮辱。从此时此刻起，不再写一个音符。"这当然与事实不符：巴赫一直在写曲子，我们找到了巴赫 1717 年写的一首前奏曲和 a 小调赋格——当然都是羽管键琴曲。

"对传记作者来说产生了一个问题，就是巴赫如何决定接受克腾的呼唤"，特里是这样说的。然后他又说，"整个氛围的发展，看来是要窒息巴赫的艺术活动，而且也违背他内心的坚定信念。"

此处所违背的当然不是巴赫的信念，而只是特里的信念。巴赫在魏玛早就不会感到舒畅，这从他于 1713 年在哈雷寻求职务上已可以看出。毋庸置疑的是：一个竭力去追求另一个工作岗位，实际上是在寻找一个新的归宿。

特里——还有不少其他人——错误地认为，巴赫一生的愿望，就是留在教堂并为教堂创作音乐。实际上，他一生所追求的核心以及他生活的内涵并不是教堂，而是音乐。谁要是不这样看，谁就大错而特错了。他和所有教会上司都保持着距离。米尔豪森的艾尔马牧师和莱比锡的维瑟神学士是唯一的例外。他的儿子们提到过很多拜访过他并同他保持关系的音乐家，但却没有提到过神职人员。像佩措尔特想告诉我们的那样，说巴赫从他莱比锡的教父那里受到了启蒙运动的影响，只是一个荒谬的想法。作为音乐家显然是他给教会带来了更多的影响，而不是相反。但是，教会并没有领这个情。一个人即使没有牧师的帮助，也可以成为一个真正的好基督徒；比如施威策就是在非洲丛林里成为基督徒的。

巴赫去了克腾，既没有背叛他的信念也没有背叛他的天职。他不是一个音乐传教士，尽管他十分善于利用音乐去传教。然而还没有人注意到的是：他的作品中，有一半以上并不是教堂音乐。我们并不贬低他的受难曲和康塔塔中表达的信仰执着，而只是想指出，巴赫除了这些作品以外，还有其他作品存在。他不带任何伤感地离开了魏玛，放弃了那里的管风琴师的职务。其实，他在魏玛并没有为教堂做礼拜写过管风琴曲。连那本《管风琴小书》也只是一本教材，尽管其中的个别曲子，完全可以在教堂里使用，因为巴赫终究是个实践大家！他当然也不是告别了管风琴，虽然他在克腾得到的管风琴只有十三个风管。如果有人认为，这对巴赫的演奏和练习似乎偏小，那就说明，他对一台小管风琴只要稍做调试就能够显示出多大的表现力，是一无所知的。至今还无人提出过相反的证明。

同样无法证明的只是，巴赫在克腾停留时期，是不是企图同当地新教教团进行接触。那里的宫廷和臣民中的大多数，都不信仰路德新教，而是根据瑞士人茨文里和加尔文的信仰信条进行了革新，不仅取

128

消了一切偶像，而且也取消了礼拜仪式及其核心的教堂音乐。在经过革新的教会里，人们放弃了"为上帝演奏的虚伪的教堂音乐"，但这里的统治者莱奥波德侯爵，却和他的魏玛同事不一样。他更加宽容，允许他的臣民有更大的宗教自由：除了革新派教会，这里还有一个路德派教团。值得注意的是，巴赫的第二次婚礼，却不是在教堂，而是在家里举行的。路德教团当然向他提出了异议。巴赫的辩解是，在家里举行婚礼，是侯爵的意思。这当然只是一个借口，因为侯爵并不反对路德新教，而且巴赫和侯爵的关系很好，只要他愿意，是很容易获得在新教教堂举行婚礼的许可的。很显然，恰恰是他自己不愿意这样做。

剧作家保罗·巴尔茨 80 年代风行一时的剧作《可能的会晤》被公认为资料翔实，但却在他的《巴赫》一书中，指责巴赫背叛："伟大的严肃教堂音乐的创造者显然忘记了——我们不禁要问：难道巴赫一切想法的背后都隐藏着野心吗？是否他的信仰远不是如此坚定呢？巴赫再次提出了一个谜。再一次表明了，他早年的生存奋斗是现在行为的最好的解释：这种奋斗使这个人也否定了自己。"这段话竟把约翰·塞巴斯蒂安·巴赫定性为既否定其信仰也否定自己的人！他不明白，对巴赫来说，问题不在于用音乐服务于他的信仰，而是超越信仰为他的音乐和人类服务，就像施威策即使成了丛林医生，也没有放弃他的信仰一样。

所有崇拜巴赫的传记作家都只是顺便遗憾地提到，说克腾侯爵是个革新教派的信徒。尽管他们都曾指出过威廉·恩斯特公爵的"极度的虔诚"，但却没有一个人提到，克腾君主是个宽宏大量的人（这是他从父母继承的美德），这实在令人费解。这样一来，人们就会得出这样一个印象（而且不仅在这里），似乎在某些类别的音乐理论家看来，宗教问题和历史事实一样，对他们是不存在的。因为莱奥波德的宽宏大量在那个时代确实引人注目，在周边几乎是绝无仅有的。

虔敬主义是从路德正统派分裂出来的，而且受到了正统派的攻击，但它从未脱离开路德新教的根基。尽管如此，两个派别在巴赫那个时代仍然是水火不相容的。在德累斯顿，在埃尔福特，在莱比锡，常有著名的虔敬派人物被赶下圣坛，魏玛的公爵（绝不仅仅是他）为反对虔敬派的静修，甚至发布了严格的禁令。

反对革新教派的斗争，是建立在更为深刻的对立之中的。因为整个教派崇信瑞士人卡尔文的信条，50 年以后，不是加尔文主义者的伏尔泰，也只能定居在瑞士的边缘地区，而不得入境。

他们的分歧有着古老的渊源：路德和加尔文是同时代人，都是新教改革派。但路德抗议当时天主教教会的内部状态（所以称之为"抗议宗"），希望改革天主教。而加尔文却要建立一个非天主教的宗教。两人的分歧如此之大，以致路德拒绝和加尔文讨论任何问题：加尔文主义对他来说是不能进行对话的邪说。

勃兰登堡大选侯是信仰加尔文的革新教的，用一种看似宽容的手¹³⁰段引进了这个信仰，而实际上却并非是宽容的。伟大的新教圣歌作词者保罗·格哈德，不得不放弃在柏林尼古拉教堂的传教士职务，就因为他不肯背离路德教义。在莱比锡这个路德正统派的基地中，人们对加尔文的仇恨是如此之深，以至于在 1812 年前所有大学教师在受命前，都必须书面声明，认定加尔文派信徒均为叛逆，只能投入地狱之火中惩罚。巴赫在 1723 年受命时，也同样签了字。

如果他对同教会的关系十分看重，他这样做就意味着把他的崇拜者和朋友全部置于在永恒的诅咒之中，他是不会如此轻率行事的。但他毫不犹豫地签了字，而且还为这些"叛逆"做了一首催人泪下的丧歌。由此我们可以看出，这件事对他只不过是教会的一纸空文而已，和他的基督教信仰毫无关系。

我们必须了解路德派和革新派间的深刻分歧，才有可能评价，需要多少开明思想，才能在这个小小的安哈特-克腾国土上，使两派并肩共存。对两派代表之间无法避免地会发生激烈的争执，侯爵却能泰然处之。他是个名副其实的开明的君主——不论是斯皮塔、特里、施威策还是其他人却都没有意识到——得到巴赫传记作家们赋予魏玛公爵的赞美之词的更应该是他。早在腓得烈大帝宣布在他的国家里"人人可以按自己的生活方式获得幸福"之前几十年，克腾的侯爵就已付诸实施了。因而，特里的论断，"整个环境的发展，看来要窒息巴赫艺术活动，而且也违背了他内心的坚定信念"，仔细研究一下，就会发现其更为不可理解。在巴赫经历了同阿恩施塔特和米尔豪森的教会上司的极度不快的分歧以及在魏玛的宗教专制以后，克腾的自由的宗教气氛，只能受到巴赫及其家人的欢迎！

　　巴赫于12月迁入克腾。也有人说，玛丽娅·芭芭拉和孩子们已经先行去了那里，就是在克腾派骑士来的时候，那时巴赫正在德累斯顿，或者甚至已经进了魏玛的监狱。然而，芭芭拉不会那么愚蠢。按当时实行的法律，公爵完全有权要求引渡，并把她也投入监狱，把孩子们关进监狱和孤儿院。巴赫所走的道路是风险很大的，她不可能以这样的行动冒更大的风险。侯爵莱奥波德对巴赫一家的到来，表现出异常的恩宠：他立即向他的新乐队指挥支付了4个月的全部工资，这正是那位固执的公爵阻止巴赫上任而耽搁的时间。一所房子也已为巴赫一家准备妥当，其中甚至包括一间乐队排练厅。我们这位新的乐队指挥可以在家里进行音乐演练了。君主的国库承担房子的租金和取暖费用——巴赫在克腾所找到的是一个温暖的巢穴，温暖也包括心里的感觉。克腾的君主并不像魏玛的公爵那样是一个难以接近和难以相处的人。他不仅为他的乐队聘请了巴赫，而且也请他为自己的私人交往服务。音乐就是他的生命。他本人会演奏小提琴、甘巴和钢琴，喜欢唱歌，有一副美妙的低音歌喉，而且在他的乐队指挥那里学习作曲。这是和魏玛时期完全不同的工作，并不像希格蒙德·舒尔茨所说的"同专制主义的又一次冒险的主仆关系"。

　　然后特别是那个乐队！它不比魏玛的大多少，但却十分优秀！当柏林的弗里德里希·威廉一世在他父亲死后以 25 岁的年纪继承了政权，并同时开始精简开支的时候，他首先就解散了宫廷乐队。他从来没有关心过它。侯爵莱奥波德曾在柏林的骑士学院受过教育，因而和柏林王室有着良好的关系，于是把其中的 5 名乐师请到了克腾。他是个很看重乐器的人。为了一架羽管键琴，专门派他的乐队指挥前往柏林亲手验收并把它取回。其他地方当然也有宫廷乐队，① 但从未有过一处是君主本人参加演奏的——而且是出自爱好，因为音乐就是他的生命，现在这个卓越超群的巴赫成了他的乐队指挥！他和巴赫的关系甚是密切，甚至外出旅行时，都不愿意和他分离。当他去卡尔斯巴德休养时，就带上了巴赫和半打乐师同行，否则这次温泉疗养就会毫无意义。

他的父母也很开明。国家管理得井井有条，也没有出现什么小题大做的事情。父亲信仰革新教派，但在教派争执中十分超脱，娶了一个路德派的妻子。他没有考虑过这是否"门当户对"。姬赛拉·阿格内斯·封·拉特嫁过来时，丈夫刚好 23 岁；她只是出身于一个小贵族的家庭，伯爵夫人头衔是在丈夫死后才被授予的。他们结婚 11 年后，丈夫于 1704 年去世。他的继承人莱奥波德，当年才刚满 10 岁，由他的母亲替他摄政，直至他成年。

她是一个很能干的女人，一生信仰路德新教。是她向她的夫君建议，在克腾除了革新教派外，也建立路德教会。她为儿子安排了良好的教育环境。儿子 16 岁以后，她安排儿子到国外去游历学习，先后去了英国、荷兰和意大利。在威尼斯他深深爱上了歌剧，并利用在罗马的停留，师从德国歌剧作曲家约翰·达维德·海尼兴（后来成了奥古斯特大王的乐队指挥）学习作曲。他同样也很喜欢美术。他 3 年后

_____

① 特别有名的是腓特烈大帝的宫廷乐队，但在 1717 年刚刚组建 5 年。他的叔叔勃兰登堡伯爵只有一支六重奏小乐队。

132

回国时，不仅对世界有了很多了解，而且也没有虚度时光。他21岁接管政权，他的母亲十分明智，不再干预儿子的国家事务，回到宁堡宫隐退起来。

133　　莱奥波德接回巴赫时，刚好23岁。比他大9岁的巴赫，当时不仅在音乐界有一定声望，音乐造诣也趋于纯熟。宫中大管家负责莱奥波德宫廷事务，他则负责为侯爵带来欢乐。在这种地位高、无忧虑、既没有任何限制和禁令，还不断受到赞扬的环境里，他的情绪自然高昂，所以在这里和侯爵共同献身音乐，实是一种乐趣。巴赫当然充分利用了这个条件。他终于觉得，在这里找到了他一生的归宿。

　　他还没有安置妥当，就接到了去莱比锡验收管风琴的邀请。管风琴制造师约翰·沙伊伯为大学的保利纳教堂造好一架新的管风琴。和巴赫前一年在哈雷共同验收过管风琴的托马斯唱诗班的乐监约翰·库瑙，提出了邀请巴赫的建议。库瑙当时除了担任乐监以外，还兼任着大学的音乐主管。巴赫当时对托马斯唱诗班乐监一职还没有任何想法，因为他刚刚获得了世界上最好的岗位。他这个时期的创作是惊人的。康塔塔他写的倒不算多，但写了大量的器乐独奏曲和室内乐以及独一无二的管风琴曲，如4首《组曲》和6首《勃兰登堡协奏曲》。

　　我们不知道他什么时候和勃兰登堡伯爵相遇过。最大的可能是在卡尔斯巴德。巴赫去柏林取回羽管键琴时完全不可能拜访过伯爵，尽管伯爵是国王的兄弟，也住在王宫里，但他的乐队——全普鲁士唯一的乐队——只有六个成员，如果巴赫拜访过他，那么他就应该知道这个乐队的情况。事实却并非如此，他显然一直以为，如此强大的君主至少应该有一支和克腾、魏玛或埃森纳赫一样规模的乐队才是。可以肯定的是，他的协奏曲虽然在克腾进行了演奏，但却从未在柏林露面。后来人们发现了这些协奏曲，用一个绿色皮封面装订，上面写有法文的献词，但未被使用过。也没有迹象表明，伯爵曾为此致过谢意，或者有过其他什么表示。这些协奏曲对伯爵显然是没有什么价值

的，在弗里德里希·威廉一世统治时期，艺术在柏林正处于饥渴难忍 134
的状态。贵族阶层没有时间去扶持艺术，他们把时间都用于军事，用
于他们的军官群体。因为尚武在那里是一个传统，一直持续到普鲁士
没落。

　　《勃兰登堡协奏曲》的引人注目之处，就在于在那个时代与众不
同。或许只有德累斯顿共同乐队指挥海尼兴是个例外。(但巴赫研究
者们似乎通通不认识他。)它们把当时的独奏协奏曲都抛在了后面，
如维瓦尔迪创作的大量协奏曲和维瓦尔迪、科雷利、托雷利、阿尔比
诺尼、杰米尼亚尼或者亨德尔式的大型协奏曲。不仅在"全奏"和独
奏以及"主奏"部之间的对立常常被突破，而且同全奏相对的独奏部
也常常以迄今未有过的规模加以人格化了。巴赫把主奏部真正分割成
为各个独奏的功能。巴赫如何看重他的克腾乐师们，可以从他每场音
乐会更换独奏演员中看出：他有这么多优秀的乐师，可以每一次都让
另一个乐师来显示风采。

　　问题很清楚，这些协奏曲在勃兰登堡伯爵那里没有得到利用。
(这是一个错误)在音乐文献中我们很难找到类似的例证。在德累斯
顿，海尼兴可能写过类似的协奏曲，但巴赫不可能知道它们的存在：
因为它们都只能在宫廷圈内演出，然后就把曲谱收藏起来。海顿有
时写交响协奏曲，贝多芬写三重协奏曲，后来勃拉姆斯写二重协奏
曲，这些或许还有可能与之相比。另外，巴赫处理乐队音乐的技巧
也是独一无二的，但却未引起人们的注意。尽管巴赫在青年时期，
15 岁时——即在吕内堡——就已经在实践中掌握了处理乐队音乐的
技巧和手法，特里还是断言，说他是在克腾才开始研究和领导乐队
的演奏问题。和这种怪论一致的还有卢艾格的观点，说巴赫实际是 135
从当小提琴手开始的。(难道他在奥德鲁夫夜间抄写的曲谱是小提琴
曲谱吗?)当然也有与此完全相反的言论，如：巴赫的三首奏鸣曲和
三首小提琴独奏帕蒂塔是在魏玛演出的小提琴名家保罗·威斯特霍夫

的允许下写成的，或者施威策的见解：巴赫以这几首小提琴作品"超越了艺术实践的界限"。①

　　然而，这些奏鸣曲和帕蒂塔也同样是克腾时期的丰硕成果，但只有了解巴赫是一个复调音乐的天才，才能理解这一点。在巴赫作品中几乎看不到的，是有伴奏的曲调，像后来维也纳古典派或"维也纳学派"的代表人物喜欢写的那样。相反，人们可以在他的单声部段落中找到隐藏于其中的复调音乐的特色。一个如此深入到复调音乐的人，不可避免地也要从单声部乐器中找到他用武之地，例如小提琴、大提琴或者琉特琴。巴赫之所以必须和能够写这些独奏奏鸣曲和帕蒂塔，正因为他早已熟悉小提琴这种乐器。在这方面和伟大的小提琴艺术家尼科洛·帕格尼尼做个比较，是很有趣的。只有在作品中写入了复调音乐，他才能显示出他的高超的技巧。巴赫为他的复调音乐所需要的，正是这种高超技巧。

　　巴赫的职业生涯当然决不是从当小提琴手开始的。说他是在当唱诗班歌手时赚到第一笔钱，却更合适些。这也可以解释，为什么复调音乐在他的心中根植甚深。这当然也只是一种肤浅的解释：即使在音乐里，一个人也只能成为他可以成为的人。在巴赫身上，多方面的才华起了关键性的作用。作为作曲家，他不仅仅创造了高超对位艺术的作品，同样也显示了深刻动人的音乐表达能力。他不仅仅是第一个在实践中实现了完整的"平均律音准"，而且在他的作品中以高超的技巧加以运用。作为演奏大师，他具有超群的才华，管风琴、羽管键琴——从其作品加以评价——还有小提琴、中提琴和吉

136

① 各个独奏曲证明了相反的情况，它们显示了对乐器的非凡的熟练程度：一个对小提琴不太熟悉的人，是不会创作出如此激动人心的乐曲的，因为其技术难度已超出了他的可能性。在1002号作品《b小调帕蒂塔》中，巴赫显示了他的高超的作曲技巧，把同样的乐段再次插入到"复奏"中去，而且如此精确，达到了两者可以同时演奏的程度。连大师梅纽因都曾指出，这六首乐曲的六个调式，是最适合小提琴演奏的曲子，但也是没有符号或只有一个符号的最难的曲子。由此可见，巴赫是如何理解小提琴的特色的。

他。这还不够，他不仅会演奏这些乐器，他还发明了一种新的乐器，即维奥拉庞博萨（Viola pomposa）。他不仅有高超的调整管风琴的技艺，而且还能够判断管风琴的制造水平，并提出改进的建议。在改进钢琴结构方面也是如此。根据盖斯纳的报告，他是一位卓越的指挥；根据他的学生的看法，他是一位优秀的教师。他对厅室中的音响效果，有着天生的可靠的感觉。对此他不需要做任何试验，只要看一看，就知道一切，是一个全面的实践大家。就这样，他集多种独一无二的音乐才能于一身，但却有很多人不知道这一点，而只把他看成是一名卓越的教堂音乐家。

神学家弗里德里希·斯门特提到"巴赫在克腾担任乐队指挥的幸福的年代"。对这个说法，我们可惜也不得不苦笑摇头而已。事实是：他开始得很辉煌。成了君王身旁的红人，他的君主是个极有教养的、生活乐观的和思想开放的人。（我们只要看一看他的肖像就可以知道：他从不——对那个时代是大逆不道的——佩戴假发，而是显示自己天生的头发，甚至不撒一丝香粉。）他年轻又充满活力。而且他常常奖励巴赫：当巴赫在伯恩哈德之后又生一个孩子时，洗礼时的教父教母全部都来自王室，侯爵的姐姐甚至专程从魏玛赶来。巴赫和他的四个孩子及他所热爱的妻子，确实过了一段美满的生活。

但他很快就遭到了命运之神的可怕的打击。当他1720年随侯爵从卡尔斯巴德返回克腾时，他的爱妻已经安息于地下。那个时代，死亡来得很快，也很经常，并且是无情的。甚至盲肠炎都会置人于死地。用手术救治的方法，在今天只是一个小小的常规，但却是在19世纪末才出现的。当时的医学远不如神学发达，死神距离人是很近的。

玛丽娅·芭芭拉的死，为巴赫的生活撕开了一道深深的裂痕。来自魏玛时期肖像上的那个充满自信的年轻人，在克腾画家约翰·雅格布的笔下，已是面目全非了。巨大的痛苦和难以遮掩的悲伤，深深地铭刻在他的脸上。

同年秋天，巴赫前往汉堡。斯皮塔认为，这只是一次演出旅行，只不过由于妻子的死而推迟了一段时日。希格蒙德·舒尔茨写道，他所以这时出行，只是为了忘却妻子去世所造成的悲伤。这两种看法当然都是错误的。

1720 年 9 月，汉堡的管风琴师兼雅格布教堂的执事海因里希·福利泽去世了，巴赫是有资格接替他职位的八个人选之一。巴赫在汉堡是有名气的，马特松在他的报告中曾提起过此事，尤其是雅格布教堂的首席牧师埃尔德曼·诺伊迈斯特对巴赫很熟悉。不仅因为巴赫为他的歌词配了康塔塔曲，从而对巴赫的康塔塔形式大加赞扬，而且诺伊迈斯特来汉堡之前也是巴赫的近邻，他曾是魏森费尔斯的宫廷主祭执事和索劳伯爵的宫廷传教士，在那里他曾极力反对虔敬主义教派。

巴赫也了解汉堡，他在吕内堡上学时，曾去汉堡拜访过大师约翰·亚当·赖因根，很清楚地知道，音乐在汉堡是大有可为的。至于说他想在汉堡改善自己的社会和经济状况，看来是不现实的：一个乐队指挥无论如何都高于一个管风琴师和教堂执事。他在克腾所占有的地位，在汉堡是很难得到的。那么他为什么要在去汉堡之前，还为汉堡写了一首康塔塔作为练习曲呢？他到底为什么要接受这个邀请呢？难道只是为了更换一下环境吗？或者像特里所说的，是"回归他真正的归宿"呢？从他在克腾的最后一段时间看，他确实不必为此着急，在克腾的创作活动证明，他在教堂职务以外又为音乐做了多少事情。

巴赫接受汉堡邀请并为此行做了准备的唯一可能的理由，就是迄今为止充满温馨的克腾，没有了爱妻突然变得凄凉和荒芜。这里的一切都使他想起妻子，他甚至想离开他的君主，他的无忧无虑的生活，他的音乐天地，他的社会地位，只是想在另外一个什么地方，而不是在妻子坟墓旁，再开始一个新的生活。

于是他去了汉堡，而这次汉堡之行同样不是他生活中的一个小插曲，就像在德累斯顿的音乐会一样。对中部德意志小城的宫廷十分熟悉的诺伊迈斯特，有可能为他讲解，在一个自由汉莎大城工作意味着什么。米尔豪森也是一个自由城市，但它太小了。汉堡是当时德意志最繁华的商业城市，法兰克福不能与它相比，可以相比的最多是莱比锡。它又是欧洲吞吐量最大的港口。市民自己管理这个城市，没有贵族进行干预，但却过着像贵族一样的生活。城市很富有，一个人可以轻易地在这座城市富有起来。那位凭借音乐评论在全德意志受到重视的马特松，就是从一个不知名的歌手开始的，这时他已购置了自己的房产、自己的马车和自己的马匹。亨德尔在汉堡刚刚住了两年，来的时候一贫如洗，在这段时间里已经赚到了可以去意大利旅行的路费。

汉堡也是一座音乐城市：在雷文特的大学音乐社演奏的罗马和威尼斯的音乐，与在维也纳和德累斯顿的演奏同样精彩。这个汉堡是个对外开放的城市，有自己的学校和大学，自己的船员公会和商会，有来自世界各地的商社，甚至在海外有自己的移民。中部德意志小城的那种狭隘，在这里是完全不存在的。而巴赫也早已不再是从吕内堡到汉堡来的那个 18 岁的学生了。他当时是为了结识一位音乐大师，而现在却已是一位有 13 年实践经验、成熟地掌握了全部技能的艺术家了。诺伊迈斯特知道这个巴赫是个什么样的人，也知道如何向他解释，汉堡是个什么地方，以及为什么值得放弃克腾而来此地。139

此行的结局是众所周知的：巴赫认真地做了试演，竟即兴发挥了一个半小时①（！）的众赞歌《巴比伦的河水》。最后，97 岁仍在职的赖因根对他说："我本以为，这种艺术早已消失殆尽了，但现在我看到，它仍活在您的身上。"

---

① 管风琴一般被认为是即兴演奏的最佳乐器。这是事实，但业内人士总把这种演奏的结果贬称之为"管风琴手的乱线团"。而巴赫在汉堡的即兴演出，却完全可以设想成是贝多芬的钢琴即兴演出。当听众遗憾地指出这些曲调只不过是瞬间产生的过眼云烟时，贝多芬把刚刚演过的曲调又一丝不差地重复了一遍。对他来说，这瞬间产生的曲调，已成为固定的乐曲。巴赫在莫愁宫的赋格即兴曲，情况与此相同。

　　然而，这里的困难在于，按汉堡的常规，如果一个人想得到一个职务，一般要有所表示才行。何况在汉堡的条件下，巴赫会很快积累一定财富。和巴赫同时求职的约翰·约阿西姆·海特曼认为，花费4千金马克完全不多。教会理事会也表示认可。至于巴赫，他虽然可以在侯爵的照顾下无忧无虑地生活，但由于要养活一个大家庭，是不可能有积蓄的。这么多的钱，实际上他有生以来还没有见到过，这几乎相当于他在克腾的5年的工资。在克腾，除了君主以外，谁也不会有这么多的钱，可他又难以启齿向他求借。是啊，他甚至不能等到汉堡的应试结束和公布正式聘用结果，因为他的君主马上就要做寿了，巴赫不能在他过生日的时候不在他的身边或不为他演奏音乐。被选中的当然是别人，并且支付了感激费。

140

艾尔德曼·诺伊迈斯特，对汉堡出于经济原因未能接纳巴赫一直耿耿于怀

　　诺伊迈斯特生气了，马特松后来在著作中引用了他在圣诞布道时的名句："吾人确信，即使一位从伯利恒来的天使自天而降，演奏出

上帝般的乐曲，想成为圣雅格布教堂的管风琴师，但他没有钱，那他只好再飞回去了。"他这样说，无疑是正确的。然而，最终是圣雅格布教堂的首脑没有像诺伊迈斯特那样的艺术热情，而商人和赞助者才是关键性人物，他们和魏玛的公爵一样，只重视表面的影响和财政的得失。总的说来，在政客中很难找到一个把现实政治置于其艺术热情之下的人。施威策评论说："在一个把金钱置于艺术之上的官府里，巴赫又能得到些什么样的鼓励呢？"但巴赫的同事特勒曼和他的亲生儿子卡尔·菲利普·埃马努埃和这家"官府"相处得就很好。施威策也不得不承认："这个职务带给他的将是更少的困难和屈辱，不像在莱比锡那样。"特里说得更直截了当："他为什么拒绝了这个职务，我们不得而知。或许他在当地发现了在远方不易发现的缺点。"半个世纪以后，维尔纳·诺伊曼仍然既不了解巴赫当时的经济处境，也不了解汉堡的音乐生活，他仍然说："他对此事没有认真对待，可能是……由于对汉堡的职业状况有了较清醒的认识而造成的。"其实，巴赫还从克腾又再一次申请过这一职务。那封信已经找不到了。但如果信中仍然持拒绝态度，那么诺伊迈斯特在圣诞布道时那段话，也就不必说了。

可就这样一个简单的事实，却没有一个传记作者注意到过。

第十一章

实际上，对汉堡的先生们来说，这位来自克腾的乐队指挥，虽有才干却是个穷光蛋，因此没有理由要聘用他，何况还有别人更有利于教会的财政呢！巴赫只好留在克腾，在他的巨大的音乐事业上寻求一丝的安慰。

这肯定是一个很艰难的时期。对汉堡，他并不是没有才，而是没有钱，这使他很是痛苦。在家中，他只能和他的 4 个孩子及一名女佣苦熬时日，没有女主人的家显得格外地凄凉。妻子在世时，指使着女佣，操持着繁重的家务，而现在却一下子全部压在了他的身上。有 4 个孩子需要他抚养，卡塔琳娜·多萝泰娅 12 岁，是长女；弗里德曼 10 岁，他的弟弟卡尔·菲利普·埃马努埃和伯恩哈德分别为 6 岁和 5 岁。在克腾出生的小儿子于母亲去世前就已夭折——这已是巴赫送葬的第三口童棺了。尽管女主人已长眠地下，这个家还得维持下去。每日三餐要填饱 7 口人的肚子，女佣需要指使去采购，家中的一应用品，每日的烧柴，冬天的储备，孩子们的衣帽鞋袜，等等等等，都必须安排妥当。

在 18 世纪，操持家务可不是一件简单的事情，很多我们现在认为是理所当然的东西，当时还没有。水必须用桶从水井里提回来，冬天还必须要留心水井不要封冻。总之，特别是在冬天，一定要考虑好家中储备的东西：储存肉食要有腌缸和熏炉，收获季节必须买足可以存放的食品。但早餐做汤用的面粉却不能买得太多，因为它是在潮湿状态下磨成的，最多 4 个星期就会发霉。装水的罐也不能就简单地放在炉灶台上烧：把炊具直接放在炉灶上烹烧，是 100 年以后的事情，当时还必须挂在火焰上面烧制食品。买来的柴火也不是成束的，而是整块的木头，必须先把它们劈好才能使用。晚上点油灯照明，而且也不是很亮，灯罩当时还没有发明出来。使用蜡烛是奢侈之举，在普通的市民家庭，使用的是松木火把，插在墙上的一个铁环里。当时也还没有钢笔，约翰·塞巴斯蒂安·巴赫的全部作品都是用鹅羽笔写成的。[①]

当时操持家务的繁杂程度，可以从巴赫迁居莱比锡看出：家中的物品整整装满了 4 大车！对孩子的教育也不很简单。当时还没有普遍的义务教育，于是教会孩子读书、写字和算术的任务就落到了父母的身上。所有这些，过去都由妻子代劳，现在都落在了他一个人身上。

除了这些繁杂的家务之外，他还要写音乐，还要排练乐队，还要给他的侯爵学生上课。这期间他写出了 6 首《勃兰登堡协奏曲》、乐队组曲，同时还在筹划他的主要作品："平均律钢琴曲集"。因为在这期间，"平均律音准"虽已有人多次提出，但却还没有人真正达到完整地运用和掌握的程度。《变音幻想曲与赋格》是他在这个方向上的首次天才尝试。现在他用对别人而言只是理论上存在的调式，写出一首前奏曲和一首赋格。

技巧的关键不在于描上六七个升降符号，开头时把 C 大调变成降 C 大调，把 e 小调变成降 d 小调。它的关键在于从一个调式向另一个调式的过渡，即转调。在纯净或缓和的平均律音准中，通常会出现不纯正的降 d 小调和弦和降 C 大调和弦，需要加以避免。如果用 A 大调来写，就需要 E 大调作为属音和弦，这样就会陷入到"狼五度"之中。然而，用巴赫学会的调试羽管键琴方法，那么出来的音就会纯

144

---

① 为对这一劳动有一个概念，最好自己去试一试。用一支正规削好的鹅羽笔书写并不困难，但它除了需要一把好的削刀外，还需要削笔的技巧，而且经常需要削笔，也会耽误书写时间。

正了。他把五度循环，使直接向上的开放状态关闭起来，也就是说把音乐的大海连接起来，找到了北方的海上通道。

促使他这样做的，并不是对理论的追求，而是音乐作曲的需要。巴赫的时代，没有一个人像他那样漫游了调式的海洋，没有人知道如何从一个调式向另一个调式转换，以如此的自信从一个和弦走向另一个和弦，因而也没有一个人像他那样感到一个开放的五度循环的阻碍。非纯正的降 F 大调、非纯正的 b 小调，对他都是不能接受的阻拦——他必须证明，这些都是可以克服的。而且他也证明了这一点，为完美的五度循环写下了 24 首前奏曲与赋格。这在那个时代是一个革命性的创举。德米特里·肖斯塔科维奇在 20 世纪也曾做过类似的创作，但这时这早已成了司空见惯的事情，而且他的和声也不必再受古典和声学的严格限制了。

施威策认为，"为初学管风琴者撰写的管风琴小书"是"最伟大的音乐事件之一"，就更显得不可理喻。特里说，这部作品"引起了对钢琴平均律的争论"。他还认为，但这却同"专家们枯燥的争论毫无共同之处"。

巴赫当然应该属于专家之列，但此事对他来说，正因为如此而决不是一场"枯燥的争论"，如果特里曾尝试在一种乐器上用"缓和的平均律音准"演奏，他也就不会这样评论了。他也就不会再感到惊奇，为什么"对一个实际是技术问题的争论，会用一本音乐小品集参加论证，这同专家们枯燥的争论毫无共同之处"。我们可以毫不困难地从中看出，特里不仅没有了解这件事的实质，而且也远没有任何音乐的实践：这个问题主要是个实践的问题！

不过，说"引起争论"确是绝对不合适的。如果确是如此，那么巴赫就会公之于世，也就是把作品发表出来。在音乐史上，这是最大的怪事之一，这部划时代的、因而影响最大的世纪之作，在巴赫在世时，竟没有印刷出版过。其伟大的意义，在当时就已经为人所知，这可以从很多人相互传抄中看出。实际上，它是各个音乐时代的必修读物，不仅莫扎特，而且舒曼和门德尔松、贝多芬和瓦格纳，也都从中受益匪浅，甚至直至今日，它仍是一切从事键盘乐器和作曲的人的必修教材。如果当时就有 GEMA（演出和复制权协会）存在，那么巴赫只通过其《D 大调一号前奏曲》，就能成为一个富翁了。

他一生都没有成为富翁，这部基础教材如果付印，费用是很高的。有人计算过，一部印好的书当时在市场上最少也得卖 35 个塔勒尔。这是一个可怕的数目，我们可以想一想，巴赫后来在莱比锡每年的固定工资仅为 50 个塔勒尔。在克腾，他虽然比其他城市他的同行收入都多，但仍然没有发财。作为顾客，他对曲谱市场还是很熟悉的（很多重要的东西他都是亲手抄写下来的）。他从一开始就知道，出售曲谱的可能性是不存在的，但他仍然创作这部奇书，目的是为"喜欢音乐的青年学习时使用，或者给在这方面已经开始有所成就的人闲时消遣"，但从根本上说，是为他的学生写的家庭读物，今天我们会说，这是放在抽屉里的东西。

146

从实际需求来看，他为儿子弗里德曼写的那本钢琴小书已经足够用了，这本书中已经包含了对平均律钢琴曲的设计，并包括二声部和三声部的创意曲。至于除此以外的东西，都是他随意写成的，完全出于自愿，这是他对自己的内疚所致。在他同时代的人当中，像他这样做且做得如此多的人，是很难找到的。这就是典型的巴赫。

关于《平均律钢琴曲集》一书，特里虽然把它列入了巴赫克腾的作品之中，但却没有多费笔墨加以描写。但别人对此的评论却是很多的。最为奇特的是里曼的音乐词典中的描写，说这部作品是受约翰·卡斯帕尔·费迪南·菲舍尔 1706 年的"*Ariadne musica*"（音乐的阿里阿德涅线团）的启发写成的。只有从未比较过这两部作品并对音乐知之甚少的人，才能说出这样的话来。菲舍尔的"*Ariadne musica*"是一部包揽美妙和充满智慧音乐作品的选集。这个选集不仅结构与众

147

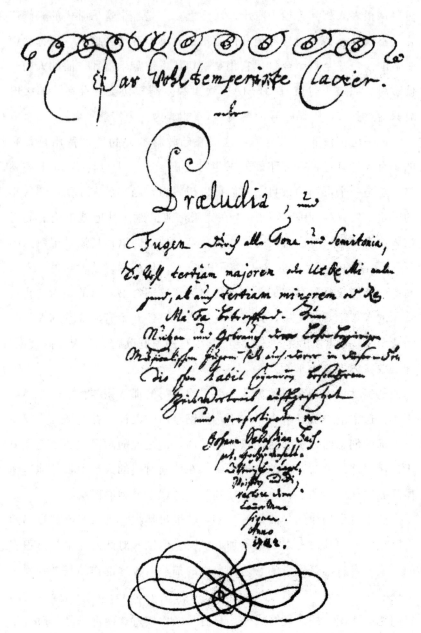

通过手抄流传了 82 年的《平均律钢琴曲集》

不同，而且形式也是很简单的。其中不仅没有巴赫的大胆的和弦组合和过渡，而且也没有巴赫在作品中首次用于实践的调式：降 C 大调、降 F 大调、降 e 小调、降 g 小调、b 小调。菲舍尔还根本不懂平均律音准。

凡是努力研究当时历史演出实践的人，都会看到，在平均律音准方面，当时的情况是何等复杂。[①] 如果当时有人在实践中首次做到了平均律音准，那么他考虑这个问题时，头脑中出现的肯定是其他问题，而决不是要问，他受到了谁的启发。不，巴赫在平均律钢琴曲问题上，绝没有抄袭菲舍尔，就像在随想曲方面也没有抄袭库瑙一样。

如果有人不是肤浅地研究菲舍尔的作品，那他就会发觉，在菲舍尔的《音乐帕纳塞斯》中的前奏曲"Clio"中能找到巴赫第一前奏曲的影子。只是，如果有人断言，说巴赫是借助菲舍尔的前奏曲写成的，那他就会犯下不可弥补的大错。 148

赫尔曼·凯勒尔写了一大本关于"平均律钢琴曲"的书，他在其中仔细设想过，自己应如何进行这项工作，前提当然是不能像加拿大的钢琴家格伦·古尔德那样，[②] 把巴赫的作品和卡尔·车尔尼的"指法艺术"混为一谈。凯勒尔书中也不乏注解。值得注意的是他认为，巴赫在降 c 小调赋格（cis-his-e-dis）的主题中谱进了一个平卧的十字架（升号），由此人们可以看到，第一和第四、第二和第三音符是用线条连接的。人们从中也可以感觉到巴赫的震撼人心的极度虔诚之情，这并不是个别现象，在那个时代其他作曲家的作品中也时有表现。

至于那个十字架，只不过是一种揣测而已，但凯勒尔的第二个观点却是完全对的。我们德意志民族的这种极度的虔诚，在古老的民歌《布咕，布咕，森林中传出呼唤》中已不间断地向我们袭来，如果我

---

① 马丁·艾尔斯特在他发表在 "*fono forum*" 杂志（1996 年 9 月号）上 "巴赫的音乐作坊" 一文中，对此有十分精彩的论述。

② 古尔德对 "平均律钢琴曲" 的演奏，卓越之处在于表现了清晰性，但像巴赫对他的学生所要求的那种 "如歌的" 演奏，或者他对他的儿子卡尔·菲利普·埃马努埃尔所要求的 "在键盘上唱歌式的" 演奏，在古尔德演奏中却听不出来。而且，他在处理巴赫作品方面有时也过于自信。

们在那里把第一和第四、第二和第三音符连接起来，那么十字架就会更为明显。在莫扎特的《小夜曲》中，同样用这种方法进行了处理，它几乎变成了一座坟墓；所幸的是人们的耳朵听不到。我们当然也可以说这种虔诚也存在于数学之中，没有代表加法的十字架，数学根本就不存在，而那个作为第一个未知数的交叉符号，岂不是想显示上帝旨意的不可知性。

所有这些当然只能和一名女秘书用打字机打出图像（在技术上是可能的）的技巧相比。而这种方法几乎成了巴赫文献中的范例。比如希格蒙德·舒尔茨发现，巴赫的《十字法杖康塔塔》中的十字一字，恰恰位于 dis 之上，在一个有升降记号的 d 之上，也就是说是一个十字架，因而从中也看出了微妙的象征性的内涵。这样一来，在那首 b 小调弥撒曲中的以一个解体的 fis 即以一个 f 开头的"基督十字架"，岂不就意味着基督的身体将被解体吗！遗憾的是，我们的音乐理论家至今未能解释出升降记号的神学含义。

还有一个人仔细数过，在康塔塔《这是神圣的十诫》中，巴赫的主题恰恰由 10 个音符组成，因而推崇他为神学十音系的发明者。但在一首同名的众赞歌前奏曲（作品号为 635）中，可惜只有 9 个音符。难道是巴赫自己数错了，还是他更是一个音乐家而不是神秘主义者。在巴赫的遗产中，找不到一本有关神秘主义的书，所以弗里德里希·斯门特就着手研究这个问题，并证明说，巴赫把神秘主义偷偷编织在他的作品之中，他甚至借助乐曲制造了神秘主义。这个看法后来被很多人所接受。[①] 克劳斯·彼德·里希特对此欣慰地说，运用神秘

---

① 赫尔塔·克鲁格·卡恩在她的《约翰·塞巴斯蒂安·巴赫》一文中所述。保罗·迪布歇在他的书中展示了这篇奇文"在他晚期作品中隐藏的神学意向"。这种理论的捍卫者如果能够根据他们发现的方法也去作一首曲子的话，那他们这种理论的影响就会倍增的。这种方法出台的前提是，人们不能把音符和声音结合起来，而是把他看作是一种象形文字，从中虽然可以想象出声音来，但真正的深刻的含义却不存在于声音之中。这就像可以从一张报纸的排版上看出其内容一样。也许有人把这也称之为科学，但它同音乐却是毫无关系的。值得注意的是，巴赫从未对他的儿子们暗示过这种所谓的意图，也没有在任何地方找到过有关数字暗示的记录。瓦尔特·克尔内德在他的《约翰·塞巴斯蒂安·巴赫，生平、作品、在现代文献中的影响》一书（威廉港 1991 年）中曾指出："所谓的巴赫数字暗示，纯属近几十年来臆造，持此种观点的均为半音乐家或非音乐家，巴赫作品中的音响世界对他们来说是毫无意义的。"

主义必然使他取得成就，但斯门特自己也会得出这个结论的，只要他读一读《贾科莫·卡萨诺瓦回忆录》就够了。

对这些无稽之谈我们只能一笑了之，因为这同音乐很少或者根本就没有什么关系，只是表明这些观察者距离其对象已经有多么遥远而已。理夏德·瓦格纳的歌剧《莱茵的黄金》中指环的主题，绝不会因为瓦格纳用环形方法作曲，或者把齐格弗里德号角声变圆，而对其实质有任何裨益。巴赫对音乐的理解和运用是前无古人后无来者的，但即使在他可能运用象征的时候，他的作品也是绝不可能用数升降记号或神秘化所能解释的。凯勒尔在论述十字架结构时，却也忽略了另一件事：即降 c 小调赋格的主题，不外乎是一种忠于曲谱的、高于两个全音符的移位的 B-A-C-H（德文中的巴赫）。巴赫有意避开在他的赋格中谱入自己的名字的诱惑，他显然希望他的音序不致通过非音乐的包装而失去光彩。这都应使某些观察者有所醒悟！

还有很多值得醒悟的事情。巴赫这时是 35 岁，有一个好的岗位，一支优秀的乐队，一位开明的主人，但他的妻子却死了。妻子为他留下的全部东西就是 4 个孩子。大女儿多萝泰娅这时 12 岁，但她没有特殊的音乐天才，作为女孩不得不束缚在家务之中。卡尔·菲利普·埃马努埃和伯恩哈德刚刚 8 岁和 6 岁，还是玩耍的时期，完全是孩子。威廉·弗里德曼 10 岁或者 11 岁，已经懂事而且很有音乐才干。"曲谱小书"本应是巴赫为他的"孩子们"所写，因为在他的家中音乐教育是不言而喻的事情；但事实却并非如此，他是单单为大儿子所写的。由此可以看出，这是他最喜欢的孩子。

如果我们研究一下巴赫各个时期的肖像，还有一件值得注意的事情。巴赫本人、儿子卡尔·弗里德利希·埃马奴埃和同名的先祖费特·巴赫都同属一个类型：均为膀大腰圆，虽不能称之为圆滚型，也属于强壮型。而已经长大成人的弗里德曼却完全是另一种身材：苗条、秀气，也更神经质些。同他后来歪戴着一顶艺术家帽子的坐像相比，他的弟弟卡尔·弗里德利希·埃马努埃的肖像，就显得有些俗气了。同样，巴赫的肖像也和他的天才的儿子相差甚远，两人之间没有共同之处。由于其他巴赫都同他长的不一样，那就只能有一种解释：他像他的母亲！在弗里德曼身上，巴赫更能找到死去妻子的影子，这就不难理解他为什么和这个大儿子有着特殊的关系。他不仅是最懂事、最有音乐悟性的儿子，而且对巴赫来说，玛丽娅·芭芭拉还继续活在弗里德曼身上。

151

威廉·弗里德曼·巴赫，柏林时期的画像，其形态同卡尔·菲利普·埃马努埃及约翰·克里斯蒂安·巴赫完全不同（见 332 页和 333 页）

　　巴赫和弗里德曼的关系发生了变化，是在巴赫第二次结婚的时候。巴赫在前妻去世一年半以后又结婚了。在各种巴赫传记中，都对此做了相当平淡的描写："失妻的痛苦并没有妨碍巴赫清醒地看到，他的孩子们需要一个母亲，家庭需要一个主妇，他需要一个伴侣"，卢艾格是这样写的。希格蒙德·舒尔茨冷漠地指出："一年以后，巴赫就又结婚了，他不能让未成年的孩子们过着没有母亲的生活……"特里则对第二次结婚找到了纯伦理上的原因："可以想象，孩子们在开始训练五指之前，① 就教会他们呼唤耶稣名字的巴赫，在日常生活中，是要求遵循严格原则的。因此他对家中没有女人和母亲的空荡状态特别感到痛苦。"看来，爱情在其中是不起作用的。斯皮塔也这样认为，他写道："按照巴赫家族中遵循的生活观，理所当然的是，塞巴斯蒂安丧妻以后的鳏夫状况，不能持久下去。"而另一位常被引用的先生则干脆脱离开家庭传统，直截了当地说："根据那个时代的习俗，他很快就找到了第二个妻子。"

我们看到，所有的传记作家都只认可这次婚姻的理智上和常规方面的原因。那位奥特巴赫虽然向我们详细介绍了克腾乐队的双簧管手同时还教授击剑课程的细节，但却忽略了巴赫生活中的裂痕，只用飞鹰的眼睛去看不重要的事物。

至于巴赫的第二个妻子，根本没有一个人曾关注过她的情况。维尔纳·诺伊曼在他的巴赫小书中说："这位比他小 16 岁的女艺术家，肯定感到十分幸运，能够被著名的宫廷乐队指挥选中为伴侣和几个未成年孩子的母亲。"今日的女性恐怕很难把这看成是特殊的幸运，她刚刚过完 20 岁的生日，就嫁给比她大几乎 16 岁的有四个孩子的鳏夫，而且她还有自己的报酬不菲的职业，过着独立自主和事业有成的生活。

安娜·玛格达勒娜·维尔肯就是这样一个女人，在那个时代，独立自主的年轻女人是很罕见的。当时的年轻姑娘都急于尽快找到归宿，成为家庭主妇和母亲。维尔肯小姐是安哈特-策布斯特宫廷的御用歌唱家，她的收入相当于巴赫的一半。她自己的生活很好，绝不是必须结婚不可。

另一方面，巴赫的情况是被这样描写的，似乎他必须行动起来，在当地的女孩中挑选一名尽快成婚。既然此事出于伦理和习俗的考

_____
① 特里是如何知道的，他没有告诉我们。敲打钢琴的技巧，不会通过虔诚得到改善。

虑，那么维尔肯小姐就绝不是明智的人选——鳏夫巴赫选这么一个年轻姑娘，比他小了超过 15 岁，而且习惯于自立，在操持家务和教育孩子上又毫无经验可言。

如果我们进一步观察，就发现，不论从歌唱家维尔肯小姐一方，还是从宫廷乐队指挥巴赫一方看，他们的结合绝不会是出于伦理，更不要说是习俗了。结论其实很简单，而这个结论上述的音乐理论家中竟没有一个人想到。那就是双方之间必有一种异乎寻常的爱情在起作用！而且这个爱情一直持续了一生，这不仅是因为玛格达勒娜又生下了 13 个孩子就是证明，而且还因为她亲自抄写的无数曲谱，也表明她以何等的献身精神为丈夫的事业分劳。就像这之前为弗里德曼写过小书一样，巴赫也为安娜专门写过曲谱小书，但这不是一本普通的教材，而是一部音乐情书之集大成，不是那种描绘渴望、倾心和亲吻的情书，而是一种包含共同的感觉和共同的经历的情书，蕴藏着更为丰富和更为深邃的内容。

我们不能说，弗里德曼对继母的迁入无动于衷或充满欣慰。如果说迄今为止父亲给了他以特殊的爱，那么这个陌生的年轻女人却插入到了他们父子之间，她不过比他年长 7 岁，就像一个大姐姐。尽管巴赫对大儿子的爱丝毫也没有改变，但他的爱却不得不有所分割了，而且两个部分必然不会是等同的。这位纯情的年轻妻子以其爱情又给他带来了新的生活，她的分量当然要比 11 岁的儿子重得多。因而这必然在巴赫的家中出现一丝纤细但深刻的裂痕。我们没有资料表明，巴赫死后两个大儿子弗里德曼和卡尔·菲利普·埃马努埃以某种形式支持了安娜·玛格达勒娜，尽管他们两人的家境都很不错；但她始终是他们的继母。

总之，我们不得不违背所有巴赫传记作家的意愿，明确指出：不是习俗也不是伦理，而是爱情使巴赫和安娜结合在一起的。

侯爵莱奥波德是很宽宏大量的，他和策布斯特的君主一样，任用了安娜为宫廷歌唱家，报酬是 200 古尔登。于是在巴赫家族中——这在 18 世纪初是极不寻常的——出现了夫妇同时就业的先例，而年收入为 600 古尔登附加其他补贴，确实是一个不错的生活水平。

侯爵十分慷慨，是有其道理的：他陷入了幸福之中。因为 28 岁的他也恋爱了，爱上了距克腾 20 公里之遥的安哈特-伯恩堡的一位公主。这位叫弗莉德丽卡·亨莉叶塔的公主长着一头黑发和乌亮的眼睛，是一个会让血气方刚的年轻人爱上的女人。有一点，她与安娜·玛格达勒娜不同：她完全无意适应别人。她认为，这对她的丈夫应该是理所当然的事情。

侯爵莱奥波德愿意满足这个愿望。在他的眼里，他得到了一颗明珠。为了结婚，他让人把宫殿整修一新。紧接着举行的婚礼持续了整整 4 个星期。这回巴赫可要创作音乐作品了！

这完全是一种误解。巴赫什么都没有写。有人后来试图让我们相信，那些作品可能是丢失了。这正是不太可能的事情。巴赫是认真对待他的音乐的，不会轻率地随意处置。有一次为了给君主祝寿，他曾在《勃兰登堡协奏曲》的一章中加进了一首祝贺合唱曲，这当然是一种应景文章。但它保留了下来。后来他为莱奥波德逝世写的哀乐，也完整地在马太受难曲中再现。我们也保存有它的单行曲谱。那么整个婚礼音乐怎么会丢失呢？巴赫如果有所创作，那他必然是全力以赴，而且也有相应的时间。然而，在盛大婚礼准备过程中，却没有时间，甚至在整个宫殿里没有一间房子是供音乐使用的。婚礼上没有演奏音乐。因为弗莉德丽卡·亨莉叶塔根本不喜欢音乐。

她崇尚军事，所以莱奥波德专门为她建立了一支宫廷卫队。由于他曾在柏林骑士学院接受过军官训练，所以对此也有一定了解，既然心上人有这个愿望，他当然很乐意去满足它。希格蒙德·舒尔茨对情况了解得不确切，他说，侯爵莱奥波德专门为此努力学习了军事知识，"因为这时的独裁小国，都被迫进行备战，特别是好战的勃兰登堡-普鲁士的一些邻国。"

对弗里德里希·威廉来说，再进行战争对他那些"高个小伙子"
太可惜了。北方战争又刚刚以普鲁士的胜利而告终。柏林和克腾之间
存在着十分亲善的关系。而且弗里德里希·威廉一世和他的大儿子不
同，一生中从未侵犯过和平的国家。不，政治原因是不存在的，为给
新娘一个惊喜，已是一个足够的理由。音乐可以等一等，而且也不是
每天都有婚礼；婚礼过后，音乐还是要回来的。

但它却没有完全回来。巴赫在克腾时期的创作是异常丰硕的，在
这些年里，他特别看重小提琴和大提琴，一些独一无二的独奏曲和室
内乐，三首小提琴协奏曲都出自这个年代，还有《勃兰登堡协奏曲》
和乐队组曲，然而，它们却都产生于 1721 年之前。

安哈特-克腾的莱奥波德侯爵及其夫人弗莉德丽卡：不相称的一对

156　　12 月 3 日巴赫娶了安娜·玛格达勒娜——在家中举行婚礼，引起
了路德教教会的不满。一个星期以后，侯爵迎娶了安哈特-伯恩堡的弗
莉德丽卡·亨莉叶塔。从此巴赫就不再为宫廷写音乐。斯皮塔说是他

的"性格暴躁"所致，卢艾格说他是一个"品行暴躁"的人，就是这个人7年以后给他的一个朋友写信说，"现在的印象是，那位对音乐狂热的君主，似乎变成了冷漠的孤灯，何况新的夫人看来又是一个不懂艺术的人。"但从巴赫的作品目录上我们可以看出，从主人结婚以后直到他离开克腾，他只写了钢琴曲，为了自己家庭的需要——只有钢琴曲了。

说得更清楚一点：弗莉德丽卡·亨莉叶塔彻底弄昏了莱奥波德的头脑，冷落了他的宫廷乐队指挥。

第十二章

　　这已经是巴赫第三次被冷落了：在米尔豪森是牧师约翰·阿道夫·弗罗纳的虔敬主义的狂热使他不能再"均衡敬仰上帝的教堂音乐"；在魏玛是公爵让他屈从于一个无能的乐队指挥，剥夺了他的作曲权利，最终只把他当成一名叛逆的走狗对待；而在这里，人们不再需要他的效劳。才 37 岁，他在克腾实际上已经退休，于是，他第三次站到了一片废墟面前。

　　巴赫是能够容忍的。在他的一生当中，他以几乎无法置信的容忍面对很多事情，一再如此。他现在该怎么办呢？他在克腾的生活过得不错。我们绝不能轻率地否定这一点。但他已经不被需要了，他已经变成无用的人。而且也看不到这种状态会改变的迹象。侯爵和那个"不懂艺术的女人"在一起十分幸福，他的爱好已被这个女人彻底改变了。

　　巴赫在等待。但一个勤奋向上的人——巴赫无疑是这样一种人——是无法忍受这种无所事事的。就在这时，莱比锡托马斯学校的乐监约翰·库瑙于 1722 年 6 月 5 日逝世。他不是一个不称职的人，而是一个相当能干的人。盖克说他"不太能干"，那显然是没有仔细研究过他的作品。

　　一个空缺出现了。而莱比锡几乎和汉堡同样重要。希格蒙德·舒尔茨认为，这一可能性肯定"吸引了巴赫，去担任这个博览会和大学城市的重要的教会乐监，同时在更高一个层次上积累教堂音乐的经验，并兼任音乐主管"。这次他又搞错了，而且是犯了好几个错误：博览会和大学均不归城市管辖，而是隶属于国王；乐监的职务也不属于教会，而是属于一所学校；而且巴赫并没有受到吸引。他现在已是宫廷乐队指挥，其地位远高于一所学校的老师。这个职务实际上也没有特别吸引其他人：所以它空缺了很长时间。7月过去了，8月、9月，最后整个1722年也过去了。

巴赫就这样无所事事地待了整整一年的时间。宫廷乐队已不再被需要，开始辞退人员。所余下的，只剩下了狩猎音乐。巴赫夫妇实际上是在领取赏赐工资。但巴赫没有去应聘职务。他听说，汉堡的特勒曼想这样做，但汉堡方面立即为他提高了工资把他留下。他又听说，他的朋友安哈特-策布斯特宫廷乐队指挥约翰·弗里德里希·法士有意谋取那个空缺，还有达姆施塔特的宫廷乐队指挥克里斯托夫·格劳普纳也提出了申请，这是一位口碑很好的人，当然还有很多其他人。照理说，他也应该有所行动才对。但巴赫对"一个受启蒙力量和进步市民阶层影响很深的城市的吸引力"（希格蒙德·舒尔茨语）的钟爱显然是有限的：他不想去谋求这一职务。

到了深秋，"无所不能的莱比锡市政委员会"非常正式地派出使者来拜访巴赫，那就是圣托马斯教堂的神职助理神学士克里斯蒂安·维瑟。有人以为，他是来聘请巴赫就任这个职务的。但他却没有这样做，而只是请巴赫也去参与竞聘。那里的先生们是想有一个更大的选择余地。而巴赫当时应库瑙邀请去验收大学教堂的管风琴时，就已有了名气。

而且，"无所不能的委员会"在招标这一职务时，还出现了激烈的讨价还价的举动（我们很难找到更为文明的词句代替）：在委员会1720至1730年的整个记录中，没有任何一件其他的事务，像1721至1722年间同巴赫就乐监职务问题的谈判那样艰巨了。6月5日库瑙去世。特勒曼早已谢绝，但即使在半年以后，在11月23日的市政会议上，仍没有考虑巴赫的名字。又过了一个月，即 12 月 21 日，记录中才出现了格劳普纳和巴赫的名字作为新的人选，当时的倾向是在格劳普纳身上。格劳普纳于 12 月底作为新的申请者以一首康塔塔进行了试演奏。三周以后（1723 年 1 月 15 日）在市政会议上出现了怀疑，因为不知其君主是否批准他离任。

159

乔治·菲利普·特勒曼，1721 年就任巴赫无法获得的汉堡职位。两人始终相互敬仰

巴赫在维瑟拜访以后就表示，愿在 12 月份也进行一次试演奏，但当时格劳普纳已被优先考虑。直到格劳普纳最后拒绝，也还没有让巴赫，而是让一名当地的管风琴师乔治·巴尔塔萨·朔特去试演奏。他在 2 月 2 日接受了这次考核。一直到下一个星期日，即 2 月 7 日，巴赫才被允许演奏他那首康塔塔《耶稣接纳了十二门徒》。但至此委员会仍未认可。首先他们要求巴赫出示他君主准许他离开克腾的书面文件，这一要求也不是立即提出的，而是在两个月以后，4 月 9 日的市政会议上提出。

160

　　巴赫随即亲自递交了书面声明，即在 4 月 19 日。但这还是在格劳普纳无法离开达姆施塔特后，极力推荐巴赫的结果。到了 1723 年 4 月 22 日，也就是整整过了 11 个月以后，委员会才终于决定，接受巴赫担任这一职务，对巴赫的各种顾虑持续了 4 个月之久。后来，又过了两个星期，巴赫才前来签署合同。不论和特勒曼还是和格劳普纳的谈判，都没有像对巴赫这样旷日持久。那么等待他的又是什么呢？

　　托马斯学校是一所 "schola pauperum"，即城市中的一所贫民学校。由于经费完全由市政承担，所以学生必须做些有收益的事情。鉴于市政委员会也负责教会的费用——所以教会监理会不是由神职人员，而是由市政委员来担任！因而，学生必须在城市教堂演奏音乐。为此在学校里专设一名教师，除了讲授拉丁文外，也负责教堂音乐事务。（顺便提一句，在波希米亚 19 世纪曾有称号 "Ludi magister"，就是教师和教堂唱诗班指挥的结合。）拉丁文课程在外界不被注意，但作为音乐家的这名教师，却每周日在四个教堂中可以听到他的表演。这名兼授拉丁文课程的音乐教师也并不是没有回报的，"乐监"一职在学校中相当于副校长的位置：在某种意义上说，他是整个学校的招牌。因而他得到的报酬也是可观的，即年收入 100 塔勒尔。（在德累斯顿宫廷乐队中最低的乐师的工资也比这多一倍。）

　　莱比锡的巴赫研究家们断言，说 "贫民学校" 这个名字对圣托马斯教堂来说，只是来自古老的传统。实际上在巴赫任职时，已经是一所很有声望的学校。但这并不是事实。在莱比锡稍微自重一点的家庭，都把子弟送到尼古拉学校学习，或者请一位家庭教师，如市长戈特弗里德·朗格博士，连巴赫自己后来也是这样做的。如果托马斯学校是出于传统才保留了 "schola pauperum" 整个称呼，那么它这个称呼不论从哪一方面讲，实际上都是名副其实的。在市政档案中，直到盖斯纳上任，没有一处说明，市政当局为维护这所学校做过什么事情。至少在过去的 100 年间没有做过！这所学校早已破旧不堪了，正在不断衰落之中。它曾有过 120 名学生，但在巴赫上任时，那里只有52 名学生。这 52 名学生，甚至都不能每个人有一个床位（有些床位要由三个学生共同使用），几乎每个学生都长了疥癣。

圣托马斯的学生还必须每周两次作为"唱诗班"到街头卖唱，用歌唱乞求一些银钱。乞求到的钱，一定的比例上交给教师作为教师授课的工资。关于学校的校舍，我们可以给读者这样一个描绘：在"学校大厅"中，由于空间狭小，通常是三个班级在一起同时上课。在校舍楼内，两百年来没有进行过任何修缮或改变，也没有人认为这是有必要的。托马斯学校总的状态，对市政当局来说，其重要性实在是微乎其微，以致到 1730 年之前在市政档案——与医院及教养院和孤儿院相反——根本就找不到有关的记载。

说巴赫对这种状况不了解是不太可能的，问题只是，他为什么不顾这些仍然接受了这个职务。

原因是多方面的。巴赫在克腾已无法施展才能，他无法忍受，何况他也无法估量，新的侯爵夫人何时将把他赶走。他需要一个新的活动空间，也是出于安全考虑。

尽管莱比锡托马斯学校的状况极差，他却仍然申请了这个职务，这只能说明，这种状况对他来说，是无关紧要的。教授拉丁文会占去他很多时间，他也是很清楚的。但他的前任库瑙常常托人代课，如果他一旦觉得讨厌时，也还有这个可能性可以利用。这当然要花掉他一半工资，而用 50 塔勒尔他无法养活他的六口之家和雇佣一名女佣，而且也没有像克腾那么多的补贴，只有房租是免费的。

实际上，他把工资显然只看成是辅助收入。首先，他在莱比锡又可以搞音乐了，而在街头音乐方面，他是轻车熟路的。其次，库瑙当时也同时兼任大学音乐主管一职，也就是说还可以和大学生们共同从事音乐活动。至于收入，根据神学士维瑟的介绍，其主要部分来自莱比锡的很多业余活动，婚礼、洗礼、葬礼的音乐服务，都有额外的报酬，而且在这个人口达 30 万的大城市中，这种活动是层出不穷的。一般情况下，一年可收入 600 至 800 塔勒尔。这将比他们夫妇两人在克腾的工资多出 1/3。

这当然是相当不稳定的收入，但还有其他方面的收入可以考虑在内：莱比锡在商业和交通方面确实是一个可以和汉堡相媲美的城市。在汉堡除了职务工资以外的收入情况，可以从诺伊迈斯特的实践中看出，和巴赫一起谋求汉堡职务的同行海特曼也对他讲过有关情况，巴赫就是由于交不起申请费而没有入选。在汉堡能够做到的，在莱比锡也会有类似的可能。对三个儿子也有好处：他们可以上莱比锡大学学习，上过大学的人总是更受人尊敬。

这样看来，托马斯学校的条件确实几乎没有起什么作用。当时学生的人数虽然也很少，但任职的合同赋予他可能性，今后接纳唱诗班新生时有一定的发言权，也就是说可以逐步扩大学校的规模。此外，特勒曼曾对这个职务有兴趣，而他又是一个很好的商人。而另外的竞争者格劳普纳和法士又都和他一样是宫廷乐队指挥，也都很希望成为莱比锡托马斯学校的乐监。由此可见这个职务必然有什么独特之处。有了这个职务，就可以兼任"音乐主管"，这是比音乐教师稍高一些的职位。

城市乐队虽然只有 7 个成员——3 名吹奏乐师和 4 名弦乐乐师，但可以在学校里继续培养一些演奏器乐的人员，而且在莱比锡大学生中也不乏能干的音乐人才，自 20 年前那里就存在一个"大学音乐社"。既然市政委员会在招聘这个岗位人选问题上，如此繁琐和如此认真，那么也就说明，他们对音乐是十分重视的。在这种情况下，合同中的细节问题也就无关紧要了。

我们必须承认，这个合同确实很是奇特。比如，巴赫没有市政当局的明确许可不得离开这座城市。他不仅要把无所不能的市政委员会，而且要把所有的学监和学校校长看作是他的上司。在死者送葬队

伍中，他必须率领他的唱诗班走在棺材的前面。他还必须保证不兼任
大学内的职务。但这从字面上看，似乎不应指他的前任曾担任过大学
音乐主管之事，据说是为了市政厅的利益。他还必须保证接受授课任
务，只要市政当局不支付额外费用，他允许委托代理教师授课。然
而，市政委员会对特勒曼却不是这么小气，他们甚至答应他解除教授
拉丁文的义务。

　　但在特勒曼身上，这些先生们知道他们会得到了一个什么样的
人，他们过去就熟悉他。他在莱比锡上大学时就很活跃，甚至在保罗
164 教堂演奏了他的音乐；是他在大学创办了大学音乐社；由于当时在莱
比锡有一个歌剧团，所以他还为歌剧作过曲；因此人们对他当然就有
所照顾。而库瑙在这方面就遇到过很多困难，因为年轻人更愿意去看
歌剧，而不愿意到教堂去参加演奏。虽然歌剧在这期间已趋于没落，
但在巴赫的合同中仍然写明，他的演奏不得使音乐"呈现出歌剧式的
色彩，而应该激发听众去作静思祈祷"。

　　在其他方面市政委员会也都做了周全的考虑。比方它要求，巴赫
要在职务范围以外，对学生进行"私人"音乐指导，当然是无偿的，
而且还要为委员会成员免费进行音乐服务。至于说他得不到任何在其
他主人那里得到过的特殊待遇，那是理所当然的事情。人们是把巴赫
当成一个生人而接受的，因为他们无法得到他们熟悉的外地人。而那
个本地人像来自诺伊基协的朔特，当然根本不能认真加以考虑——因
为即使是本国的先知也不如外来的好。

　　当然，施威策说得很对，他写道："最近已经成了一种时尚，轻
率地去批评莱比锡的市政委员会，说他们最后只好接受了巴赫，因为
在这之前他们没有能够得到那位'肤浅的'特勒曼和没有名声的格劳
165 普纳。这种说法是不对的。他们两人在莱比锡是为人所知的，在当时
也享有巴赫所没有的名望。我们不能要求一个政府部门，事先就知晓
后世的评价。"

当年莱比锡的几位市政委员：（从左至右）施特格、普拉茨、瓦格纳、
伯恩和市长朗格。其中没有一个人说过巴赫的好话

　　谈到照顾问题时常引用的一种看法，它来自市政委员阿布拉哈姆·克里斯托夫·普拉茨："既然无法得到最好的，我们就只能选用中等的了。"首先引用这句话的是斯皮塔，后来的其他人就都是忠实地如法炮制了。因为这可惜和莱比锡的"受启蒙力量和进步市民阶层影响极深的大都市"的形象有些格格不入，所以后来在新成立的新巴赫协会中，就有人极力试图减弱这一不良的印象。在这方面最为典型的是图宾根教授乌里希·西格勒的一篇详尽的文章。[①]他在其中泛谈了"莱比锡文化政策"的方方面面，最后断言，说莱比锡的市政委员会就像是一种"各政党轮值主席的联合政府"。其中有"乐监党"和"乐队指挥党"，一个支持巴赫，另一个则反对巴赫，于是在当时的市政当局中就出现了上述的情况。

　　西格勒从何处得出这样的结论，可惜我们不得而知，但有一点可以肯定，他的材料来源是不可靠的。因为从当年的市政档案中，可以清楚地看到，当时绝不存在什么"联合政府"和"轮值主席的政党"。当然，莱比锡的市政委员会每年8月底，要轮换三名委员，但这决不是导致市政当局政策摇摆的原因。西格勒完全远离了当时的事实，他企图从中挖出一个重视音乐生活的"文化政策"来，——但除了选拔托马斯学校乐监一案外，在市政档案中根本就没有文化的一席之地。

166

---

①　参阅 1983、1984 和 1985 年各期的《巴赫年鉴》，条目是："当年莱比锡文化政策中巴赫的地位"。

所以，西格勒的文章是彻头彻尾的捏造。然而，在巴赫年鉴中，它却三次占了首位，没有一个同事对此提出过异议。

同样，市政委员普拉茨的言论也被高估了。那只是在一次辩论中冒出来的一句话。当委员会的文书把这句话写入会议记录之后，他就因为有其他事情离开了会议，把记录任务交给普拉茨。但这个普拉茨没有继续记录下去，所以至今谁也不知道，这次会议是如何结束的。因而也不能排除，普拉茨的观点遭到了反对，他为了辩解，所以才没有把记录写下去。甚至也可以想象，他对巴赫的消极看法，像在1730年档案中记录的那样，或许是他没有得到赞同的根由之一。

从他对格劳普纳的评价上就可以看出，他对当时的音乐世界没有多少了解。他在1723年1月15日的市政会议上谈到格劳普纳时说："他虽然对格劳普纳不是特别熟悉，但他的形象很好，看来是一个有风度的人，同样相信他也是一名好的音乐家，只是必须看到，他对学校有所了解。"

从这个会议的发言中，我们很难说他对音乐有什么知识，他心中更看重拉丁文课程，而不是音乐。

当然其他的委员们也不例外。比方说委员阿德连·施特格尔的发言："他不是一个音乐家，但相信执行市长的判断。"或者委员雅格布·伯恩："既然格劳普纳受到这么好的赞誉……"，建筑委员戈特弗里德·瓦格纳则是"出于他的魅力，赞成格劳普纳"。委员约翰·尤普："他没有见过格劳普纳，但听到过很多关于他的好话。"这些委员先生中间竟没有一个人在任何时候和任何地方做过自己的音乐评价，所有的人都是引用第三者的一般印象和观点。我们现在距离事实更近了，我们不得不说，委员会中的先生们没有人真正了解音乐，在讨论这个问题时，所以长期犹豫不决，主要是因为他们要为一件他们不懂的事务做出抉择。

托马斯教堂

　　这种现象在当今的很多市政当局中也是屡见不鲜的。例如1994年，讨论要解散柏林的席勒剧院，如果不是市府一再任命错误的院长人选的话，是完全可以避免的。值得庆幸的是，1723年的莱比锡市政当局，还是不想解散托马斯学校。他们当时究竟握有什么样的手段呢？他们之中没有一个音乐内行。他们只是想出钱请出一位非凡的人物，当时稍微可靠一点的根据就是看有没有人认识他。

　　鉴于特勒曼过去在莱比锡有过作为，还留在人们的记忆之中，所以他是第一人选。格劳普纳同样是托马斯学校的毕业生，也读过莱比锡大学，他是第二号人选。法士在莱比锡受过类似的教育，所以最后也被置入考虑之列，但这都不是出于音乐的考虑，而只是出于学校的考虑。至于对特勒曼给予了特殊的优惠，解除了他的拉丁文授课，则不能成为惯例而适用于其他人。因此法士表示了拒绝，这样一来，在应征者中再没有知名人士了，于是派出了神学士维瑟前往克腾——但只是请巴赫来谈一谈！巴赫虽然没有上过大学，但他愿意接受授课的任务，再加上还有知名专家格劳普纳的推荐。

　　如此费力在外地访贤竟没有成功，最后任用当地的人选（即朔特），对市政当局来说出于脸面原因是不能接受的。巴赫进行了认真的演奏（他只是尽量避免过于偏重戏剧性），而且也接受授课任务。这对莱比锡市政委员会来说，恰是个应急措施，而对无法再留在克腾的巴赫来说，莱比锡托马斯学校的空缺同样是一个应急的出路。对双方来说都不是一种理想的结合。但如果找不到自己所爱之物，那就只好去爱那可得之物了。仔细看来，这对双方虽然都不理想，但却是可以接受的结局。

　　于是，巴赫犯下了一生中最大的错误，但他的传记作家们，却硬说这是他一生中的最大满足。

第十三章

巴赫在克腾住了五年零五个月。头两年半他在这里是幸福的，后来他热爱的妻子去世。作为带着 4 个孩子的鳏夫，他写下了《勃兰登堡协奏曲》、《创意曲》和大部分《平均律钢琴曲》。在这里生活还不到三年，他就有意要离开埋葬他幸福的这块坟墓。他的企图由于没有钱而告失败。然后他又找到了他所爱的第二个妻子安娜·玛格达勒娜，却不得不看到，他的主人几乎同时娶到了一位不允许音乐发展的夫人。如果说他 1720 年就曾想离开克腾的话，那么又在克腾待了 14 个月以后，他又不得不看到，克腾已经没有他的容身之地。

特里对此有过一个评价：说他在克腾的五年"是他一生中最开心最平静的时期"。瓦尔特·费特尔在他的描写乐队指挥巴赫的书中写道："尽管在克腾的几年是轻松愉快的，但它们所展示的，并不都是轻松愉快的音乐。"同时还提到"宫廷中的歌舞升平"。斯门德也认为"巴赫作为宫廷乐队指挥，在克腾的生活是幸福的"。他还断言，说巴赫于 1722 年 12 月就曾在莱比锡演奏过一首康塔塔，尽管在市政档案中，巴赫的名字是在圣诞前三天才有记载，当然没有提到演奏的事。如果真的演奏了，那倒是件怪事，因为在圣诞节之前是不演奏教堂音乐的（这一点神学家斯门德应该知道）。

至于说巴赫 1723 年复活节就在托马斯教堂演奏了《约翰受难曲》，那就更是不顾事实的臆造。4 月 22 日，当委员会最终决定了巴赫的人选时，格劳普纳的推荐固然起了作用，但如果这之前就演奏过那场规模宏大的受难曲的话，那么市政委员们是不可能不提到的。而且如果他在 8 天前就演奏过受难曲，那他就完全没有必要在 2 月 7 日演奏那首"应试乐曲"了。我们如果进一步研究一下这种现象，就会发现，在专家圈中所以会出现这样的观点，只有一种解释，那就是如果我自己不知道，也没有把握知道，别人也是不会知道的。确实，我们在研究巴赫文献时，在很多地方都遇到了一个纯粹由无根据的想象组成的世界。

这些想象还基于一种愿望，即企图证明，巴赫从始至终就是一个上帝的音乐之子。一切同教堂音乐无关的描写，都被排斥到无关紧要的地位。这种观点的根据，往往引用巴赫对通奏低音的定义："应该这样来演奏它，左手按现成的曲谱演奏，而右手则抓住协和和不协和音，以便能出现优美的和声，用以崇敬上帝和被容许地陶冶人们的性情。凡不注意这一点的，均不是真正的音乐，而只是魔鬼的嚎叫和庸俗的卖弄。"

为了强调宗教而出现的这种误导，再次说明了对音乐的无知。"不容许"的音乐巴赫从来没有说过，他只是想说明，除了"崇敬上帝"的音乐以外，还有被容许的"陶冶性情"的音乐，也就是说，除了供祈祷用的音乐，还有供娱乐用的音乐，两者是并存的：通奏低音对他来说（同样对那个时代）是属于这两者的。而且两种音乐他都写过，实际上，不仅他的《咖啡康塔塔》，他的英国和法国组曲，或者他的《小夜曲》（即《戈尔德堡变奏曲》），均属于娱乐性乐曲范畴，172 而且连他的乐队组曲，其中第二首甚至以明确的"诙谐曲"（Badine-rie）命名的曲子作为结尾，也就是以一种音乐的"调情"作结尾。

这些当然都是一个虔诚者的作品，但却不是一个永恒祷告的虔诚者。把生命寄托给上帝的人，不一定终日祈祷，而且巴赫既不是一听到"享受"或"娱乐"就皱鼻子的人，也不是在音乐里或从音乐中不要享受的人。在《农夫康塔塔》的结尾处，他甚至采用了真正的街头流行小调。那么他对处理演出实践所做的道德评价又是什么呢？对音乐家巴赫来说，"魔鬼的嚎叫和庸俗的卖弄"，就是如果有人演奏低音时使用了错误的和弦。他说的就是这个！有一段小故事说，在一次排练中他就是因为这个，而把管风琴师约翰·戈特弗里德·格尔纳的假发抓起来扔到了地上。有一次，当威廉·弗里德曼夜里胡乱演奏羽管键琴，曲中突然停顿时，巴赫从床上站了起来，一定要把曲子弹到终了。谁要是嘲笑这样的故事，那他就是没有懂得，对这样一个音乐家来说，和声或者说整个音响就是他的不可缺少的可利用的根本，就像木匠需要木料、皮匠需要皮革一样。

然而，音乐又是颇为神秘的东西。人们既不能吃它，也不能穿它，用它也不能证明什么——它纯粹是一种毫无用途的现象。鸣禽唱歌可以看作是寻偶的需求（尽管我们也不明白，为什么百灵鸟鸣叫时要从田地飞上天空），但人类为什么要把 16 至 17000 赫兹之间制造出来的震动，当做需求，当做职业，当做天职，却是无法解释的。同样无法解释的是，为什么这个领域的能人所获得的赞赏和崇拜远远超过发明家、战场上的统帅和国务活动家呢？显然，人类对音乐的倾心是天生的：在马赛的洞穴中，人们找到了至少是两千年前的笛子。看来，没有音乐，人类只能是不完整的。对它的研究成了一门学科，即音乐科学，但通过这门科学却制造不出音乐来，在那里也找不到问题的实质。音乐美学（例如费利克斯·玛丽娅·嘎茨）认为，音乐"所显示出的现实，是非音响的即非音乐的"，总之"音乐显示的不是它自己"。

但这听起来，使人更糊涂，而无法认真接受。而且还会导致走得过远，而让人无所适从。不能把音乐理解为音乐，而只把它当做非音乐领域的一根拐杖，这正是从事音乐科学的无可救药的愚蠢状态。威廉·福特温格勒对此解释说："音乐表现的清晰度，虽和言辞表达的不同，但并不是不确定的。"还说："艺术产生的氛围，是在意志氛围之外的。"类似的观点，我们在对伯恩斯坦和贝多芬的评论中也可找到，他们如果接受了这个观点，就等于把知识树上音乐科学的枝干完全折断。

几乎所有的巴赫传记作家都在一点上是一致的，即巴赫的真正作为是从莱比锡才开始的。（"他很晚才成熟"，贝瑟勒坚持这种看法。）传记家们认为，他所以成了后来的巴赫，是在莱比锡和通过莱比锡而达到的。在我们进一步探讨这一观点之前，我们必须确定，这种观点是来自两条途径。

早在斯皮塔和特里时代，他们就已把莱比锡当成是最重要的城市，是天才的虔诚的巴赫最理想的环境。但当约翰·塞巴斯蒂安·巴赫和伊马奴埃·康德，于1945年一起落入苏联及其官僚手中之后，一个新的巴赫形象就必须重新塑造出来。康德成了陷入唯心主义错误中的哲学家，只能被冷落起来。而当苏联又记起了这位加里宁格勒（科尼斯堡）的伟大公民时，东德又把他的作品摆在了展览柜中。但巴赫及其音乐有着更为广泛的影响，人们不可能也不愿意把他放弃，但又不能崇拜一个信仰上帝的音乐家，因为马克思主义的世界观是主张无神论的。认为世界没有上帝的意志也能存在的观点，也是一种纯粹的信仰，坚持它，是唯一正确的。

为了把巴赫保留在马克思主义世界中，就必须把崇拜上帝的形象遮盖起来：新思想的世界必须反对虔诚思想的世界，于是约翰·塞巴斯蒂安·巴赫被转化为"启蒙运动的音乐家"。这个称号甚至是由刚刚成立的德意志民主共和国的总统，在斯大林主义盛行时期，于1950年正值巴赫逝世200周年之际，亲自授予的。通过他的口，巴赫变成了"从中世纪经院哲学的桎梏中把音乐解放出来"的人，①

---

① 威廉·皮克1950年的巴赫纪念讲话的所有语录，均可在新巴赫协会1975年的出版物上读到。从中可以看出，斯大林时代终结以后，即25年以后，人们一直还是坚持这个观点。

"伟大的启蒙运动的先驱"，"象征了新生，激发了进步，预示了未来"。并同时指出，"至 1945 年以前，德国官方始终只把巴赫的作品看成是形式主义的卖弄"，普通人"完全没有看到巴赫的伟大的民族意义"，"后来出现的所谓的巴赫研究，越来越走上了臆造和歪曲巴赫的误区。"

如果不是这种说法全面影响了莱比锡的巴赫研究工作，我们是不会如此详尽地摘录这个讲话的。因为这不是什么新的见解，而是蓄意的危言。阿伯特·爱因斯坦的理论："幻想更重于知识"，在这里再次得到了新的验证。1975 年莱比锡举行巴赫纪念活动时，这个讲话再次出版了精装版本。其中不仅断言，迄今为止巴赫的作品中的"人道主义的进步内容被有意压抑了下去"，而且巴赫最终还被戴上了"和平英雄"的桂冠，硬说："在他的作品中可以听到受苦人的呐喊，渴望和平和幸福的心声。"

莱比锡新巴赫协会，从此无法摆脱这个基调，因为所需的经费，均来自制造这类新知的地方。协会的所有出版物，均需国家的印刷许可，只能符合德国社会统一党的官方路线。25 年以后，"德意志民主共和国巴赫委员会"在一次新的巴赫纪念会上声明："当年，进步的音乐科学勾画出巴赫的新形象，克服了几百年来的片面性。"然后又说："从此对巴赫的理解进入了一个新的历史时期。"

但这没有仅仅停留在德意志民主共和国内部。因为莱比锡是巴赫研究的中心，而且在政治上采取了明智之举，即使在日益锁国的时代，也没有在这方面隔断同外界的联系，德意志民主共和国的新政策打开了大门，何况上述观点看来也是非政治性的。总统讲话中的刺耳之词只是例外，仅在"马克思主义音乐科学创始人"恩斯特·赫尔曼·麦耶的著作中再次出现。但巴赫的音乐是"启蒙运动的音乐"的论点却保持了下来。1982 年，在莱比锡甚至举行过一个题为"巴赫和启蒙运动"的研讨会。与会的先生们虽然对"启蒙"的真正含义理解不尽相同，但却坚信：巴赫的新形象已经确定无疑。

例如当时柏林国家歌剧院的院长汉斯·皮士纳，[①] 在一篇受到普遍注意的文章中，把《平均律钢琴曲》定性为"启蒙运动的产物"，因为它是"百科全书式"的，而"当时的百科全书运动正在酝酿之中"。这当然又是完全凭空臆造之举，因为在巴赫这部作品产生前 20 年和后 10 年间，在整个德意志总共才出版过两部词典，而在巴黎，百科全书派甚至还没有集会过一次，但听起来却很美妙。

"坚定的启蒙主义者"当然曾在莱比锡聚会，甚至巴赫来到莱比锡时，还遇到过他们。其中最有名望的要属约翰·克里斯托夫·戈特谢德了，但他是在巴赫之后才来莱比锡的，而对马克思主义哲学家来说，由于没有和马克思主义音乐学家协调一致，所以在马克思主义的《德意志启蒙运动史》中竟没有提到这个名字。然后当然还有戈特弗里德·威廉·莱布尼茨和克里斯蒂安·托马修斯。他们两人虽然都是土生土长的莱比锡人，但却在 30 年前就离开了这座城市。

莱布尼茨根本就没想留在他的故乡，而托马西乌斯，由于作为法学家始终在同巫女案件进行斗争，长期受到莱比锡路德正统教派的攻击，而最后不得不流亡到普鲁士，具体说是哈雷，并在那里建立大学。

在哈雷还有奥古斯特·赫尔曼·弗朗克，由于他的虔敬主义的信仰，也被莱比锡的路德正统派弄得无法生存，来到了此地。哈雷的气氛比较宽松，他还被允许建立了一所孤儿院。但虔敬派也并不比正统派宽容多少，我们可以从在哈雷的理性主义派哲学家克里斯蒂安·封·沃尔夫在国王那里的表现得到证明。国王把沃尔夫驱逐出境，而奥古斯特大王却聘请他到莱比锡大学担任教授。沃尔夫曾于 1701 年去过莱比锡，因而了解莱比锡的情况，他谢绝了这个邀请，去了马尔

---

① 皮士纳通过演奏一批羽管键琴作品而闻名。

堡，尽管他在那里的报酬较少。他知道，莱比锡的启蒙运动是个什么样子。

这发生在 1723 年，也就是巴赫去莱比锡的那一年。奥古斯特 13 年前就曾为大学恼火：当时大学正好空缺一个教授席位，他必须以其王权坚持要设一个自然科学系科——这是第一个化学系科。同时，聘请一位封地法、自然法和国际法教授，也需要他的抉择——但正统教派却始终坚持增加一位神学教授。在这个三万人口的城市中，已经有 37 名神学家，还不算大学里的神学教授，也就是说，每八百居民就有一个神职人员。

神职人员在这里是由市政当局安排的，隶属于监理会之下，但只是在宗教事务上。但大学却直属于国王领导，和莱比锡的博览会一样。博览会每年要举行数次，但在市政档案中却无任何记载。市政当局只是在书展时，设一个委员会负责书籍审查工作；所以直到巴赫死后 10 年，那位启蒙派异教徒的书籍也未能在此上市销售。对大学，市政委员会一向抱有敌视态度，由于它直属国王，所以其中所有的教授及家属，甚至勤杂佣人都免除一切税负，而且还握有自己的审判权，从某种意义上讲，也就是享有豁免权。市政当局为进行报复，所以明令禁止它的雇员，如和巴赫签订的合同中规定的那样，兼任大学的职务。巴赫和他的前任一样，并没有照此行事，但这导致了后来产生的惨重后果。

一提到莱比锡，人们就愿意引用约翰·沃尔夫冈·歌德的名言"我的莱比锡，我要赞颂你，你是一个小巴黎，造就着你的市民。"但这是 40 年以后的事情。巴赫迁入时的莱比锡，首先是老路德正统教派和极端保守派的大本营。巴赫必须在合同里保证"不引进任何新东西"，这决不是什么次要问题，而是一个极其重要的条款。他很快就察觉到，市政委员会和监理会在这方面是如何敏感。莱比锡的商业和交通发达，城市繁荣，这和巴赫上司的精神领域的状况毫无关系。假如这位"启蒙运动的音乐家"在莱比锡和"市民阶层的强大的启蒙力量"真的像一再传播的那样相遇的话，那么他们之间进行理想合作的条件是完全存在的。亨德尔有过这样的经历，他在伦敦遇到了酷爱歌剧的贵族。但巴赫在莱比锡的工作和生活环境，据我们所知，可惜并不如意。关于巴赫在迁入时遇到了强大的启蒙力量一说，实际上只能是建筑在一个始终不渝的基础之上：那就是其传播者的预谋的无知。

1723 年 5 月 29 日，在莱比锡的《荷尔斯坦通讯》周刊上可以读到："上周六中午，满载家私的四辆货车，从克腾来到这里，这属于克腾前侯爵乐队指挥，即现任的复调对位专家的乐监所有。① 两点钟，他本人及家人也乘两辆马车到达，迁入了托马斯学校内装饰一新的住宅。"

长期以来，这是报刊对巴赫活动的唯一的一份记录。他完全不是公众中的显赫人物。市政委员会花费了 200 塔勒尔，让人把位于托马斯学校内，但有单独入口的乐监住宅修饰了一番。但这决不能理解为市政当局的宽宏大量。这只是为了巴赫的搬迁，做了最必需的修缮，支付的费用所以这么多——相当于乐监两年的工资——只能证明这所房子的状态是如何糟糕而已。

还在巴赫离开之前，克腾宫廷生活中，发生了重大的事件：享受了 15 个月的幸福婚姻生活后，莱奥波德的年轻妻子突然病逝。

有些缺乏想象力的人认为，巴赫其实也可以留下来，侯爵又会重新操起提琴的。只要稍有头脑，就会理解，遭到命运之神打击以后的侯爵，绝不会有心再去关照音乐。值得注意的是，那些认为婚礼音乐丢失的人，却没有一个人感觉缺少了送葬的哀乐。这同样是不存在的。在年轻的侯爵夫人活动的短暂的时期，克腾的气氛发生了根本的

---

① 值得注意的是，在业内人士中，饮誉汉堡和德累斯顿的巴赫，在这篇报道中却连名字都没有提及：看来他叫什么名字，对莱比锡并不重要。

179 变化，直到莱奥波德再婚，音乐生活才逐步得以恢复——当然没有达到以往的辉煌。《荷尔斯坦通讯》说巴赫是克腾的"前"侯爵乐队指挥，这是不对的：这个称号巴赫可以一直保留到侯爵去世。

在巴赫正式隆重就任新的职务之前，他还必须接受一次信仰考验——教会监理会在这方面也有发言权，他们不想任用一个对路德正统教义没有深入理解的音乐家。巴赫必须对原罪问题表态，要把弗拉丘斯对原罪教义的夸大视为对基督教信仰的全面否定而加以拒绝，还要论述新教宗典中关于善事对极乐世界既无必要，也无害处的信条，以及关于基督之地狱之行，即整个基督连带肉体和灵魂都曾进入地狱。此外还有虔敬主义的三大错误，他也必须背诵如流，而且还要声明，虔敬及正统二词在其中被错误理解，正统观念被误解，精神和肉体、精神和言词俱被错误教授。与此相反，正统教义却是神学家和信徒对教会信仰的绝对和谐的体现（就如所有官方论述对官方代表来说永远是正确无误的一样）。而其中最重要的一点，就是和革新派教会，即卡尔文主义的关系问题。在这方面最关键的，是其代表的教义与圣经内容不符，因而属异教，永不能升入极乐世界。迄今作为卡尔文主义异教的乐队指挥的巴赫毫不犹豫地确认了这一点，并义无反顾地签署了审查声明。这样一来监理会就暂时不再会为他设置其他障碍了。

正式就职仪式于1723年5月5日在托马斯学校大厅中举行。在专设的三张主席位上坐着市长戈特弗里德·康拉德·雷曼、城市首席
180 书记官卡尔·弗里德里希·门瑟尔和监理会的代表神学士克里斯蒂安·维瑟；另外一侧的10张椅子上，则坐着学校的校长和其他人士。整个仪式事先做了周密安排，但没有看到为巴赫安排一张椅子的记录。托马斯唱诗班唱了歌，市长发表了得体的讲话，巴赫做了言辞谨慎的答词。

然后就出现了一件意想不到的事件：神学士维瑟竟以监理会的名义也对新任乐监发表了祝词。他是按照监理会对教区牧师索罗门·戴

灵的指令做这番讲话的。在这之前，维瑟甚至还拿出了有关的讲话稿。祝词其实只有一句话。

市长雷曼立即感觉受到了莫大的侮辱，当场声明，如此安排一个乐监的就职仪式，过去从未有过，这是一种无耻行径和标新立异。城市首席书记官马上表示完全赞同市长的观点，并宣布要对这种"非法的标新立异"书面报告高贵的市政委员会。维瑟试图道歉，但为时已晚：通过监理会欢迎新乐监，是违反常规的。市政委员会立即决定采取措施反对这种"非法的标新立异"。

不久以后市政委员会和教会监理会之间，发生了一场充满刀光剑影的笔墨官司。在这里我们不应忘记，两个机构的驻地均位于城市中心，之间的距离还不到 300 米远。如果想取得谅解，根本不用书信往来，相对呼喊几声就能听得明白。但市政当局坚持理当不让的权威，而教会监理会则强调理所当然的义务。300 米距离的书信往来，就因为监理会竟敢冒天下之大不韪，对今后掌管四个教堂音乐的先生，用唯一一句话表示欢迎了事。所有这些也都表明，巴赫到底陷入了一个什么样的处境。根据档案记录，他应站在"椅子后面"，实际上，他也确 181 实从一开始，就站到了市政委员会和教会监理会之间的臣仆地位之上。

学校乐监的任务是多种多样的。早上 7 点开始上课，一直持续到下午 3 点。10 点到 12 点是午休时间。每周头三天，上两堂音乐课，早上 9 点和 12 点；周五早上和学生一起去教堂做礼拜。此外，每天 7 点到 8 点讲授拉丁文语法，只有周四空闲，但周日还要加班工作。每四周他还有一次巡视学校的任务，就是要和学生住在一起，夜里也睡在那里，和学生一起早上 5 点起床（冬天 6 点），晚上 8 点上床睡觉。作为学校乐监，他还必须为城市四大主要教堂准备音乐，它们是尼古拉教堂、托马斯教堂、新教堂和彼德教堂。第五所教堂是保罗教堂，隶属于大学，在重要节日期间，还要到圣约翰医院教堂去唱诗。

乐监本人必须在周日轮流去尼古拉教堂和托马斯教堂演奏康塔

塔，周六下午他可以去排练。由于乐监没有分身法，所以对其他三个教堂，他只好从学生中培养唱诗班指挥，派去演出，这就是所谓的助理指挥。

由于巴赫对现有的曲谱不满意，所以就开始自己创作新的康塔塔。这就意味着，他每周都要创作出 20 分钟的独唱、合唱和乐队曲子来：包括找来歌词，谱写乐谱，分配声部，演练全曲和最后演出。他如果想要更好的乐师，就必须自己花钱在课外培养；在送葬队伍中，他和学生要走在棺材的前面，为婚礼和洗礼准备乐曲；根据合同他还得为市政委员会成员提供音乐服务。

"再加上，乐监还兼任城市两座主要教堂的音乐主管，承担着监督它们的管风琴师以及在教堂参加演奏的城市吹奏乐师、小提琴师的工作，这些就构成了他的全部职业活动。"斯皮塔这样写道，然后继续说："说这些工作过重，是没有什么根据的。"施威策也说："他在学校的工作是不会耗尽精力的。"两位作家都忽视了，巴赫在莱比锡收入的绝大部分，是靠业余获得，这些钱是要一笔一笔才能赚到的。和学生一起参加别人的葬礼，肯定不会耗尽精力，但它所耗费的，正是一个勤奋的人极需要的东西：那就是时间。

而且，上述的任务并未把一个学校乐监的工作全部说完。因为他还有大学的一份工作。约翰·库瑙知道，为什么要重视大学音乐主管这个职务：他可以从那里得到音乐人才！只靠城市乐队的 7 位乐师，确实是搞不出什么名堂来的，尽管其中的小号手戈特弗里德·赖歇是个优秀的乐师。托马斯学校的 52 名学生，要分到四个唱诗班中去。从理论上说，每个唱诗班分到 17 名学生，但并不是每个学生都有音乐才能，甚至不是每个学生都有一副可用的嗓子，有些人还会生病或嗓子哑了——即使在新教堂和彼德教堂可以少安排几个，也很难把乐师和唱诗班学员任意分开。

库瑙在任时，曾就唱诗班这种恶劣状态向市政委员会打过报告，但从未得到过答复，所以他也无法改变这种状况，只好作罢。校长约翰·海因里希·艾内斯蒂已经任职 30 余年，年近 70，在他任职期间没有做过丝毫改变。巴赫就任 6 年前，曾对学校的状况进行过一次调查，到 1723 年，只有过很少的变化，即教师的称呼问题。学校较低级别的教师不再称呼为"Baccalaureus funerum"、"Baccalaureus nosocomici"、"Collaboratoes primus" 和 "secundus"，而是简称为第四级、第五级、第六级和第七级。就是这些。

183

约翰·库瑙，巴赫在莱比锡的前任。他的申诉同样未得到过回答

此外，学校的精神状态也和建筑一样糟糕。学校的制度是 189 年前的 1534 年制定的，从此再也没有改动过。过去乐监是周五休息，现在改为周四。马丁·路德的拉丁文教义课本也和学校制度一样古老，另外一本拉丁文课本《科尔德会话》是 1595 年版本，就是说已经用了 130 年。而且拉丁文在教学中占有很重要的分量。谁要是进一步研究，就会发现，一些拉丁文经典作家的课文其中根本就没有，例如恺撒、西塞罗、李维、奥维德等人。现有的课本只教授宗教拉丁

文。由于完全是神学内容，所以拉丁文课也只是一种外文宗教课而已。自然科学是完全没有的。谁要是觉得上课时间过长——7点至3点——请不要忘记，课程也是会被取消的，如果学生有其他任务，如葬礼、婚礼或者到街头卖唱。

184　　关于所得收入的分配，斯皮塔有过详尽的描写："在米歇尔节和新年活动中所得的报酬，除一个塔勒尔付给校长外，乐监获得11％，另外11％付给副校长，16名歌手各得1/33，然后乐监还可以得到剩余部分的1/4。"有人说，这是"吝啬鬼的分赃"，可以想象，如此烦琐细致的分配方案，必然通过激烈的斗争才能确定下来。当时的工资是很低的，学校的其他教师，并没有乐监具备的业余创收的可能性，因此乐监在他们中间就是个大财主了。

　　斯皮塔在莱比锡的市政档案中，① 只查找了与巴赫有关的资料。如果那些"启蒙城市莱比锡"的盛赞者再深入研究一下其他材料的话，那他们就可以问一问乌里希·西格勒，他难道真的认为他们如此无知，相信莱比锡市政委员会有自己的"文化政策"吗？其实他们无需提这个问题，因为他们确实是无知的。市政委员会有更重要的事情要做。一名委员会录事，受到狗的伤害，从而制定了一份"关于为害多端的恶狗"的文件。"生产啤酒的市民们"抱怨啤酒价格不合理，对此会议推迟了研究。委员会专门机构的8名成员，为了弥补"亏空"需要300塔勒尔的预付经费，得到了批准。一位委员会录事的住宅需要维修——推迟研究。城市法律顾问尤普需要更多经费，他得到了500塔勒尔。委员会要收购古钱币，医院的屋顶需要修缮，委员会录事获得75塔勒尔，首席录事获100塔勒尔。然后是"皇家中将和（位于城市中的普莱斯堡）总督"要求延长开放城门的时间，委员会通过决议给予了坚决的否定，"因为这会助长享乐和奢侈生活"。同

---

① 下述的事实均来源于此，但迄今却没有一个巴赫传记作家阅读过这些材料。

时，生产啤酒也必须遵循下列条件，即"只能生产和销售低度啤酒"。185

从市政档案中我们遇到的，是有关小城市的生活，很多小的问题，用小的方法加以解决。城市的需求得到了起码的满足，市政委员们得到了他们的报酬，市民的需求尽量压低，上司既受到抵制同时也给予安抚。市政委员会在国王那里欠债 20 万塔勒尔，国王虽然对此很恼火，但他也需要别人的献媚。当在全国发布征收肉类税时，人们立即提出反对意见，因为它不是城市的事务，但最后还是做了妥协。当奥古斯特大王的一个女儿来到莱比锡时，委员会立即拿出 1000 杜卡特（相当于 3000 塔勒尔）供"王国公主"使用。莱比锡市政委员会称这位女士为"王国公主"，尽管根据巴赫协会的意见，她最多不过是"大选侯家族的一位公主"，① 而且即使这个称号也要附上一个问号，因为她是奥古斯特的私生女。

从巴赫传记中我们永远了解不到，但在莱比锡市政档案中却无法忽略的，就是这个市的市政当局绝对从来不是一个"党派轮流当政的联合政府"的事实。当时人们称其为"市政裙带"，倒是很合适的。而且委员会成员自己也是这样看待它的。我们今天可能看成是不可想象的事情，当时的整个市政委员会却认为是理所当然：他们的主要任务之一，就是给委员会成员加官晋爵。一旦有人提出要扩大委员会时，他们就会立即否定，理由是现有的成员还没有全部得到相应（合适的）的官职。

因此，和委员会关系的亲疏也就十分重要了。例如在挑选乐监一职时，就先要看一看，谁认识谁，或谁对谁说了些什么，这是完全正常的现象。1721 年 4 月 26 日，市长普拉茨建议教师赫本斯特莱特担任周六布道师，他是一位学者，曾为他的孩子做过 10 年家庭教师。186

---

① 新巴赫协会固执地否定奥古斯特大帝合法取得的波兰国王地位，真令人赞叹不已：甚至在巴赫作品全集中，把有关的曲集也只称为"为大选侯宫廷创作的乐曲"。

这完全符合他在选拔乐监时提出的建议："在皮尔纳还有一位人选。"在这种"市政裙带"关系中，在某一位委员家中任过家庭教师，对今后的提升是极其重要的，而且还获得一系列的特权。这在 10 年以后还可以明显看出：他可以贷款，并被免除还债。

弗里德里希·恩格斯于 1845 年曾在他的"德国的现状"中写过这样一句愤怒的话："没有比城市资产阶级专制者更为卑鄙无耻的行为了，而实际上，我们几乎不能相信，德国的这种状况早在 50 年前就是如此，那个时代的很多人只要回忆一下，就会出现在头脑之中。"人们在阅读莱比锡市政档案时，得到的就是这个印象。巴赫在他就职的第一天对此就有了切身的体会，即使在他后来的经历中，我们也可以看到，恩格斯并没有夸大其词。

第十五章

为维护各自权限的相互竞争和相互嫉妒，决定了市政当局和大学之间的关系，更准确地说，是决定了大学和市政当局的关系。因为大学直属国家最高权力管辖，所以从级别上来说，虽无从属关系，但却比莱比锡市政厅要高一些；其成员不受市政委员会的指挥，也不受市级法院的制裁，而且不向市里交纳任何捐税。但市政当局只能咬牙切齿地忍受这些。大学有时对他们是个相当的负担，但这并不妨碍他们和大学之间存在着互利关系。因为对外来说，总是看重自己的大学为好，人们不是以在外地，而是以在自己的莱比锡大学学习感到自豪。市长朗格就是在这所大学里戴上博士帽的。

市政委员会眼中的乐监候选人——特勒曼、格劳普纳和法士——都曾在莱比锡上过大学，而且以大学为基地发展了莱比锡的音乐生活。特勒曼创办的大学音乐社，是大学生的组织。圣保罗教堂的圣事由大学来安排。整个教堂隶属于大学。反过来说，过去的市政官员也都在大学里担任一个职务：托马斯学校的老校长艾内斯蒂，就曾是大学讲授诗歌的教授（即今天的文学课或诗歌和美学课）。库璐和他的前任则均是乐监兼任大学音乐主管。

但现在，情况发生了变化：巴赫必须在任职合同中，明确保证不担任大学的职务，而大学方面也同样不打算聘用乐监兼职：他们利用巴赫到来之前的宝贵时间，已经聘任了自己的音乐主管，即尼古拉教堂的管风琴师格尔纳。市政委员会对此不仅无权过问，而且也根本不感兴趣：它不予置理。但对掌管莱比锡四大教堂音乐事务的巴赫来说，此事可就不一样了。他身边的音乐人才十分有限，实际只能依靠大学来加以补充。何况巴赫来到莱比锡，也并不想继续发生以前那种对音乐敷衍了事的现象。巴赫是决不做敷衍了事的事情的，只要他做，就要认真彻底，而这也是他在一生中遇到那么多的麻烦的主要原因。有些传记作者后来批评他不顾情面、顽固不化或其他什么毛病，但一个天才就是要比普通人更有魄力去从事自己的事业，而不能做事虎头蛇尾——懒惰的天才是不存在的，因为那不是天才。

巴赫来到莱比锡时，曾以为，他的选任所以耽搁这么长的时间，是因为市政委员会对他抱以厚望，能在就职后做出更大的贡献。这是他的一个大大的误解：那些先生们所希望的，是从他那里得到安静。可他呢，却立即活跃了起来。

他首先开始的，是为全年每个星期日写一首新的康塔塔。有人说，他是在储存备用。但为什么呢？难道没有现存的康塔塔吗？库瑙不是和他的前任约翰·谢莱一样，每个星期日也都演奏一首康塔塔吗？难道这些康塔塔都消失不见了？而偏偏巴赫的康塔塔却几乎一首不少地保存了下来？这里讲的是当时演奏康塔塔和经文歌一种传统的和固定的程式。如果说巴赫又写了一大批新的康塔塔，那就只会出于一种理由：他认为，现存的康塔塔都不够好。

他在莱比锡终于看到了按他的设想创作均衡的"崇敬上帝的教堂音乐"的可能性，这个设想在阿恩施塔特和米尔豪森都未被允许实现。他想用这个成绩，让选聘他担任这一职务的先生们满意。

为此他需要音乐社的大学生们，也就是需要音乐主管的职务。但这是一件相当复杂的事情。这个职务和教育局的联系只是一种形式，而没有固定的规范。他的任务是负责大学教堂①的礼拜活动。而且是

① 莱比锡大学教堂是一座完好的建筑文物，其中还有一台宝贵的管风琴。但在东德政府的指令下，为建筑一座巨大的水泥大学楼，而于 1968 年的升天节时被炸毁。

两种不同的礼拜活动，新式的和老式的。最早的时候，保罗教堂只在重大节日才举办礼拜活动——那是老式的；而平时实行经常性的礼拜活动时——即新式的——13 年前库瑙却遇到了他的学生法士的干扰。他提出"新的礼拜活动"由他和音乐社负责安排。库瑙虽然最终得到了演奏权，只是因为他放弃了额外的报酬。库瑙去世以后，乐监人选尚没有眉目的时候，尼古拉教堂的管风琴师看到这是一个机会，争取到了音乐主管这个职务。而大学也看到这是一个机会，最终打破两职相连的局面。

巴赫在他就任之前，就曾在降灵节的第一天，利用他的权力参加"老式礼拜"，并演奏了一首康塔塔，坚决捍卫了莱比锡的老规矩。但格尔纳却把握了刚刚获得的权力掌管"新式礼拜"活动。除此以外还有"大学各种庆典"。巴赫认为，鉴于此种庆典早在"老式礼拜"时就已举行，所以应隶属他的管辖之下。但这中间又发生了他在阿恩施塔特就忽视了的问题。当时他和阿恩施塔特中学生发生争执时，就应该知道，他是一个外地人，而当地市民的利益总是要优先照顾的。这一点在此地也不例外：巴赫在莱比锡是个外来户，而格尔纳却是莱比锡本地人。后者得到原来库瑙得到的报酬，而巴赫却没有得到。他就任第一个半年以后，才有机会到大学去索取他应得的报酬——但遭到拒绝。（一致的）决议说[①]："巴赫由于申请过晚，而且毫无 ius prohibendi（受保护的权利），故予以拒绝。"这个表态中显示了明显而极度的傲慢：人们企图甩掉他。

190

被传记作家称为脾气暴躁的巴赫，对这一拒绝却没有发火，以最大的忍耐继续履行自己的职责，而且没有报酬。在"重大节日"和大学庆典中，他的音乐在教授和大学生当中找到了知音，他也以此再次证明，他的音乐不仅比格尔纳的正规，而且也好听得多。对此无人提出异议，反正也不需要为此增加开支。1723 年 12 月，他为克尔特教授

---

① 见 1724 年大学档案。

就职，演出了一部音乐剧曲；1724 年 5 月，国王再次来到莱比锡时，也由他为欢迎庆典安排了音乐节目。巴赫就这样忍耐了两年之后，发现这些努力并未获得回报，于是向"国王和大选侯"呈送了申诉。

有人认为，他不该在这时走这一步（而且也过于性急！）。如果他没有这样，而是在（唯一主管的）高级法院状告了大学，那他也是不会有好结果的，因为法院院长就是大学法律系主任，他肯定不会让大学败诉。因此他只有这一条行政申诉的道路。1725 年 9 月 14 日，他把信件寄走，一个星期以后，即在 23 日，大学就收到了德累斯顿的指令，立即办理这件指控，并"满意地澄清这个亏欠案"。

191 但他们却不想按此办理，只是书面通知巴赫，说他们已就此事上报德累斯顿，至于上报了什么，他们没有写。巴赫不得不再次写信给德累斯顿，要求得到一份抄件。他像收到第一封信的答复一样，很快得到了抄件。这也证明，他在德累斯顿还是受到一定重视的。这也很自然，因为他于 9 月 19 和 20 两日，在那里举行过两次管风琴音乐会。事实表明，大学给德累斯顿上报的内容中充满有意的歪曲：它根本不是为了澄清事实，而只是为了把巴赫置于无理的境地。

巴赫只好再次写信，详细说明事实的真相，看来，德累斯顿方面显然更相信巴赫而不是大学，最后大学不得不同意，他应获得库瑙迄今获得的工资，并支付了至今拖欠的款项。此外，还正式同意他获得主持"老式"礼拜的权力。格尔纳虽然仍可保持他的岗位，但大学不得不额外支付给他所需的报酬。我们可以看到，这个事件的结局对大学并不幸运，但决定却是明智的：国王的命令包含一定的后果。

巴赫迄今无偿演奏音乐，对他的艺术声望也产生了一定的后果：他的才能得到了展示，而且在大学里有一批对此十分欣赏的人，那就是大学生。教授们在这个无学历人身上遭到了一次失败，而大学生们却在他身上发现了一位音乐大师。但这也就埋藏了下一个事件的隐患，那是不到两年以后的时候。

1723 年 9 月 6 日，奥古斯特大王的夫人、大选侯夫人克里斯蒂娜·

爱伯哈蒂娜去世了。和她的夫君相反，她没有接受波兰王后的王冠，而是保持着大选侯夫人的称号。因为当时接受王冠的条件是转入天主教教会，而奥古斯特大王作为萨克森大选侯，虽然是整个神圣罗马帝国德意志民族的新教信仰的保护人，但却屈从了法国亨利四世的一句名言：在波兰也可做弥撒。在这个问题上，坚定的新教信徒克里斯蒂娜·爱伯哈蒂娜从来没有原谅过他。对她夫君在政治上的腾升她没有兴趣，于是离开了他，单独生活在维腾堡附近她的易北河畔的普莱赤宫殿之中，直到去世，始终有两名神职人员，为她的个人教事服务。

192

她从不是奥古斯特的合适的伴侣，但鉴于她的狂热的虔诚，却成了国内政治中的一个对立因素。自从奥古斯特变成天主教徒以后，萨克森的所有神职人员都感到被他们的大选侯所出卖，从所有圣坛上都传出了愤慨。国王却对此泰然处之，甚至充满理解；但他在德累斯顿必须正式禁止某些先生的言论自由，因为他们做得太过分。但这对其他人并无威慑作用：他们虽然在圣坛上表态有所收敛，但内心的愤慨却日益强烈。

于是，大选侯夫人就像新教的一根基柱，屹立在异教的罪恶深重的大海之中。她从不抛头露面，但她的影响却越来越强大。对萨克森信徒来说，她就像是后来巴伐利亚国王路德维希二世，他也是从不抛头露面的。她每次来德累斯顿，大选侯见到他的夫人时，总是以骑士的风度对待她——但这却被看成是他心虚的表现。而众人的榜样却是夫人克里斯蒂娜·爱伯哈蒂娜，她的牺牲精神和坚定的信念，使她获得了"萨克森祈祷栋梁"之称号。但栋梁也不是永恒的，1727年9月6日，她离开了人世。全国致哀，就是不言而喻了。

有些人还想做得更多些。莱比锡终究是老路德正统教派的基地。不论是大学还是市政当局，都考虑举办特殊的祭奠活动。但很快就又都退缩了回去。因为只要仔细观察，就知道这是一个十分敏感的政治问题。一方面，市政委员会从宗教角度出发，当然站在克里斯蒂娜·爱伯哈蒂娜一边；但另一方面，它亏欠国王20万塔勒尔的债务而不

193

能自拔，举行哀悼活动，会被看成是不友好的举动。大学也同样处在进退两难的局面——如举行祭奠活动，是为了国王的夫人，还是为了国王的敌手？一个有责任心的机构，在这种情况下所应做的，就是要保证在任何形势下都不犯错误，而且总有机会可以进行辩解：那就是什么都不做。

然而，教授先生们的心计，这次却没有得到大学生的认可。一名贵族出身带着管家来上学的大学生，执意要举办这次祭奠活动，他的名字叫汉斯·卡尔·封·基希巴赫，他为此走了一条上述两个机构都没有想到的道路：他直接向德累斯顿的国王申请举行这次祭奠，而且得到了批准，这样一来，大学和市政当局都摆脱了困境：整个祭奠活动变成了个人的事情。

当然并不是完全如此。因为这位大学生基希巴赫毕竟还是大学的一分子，当教授们摆脱了政治上的困难以后，马上又想到了他们所肩负的领导责任。这次祭奠不是一次大学的活动，因而也就不是属于"老式"礼拜活动。按此也就属于由大学任用的大学音乐主管格尔纳的业务范畴。然而，大学生基希巴赫深知巴赫和格尔纳两人音乐水平的差别，因此就委托了巴赫主持这次活动。[①] 这是大学的一次很好的机会，可以显示他完全有能力和强大的市政当局的权势进行一番较量。

基希巴赫委托巴赫为此次祭奠作曲，格尔纳对此提出异议。基希巴赫被叫到教务委员会问话，要求他委托格尔纳作曲并演奏。基希巴赫不考虑这一要求，他已经向巴赫支付了报酬。教授们于是威胁说，他们将禁止巴赫进行演奏。基希巴赫则威胁，要取消这次活动。教务委员会于是邀请基希巴赫和格尔纳共同协商（没有请巴赫）。基希巴赫表示，愿意为格尔纳什么都不干而支付和巴赫作曲一样的报酬。但格尔纳却坚持要巴赫书面保证，今后不再有类似事件发生，并当即起

① 瓦尔特·布兰肯堡把这称之为"一件偶然事件"（《巴赫作为圣经的解释者》文集）。

草了声明文稿，派出仆役去托马斯学校，让巴赫签字。从这个事件过程中可以看出，这些先生们并非关心事情的解决，而是不顾年轻的贵族先生的反对，试图向巴赫施加压力。

巴赫在这种情况下，做出了唯一正确的选择：他让大学派来的仆役干脆等在门外，他白白等了一个小时以后，只好回去禀告。我们甚至知道具体的时间：他上午 11 时到达，12 时巴赫去上音乐课。大学仆役无功而返，大学的法律顾问则被要求解释此事的法律状况。他建议，巴赫如不签字，则把声明转交给基希巴赫先生。立即又派出的仆役却只能把这一纸空文交给贵族子弟的管家，而这个声明在管家手中却又不知如何销声匿迹了。

巴赫在大学教授面前，像在阿恩施塔特面对中学生流氓一样，保持了他的气节。他在那里没有朋友。可难道他在这里丢失了什么吗？后来他在大学仅仅又参加了一次活动：就是文学教授艾内斯蒂的葬礼。死者当然也是托马斯学校的校长，在这种情况下，人们也很难把学校的乐监拒之门外。

在这个时间中，还有另外一位有名望的人，完全可以进行干预，但他却置身于事外，那就是戈特谢德教授。他是一位威望很高的学者，基希巴赫请他为演出的合唱写了歌词，他如果明确表态，完全可能影响这次事态的进程。但他回避了。他刚刚来这里三年，前途无限，但他当时的处境并不好：与神学院、法学院及医学院的教授们不同，大学生都对他保持距离。

他是 1724 年 1 月来到莱比锡的，是为了逃避普鲁士的征兵。他的身材格外高大，弗里德利希·威廉一世的招兵者就像奴隶贩子在非洲丛林中抓奴隶那样，在街道和田野专门捕捉身材高大的男子，关在兵营里供那位"士兵国王"个人欣赏之用，这些人接受军训，国王以此建立起了普鲁士军队的传统。对他来说，不论是农奴还是大学教师，只要是"高个子"就被选中。也就是说，标准仅仅是身材，为了普鲁士的光辉，我们可以理解国王的心情。

戈特谢德曾在科尼斯堡大学学习，21 岁就撰文为莱布尼茨的单子学说辩论，23 岁被提升为"哲学教师"。到莱比锡后，他很幸运地成了大学教师孟克的家庭教师。两个月后，由于他在诗歌艺术理论上的学识，成了颇有影响的莱比锡文学协会"德语实践协会"的会员，不久由于他的积极活跃，登上了协会主席的宝座。

一年以后，税务督察亨利奇用皮坎德的笔名为他写了一首讽刺诗，但这并不能使他移性，他是学哲学的，所以写道："我们大家都知道，理解者的数量，有史以来就是最小的……因而他们的赞赏，也就是最不可靠的。我们当中有谁还会怀疑，舌头是我们身上的一个无价之宝呢？没有它我们无法说话，没有话语人类也就不成其为人类了。语言虽为理智所必须，我们却更应珍重我们的舌头。说话人人都会，但聪明而理智地说话，却只有很少的人能够做到。我们都必须说话，但如果我们每人都能善于掌握分寸的话，我们就不会讲得过多了……"。

我们就先品尝一点戈特谢德的哲学智慧。1727 年大选侯的夫人去世时，他早已是大学的逻辑学、形而上学、诗学和哲学教授了。诗歌的各种规律是他在科尼斯堡宫廷参事皮迟那里学到的。他还曾仔细研究了莱布尼茨和沃尔夫的作品，因而误认为（伯尔奈《德意志传记》之语），他以此就"积累了足够的力量，有把握地进入各种精神和艺术领域，而且可以随心所欲地加以运用"。伯特兰·罗素曾把这种现象看作是这个世界真正的悲剧，他说，愚者始终信心十足，而智者却总是疑惑重重。在戈特谢德的作品中，人们找不到他有任何疑惑之处，但却可以找到很多值得我们疑惑的东西。

比如他受基希巴赫的委托，撰写祭奠歌词。作为诗人，他本应该也征求一下作曲家的意见。但对此他不仅十分谨慎，而且也肯定十分自信，对他这种在科学上已经证明是上乘的作品，音乐只是次要的东西。

我们在任何诗集中都找不到戈特谢德的诗歌。20 世纪初，莱比锡曾组织了一个戈特谢德协会，试图出版戈特谢德全集。但人们对他

约翰·克里斯托夫·戈特谢
德，最有名气也最有争议的
一个人物。后来他公开指明
巴赫对莱比锡的意义

作品的规模和公众的兴趣估计过高，全集资料还没有收集到 1/4 就夭
折了。即使是那首祭奠歌词，我们也只是在巴赫的曲谱中了解其大
概。它是按严格的格律写成的，开头就是两句朦胧难解的诗行：

> "让夫人，让她再把一线光彩
>
> 从萨拉姆的星空中放射出来……"

莱比锡的巴赫专家维尔纳·费利克斯，称戈特谢德的歌词是"艺
术的上乘之作"——估计他也没有把全诗读完，但这个观点却也是有
根据的：因为德意志民主共和国已经决定，把"上帝之子"巴赫变成
一个"启蒙运动者"，因而戈特谢德也必须是其中之一，而且是一位
才华横溢的诗人。

巴赫对戈特谢德的诗歌艺术当然有另外的看法，他把歌词做了修
改。他把戈特谢德的格律严格的九段歌词，改为十句的康塔塔。他在

作曲时也没有按照原诗平淡机械的齐步走的旋律谱曲，而是超出歌词的内容，多次重复词句，赋予音乐感。这是可以想象的，这是他的一贯做法：歌词的前4句，他就重复了7次，这样就完全摆脱了原诗的平庸。

一个诗人，尤其是坚信自己科学韵律和无懈可击的学术水准的诗人，在这个世界上最不能忍受的伤害，就是他们的不朽的诗作被人改动。戈特谢德感觉受到了侮辱，作为诗人受到了刻骨铭心的伤害。使上述教授感到奇怪的是，从此以后，除一次例外，就再也没有出现巴赫和戈特谢德进行合作的事例。但戈特谢德又能对这位音乐家怎么样呢？他根本就不尊重诗歌的不可推翻的学院式的规范，而是用他的音乐把这首文学作品，变成了一盆文学的稀粥。

戈特谢德对自己的诗歌艺术有着很高的评价："对诗歌的评价还从未像现在这样低迷过，其所以如此，是因为人们不了解诗歌的真正价值。想高度评价其意义，必须有一般人所没有的智商。其中包括不同寻常的技巧，特殊的自然感受，正确、彻底、全面和普遍的理解能力以及丰富、活跃和外向的想象力。这些才能是不能通过艺术或学习所得到的。这是天赐的礼物。"

这些和其他一些问题，都可以在《莱比锡启蒙运动论点》中读到。对于一个对其文学功绩如此不懂并将其支解的巴赫，这位有教养的伟大的文学家戈特谢德是无法进行合作的。奇怪的是，莱比锡新巴赫协会竟然忽视了这一点。

巴赫在和大学的较量中，取得了三项胜利：他不顾大学的反对取得了应得的报酬和主持"老式礼拜"的权力；他没有被大学夺走为祭奠歌词谱曲的任务；他把戈特谢德的科学而平淡的诗句谱成了一首非凡的音乐作品，并在莱比锡的公众面前进行了演奏。

从此以后，直至他生命终结，就再也没有和大学有过任何交往。

第十六章

第一次真正和神职机构监理会发生冲突，是在 1724 年复活节期间。巴赫此时正处于十分繁忙的阶段。关于他的全新的康塔塔前面已经提到。至于他和当时其他大师间艺术水平的差异，我们可以从他同布克斯特胡德及特勒曼相比较中有所了解。1723 年 10 月 31 日，是宗教改革纪念日，巴赫把他在魏玛创作的一首超凡的康塔塔《我主是一座坚固的堡垒》改写并加以扩展，献给纪念活动。这肯定是莱比锡在新教礼拜中听到的最好的音乐。圣诞期间他献给莱比锡一首《圣母颂歌》，也是他创作的最美的音乐作品之一。复活节他准备用一首根据《约翰受难曲》改写的乐曲来陶醉教众。在这种情况下，加上他又承担了很多职务以外的义务，所以每天早上 7 点开始的拉丁文课，实际上是整个拉丁文课程，都处于有些荒废的状态。于是他就根据合同中的条款，聘请了代理教师。副校长希格蒙德·弗里德里希·德雷希西接受了这一工作，报酬是每年 50 塔勒尔，巴赫的半年工资收入。

《约翰受难曲》是用克腾的曲谱纸写的，稿上手迹部分粗糙。因此有人认为，这首作品为克腾时期所作，并由巴赫演奏过。但从这首作品所提出的演奏要求来看，几乎是不可能的：它要求至少有 50 名乐师参加，而且其中的 1/3 是合唱曲。曲谱本身也说明不了其产生的时间：曲谱纸可能是在克腾买的，搬迁莱比锡时没有被扔掉。笔迹也不能说明什么问题：字迹粗糙或许是因为时间紧迫，也可能当他要写的时候，灵感突发。这当然又有两种可能性：或者是这段音乐极快地进入了思绪之中，或者是他在写下某些段落时，只当成常规工作，不必过于精细。

有一点是肯定的，巴赫想在《宗教改革康塔塔》和《圣诞康塔塔》取得成功之后，再献上一首精品，这次活动同样成为一个特殊的事件。为进行这次演出——凡为此努力的人，都承认这一点——需要做充分的准备：他需要托马斯唱诗班中每一个可以唱歌的人，有 8 名城市吹奏手的乐队远远不够用，必须增加人手，而且除了管风琴和羽管键琴外，他的演员也需要演出场地。因此，他决定 1724 年耶稣受难日星期五的演出，在托马斯教堂举行，这当然不仅仅是因为这里管风琴旁的唱诗班廊台比尼古拉教堂的宽敞得多的缘故。

然而，这在当时却是一种史无前例的胆大妄为。因为按莱比锡的古老传统，受难日乐曲的演奏是每年轮流在尼古拉和托马斯教堂举行的。上一年是在托马斯教堂，这一年当然应该在尼古拉教堂！

巴赫选中托马斯教堂，是有其充分理由的：不仅是那里的廊台面积大；而且尼古拉教堂的管风琴和（朗诵时不可缺少的）羽管键琴都急需维修，唱诗班站立的廊台也已腐朽，不排除发生塌陷的危险。巴赫及时向他的教会上司报告了这一情况，也从未受到反驳。他们只是认为这不属其管辖范围。现在又出现了复杂的法律地位问题：监理会只负责宗教方面的事务，因而坚持演出应在圣尼古拉教堂举行；更重要的一个原因，还是因为教区牧师戴灵是这个教堂的传教士——在这方面是决不能让位给托马斯教堂的！

此外，市政委员会曾于 1721 年做过一个决议，规定了这种活动要在两个教堂轮流举行。而巴赫在合同中也作出了保证，不采取标新立异的举动。

但这却改变不了这样一个事实，即尼古拉教堂的羽管键琴已经用了 80 年，而管风琴已有 32 年未经工匠维修，更不要说那个廊台了。

监理会告诉巴赫，改善教堂状况不是它的任务，而是市政委员会的职责。巴赫找到了市政委员会，得到的回答又是老生常谈：他们没有钱进行维修。当巴赫说，如是这样，演出就不能在尼古拉教堂举行时，市政委员会则说，这是监理会管辖的事务。

监理会对巴赫的意见感到惊奇，因为在库瑙的时代，尼古拉教堂的乐器和廊台不是还都很完好吗！人们不愿想起，库瑙也曾不想在尼古拉教堂演出的事实——否则市政委员会也就没有必要于1721年做出在两个教堂轮流演出的那个决议了。1722年的演出是在他去世前不久，我们完全可以理解，他当时已是心灰意冷了。对那次受难曲的演出我们知道的很少，下一年的情况也是如此。

总之，作为新的音乐主管的巴赫，想在1724年演出一场美妙而超凡的受难曲音乐。但这不可能使用一台音栓不知什么时候塞住不动而发不出声音的管风琴，也不可能用一台80年未修过的老羽管键琴来进行演奏。既然市政委员会没有钱，教会监理会又不管，那么巴赫就不得不自作主张了：如果出现了不好听的音乐，责任当然既不在市政委员会也不在监理会身上，而只能全部由他一人承担。于是他当机立断，印了传单，上面写着，今年的受难曲音乐在托马斯教堂举行。 202

这当然无疑是火上浇油：很快他就为自作主张受到监理会的召见：说他不仅违反了合同中的条款，而且违反了上司明确的指令。但巴赫也可以引用合同中的条款，"保证全力搞好教堂音乐"。为满足这一点，尼古拉教堂的现状是无法做到了。

最后，教区牧师也觉得，在圣尼古拉教堂搞一场猫叫一样的音乐演出，也于事无补。由于巴赫的努力未见成效，最后监理会也只好亲自过问此事，尽快安排必要的修缮工程。监理会只同意把工程局限于管风琴、羽管键琴和廊台范围内。这时市政委员会再次做出决议："今年的受难日礼拜活动必须在圣尼古拉教堂举行。"其中还包含了对巴赫明显的批评："乐监先生请在选址上按此决议行事。"在市政档案记录中我们还可以读到："……羽管键琴必须进行维修，但应节俭开支，同时也要考虑到进行一些改动，以便在演出时，有关人员得到足够的空间。"

为此，巴赫还被要求重新印刷通知的内容，改为受难日礼拜仍在尼古拉教堂举行。但他不接受支付印刷费用。在记录中还写道："乐监先生应该负责印刷一份通知，说明音乐演出今年仍在尼古拉教堂举行，所需费用由无所不能的委员会承担。"这一点开支已经微不足道，因为仅仅维修管风琴（"最必要的维修"）就已花费了 600 塔勒尔。由此也可以证明巴赫的顾虑是正确的。

委员会的通知内容由巴赫起草。虽然准确无误，但却不能说很客气：

203 "鉴于前次有关受难日通知以后，高贵而明智的市政委员会倾向于，该礼拜活动下周五在圣尼古拉教堂举行，故向尊敬的诸位来宾发此通知宣布。"

巴赫所做的一切，只不过是为给他的音乐创造一个起码的环境，他最终达到了目的。但没有人感谢过他的胜利。他的固执使他再次和委员会及监理会站到了对立面上。不论委员会还是监理会都由于这个新乐监的到来陷入了不安。这绝不是他们任用他的本意。他是一个不能也不愿附和的人。这个巴赫真是一个顽固不化的脑袋。

然后就是 1728 年和学士戈特弗里德·高德利茨的纠葛了。但首先得就巴赫的宗教上司教区牧师戴灵说几句话。他的真人大小的画像至今还挂在托马斯教堂圣坛旁供人欣赏。他是一位很有学问的人，当然是虔诚的老路德正统派的信徒，虔敬主义在莱比锡是不容许存在的。他的作品现存有 "Observationes sacrae"，即《神圣的观察》，是包括 150 篇拉丁文写成的三卷神学论文集。在其中的一篇文章中，他用 8 行的篇幅写了音乐，完全是顺便提及。看来，他对此也是无从下手深入研究，只是知道它属于宗教礼拜中不可缺少的程序。音乐并没有打动他，而且他也肯定不是巴赫致力于创造均衡"为崇敬上帝的教堂音乐"的支持者。

　　巴赫的家用圣经得以保存了下来，他在其中历代志上篇和下篇中，都手写了一些给人以启示的注释。在上篇的第 25 章中原文是："大卫和战场勇士们前去侦察……预言的男子们则应该演奏竖琴、扬琴和管钟。"几段以后又有："曾演练过上帝圣歌的兄弟以及大师们，总人数为 288 人。"在这旁边有巴赫注释的手迹："注：这一章是一切上帝喜欢的教堂音乐的真正基础。"此篇第 28 章最后有原文："请看，这是教士和祭司在上帝处效力的秩序，你同样在每一个事业中，也都有前来效力的愿者和智者……"巴赫在此处的注释是："这是一个绝好的证明，礼拜弥撒的其他内容之外，尤其还有音乐，那是通过大卫转达的上帝的意志。"他的第三条注释，是在历代志下篇第五章，第 12 至 15 行，里面描写了祭司和教士在转移存放上帝约法的圣柜时奏乐的情况，巴赫写道："注：在虔诚的祈祷音乐中，慈祥的上帝是无所不在的。"

204

　　这些注释表明，巴赫的音乐是如何深刻地寓于他的信仰之中。但这不仅是他极度虔诚的证明，而且同样证明，他是如何高度看待他的音乐的：在他的心中，音乐和布道同样是弥撒礼拜的重要组成部分。在赞美诗中他还可以找到更多音乐弥撒的内容。值得注意的是，他只在这两处"政治性"段落加了注释。按照他在这里注释中所表达的观点，音乐家在教堂里是和神职人员处于同等地位的。这也是他在教堂里创作礼拜音乐时的基本立场。

　　对教堂音乐家来说，至今也没有比这更为鲜明的立场了，但时至今日，神学家也不都赞同这一看法，他们说这也是戴灵的立场。根据我们现在掌握的材料，却没有找到这方面的证据。这三处对圣经的注释，不仅显示了巴赫的挚深的信仰，而且也反映了一种坚定的斗志："这是一个绝好的证明，礼拜弥撒的其他内容之外，尤其还有音乐，那是通过大卫转达的上帝的意志"。演出音乐，对巴赫是同样的一种信仰行为，同时也是一种自卫。只有了解了这种崇高而纯真的原则，才能了解巴赫在莱比锡的全部活动。

　　正像巴赫在就任时所看到的那样，莱比锡是一个所有公职人员都握有相应权利的城市，而且，只要不想丢掉这些权利，就必须进行不懈的斗争。斗争中，公正和善良是没有地位的。这一点，他在争取大学音乐主管一职和争取演奏祭奠哀乐时已有切身体会。在这个莱比锡，要想不没落下去，就必须坚持奋斗，或者具有相应的关系。那样，情况就会完全不同了。

205

乔治·伯瑟，莱比锡一商人，巴赫的邻居，直至 1725 年逝世，始终和巴赫一家保持友好的关系

　　巴赫一家在莱比锡并不是没有朋友。不仅有商人兼市政委员的伯瑟——他住在托马斯教堂对面——和律师法克尔纳博士敬重他，还有税务督察亨利奇及为他的康塔塔写歌词的西格勒的夫人。但和神职人员却没有往来。那位到克腾拜访他并试图替莱比锡游说的神学士维瑟，曾是他在莱比锡出生的第一个孩子的洗礼教父。其他的神职教父就没有了。我们不能忘记在当时很重要的社会等级的差别：所有那些人都上过大学，包括那些在城市中有发言权的市政专门委员会的成员，而巴赫却是一个没有上过大学的音乐家，一个甚至上拉丁文课都

有困难的人——否则他不会那么快就找了代课老师。然后又在监理会上出现了与学士高德里茨的纠葛。

按今天的惯例，做礼拜时唱的诗歌由神职人员选定，然后通知乐监或管风琴师。这样就有可能使唱诗的内容和他的布道协调一致。但在巴赫的时代，做这件事都是要按照一定程式进行，即挑选唱诗歌是乐监分内的事情。当学士高德里茨担任了托马斯教堂传教士以后，他就改变了这种习惯，而自己写作这些歌曲了。一段时间里，"脾气暴躁"的巴赫一再容忍这种现象。而当这位高德里茨不仅要改变这种程式的时候，巴赫被迫向教会监理会提出了申诉。他在合同中已经提出保证，不做标新立异之举，那么现在发生的，已是标新立异了。这侵犯了他的职权范围。

在两个有理智的人之间，这种事情经过一次交谈就会解决，前提是在牧师和乐监之间存在一种相互信任的合作关系。然而，巴赫在莱比锡和教会的关系却不是这样，无处可以找到这种合作的痕迹，因而巴赫的传记作者们，也就不得不尴尬地尽量避免做这方面的研究和描写。学士高德里茨无意同巴赫和解，巴赫只好求助于他的教会上司部门。可惜教会也找不到什么借口支持高德里茨的行为，只好确认巴赫有权决定教堂演奏的歌曲，并指出他同事的行为是不合法的。这当然是一只难吃的酸苹果，因为高德里茨是他们中的一员；而巴赫在1724年的受难曲事件中，就已经证明，他要永远贯彻自己的意图。

这件事发生在1727年，这一年巴赫还曾为演出祭奠哀乐进行过斗争。他到达莱比锡还不到一年，于1724年就曾为维修圣尼古拉教堂的管风琴和廊台进行了正式的斗争。翌年就向国王上告大学，取得了他应得的权利，现在他又不得不反对监理会侵犯他的职权范围，而到了秋天就是那场为演奏祭奠哀乐的激烈的斗争。这还远不是所有的斗争。因为在学校里他也应有权根据歌唱水平参与决定唱诗班成员的人选，但只是一纸空文。75岁的校长艾内斯蒂已经在托马斯学校供职达48年。在这整个时间里，学校没有发生任何改变，前任乐监库瑙只能忍受这死水一潭的局面。让巴赫来支持他，他又缺少意志和力量。而且学校里还有比缺少好歌手更重要的事情要做。学生的人数长期以来一直在下降，所以对新来的学生也就不能单单看他们的歌喉了。

约翰·海因里希·艾内斯蒂校长（老校长），对托马斯学校的衰败安于现状，也未为巴赫做过一件好事

巴赫在托马斯学校担任乐监4年以后，他对音乐质量的苛求，他的关于"为崇敬上帝均衡教堂音乐"的奇思怪想，都使他在市政委员会、教会监理会和大学里，成了一个完全不受欢迎的人。他所面临的是，只拿到学校的50%的工资，以及远远不合要求的学生。他现在已经度过了一生的第42个年头，正处于创作的高峰期，但却没有从任何上司部门得到赞许——甚至正好相反。

这就是莱比锡的新巴赫协会所说的，巴赫在这个城市遇到的"强大的启蒙运动力量"。① 他所遇到的，当然还远不止这些。

---

① 莱比锡"强大的启蒙运动力量"一说，首先为斯皮塔所接受。在莱比锡的巴赫文献中当然是大书而特书，但却没有提出过具体的例证。

30 岁时的巴赫在魏玛，自信的巴赫

1720 年的鳏夫巴赫，悲伤的巴赫

1746 年的巴赫，有明显眼疾的巴赫

莱比锡时期的巴赫，此图估计产生于 30 年代，比后来的油画更接近巴赫
的真实面貌，这时他已是一个苦闷的老人，面颊下陷，面庞清瘦

第十七章

　　那么，"启蒙"这个概念到底意味着什么呢？人们把整个 18 世纪称为"启蒙的世纪"。但这是一种误导。事实上并不存在被启蒙了的世纪，而只是存在一个启蒙者和被启蒙者辈出的世纪。康德在这个世纪末，把启蒙定义为"不靠别人帮助而启用自己理智的能力"。但斯宾诺莎在这之前很久，即在 1670 年，就宣告有必要"把人们从自我造成的依附中解放"出来。因而我们不能说，启蒙思想是在 18 世纪才出现的，启蒙主义者很早以前就存在，他们都有一个共同的特点：即绝对不受统治阶级欢迎。

　　苏格拉底当年就曾用他的辩证方法告诉他的学生，仔细观察事物和一般描绘事物，是完全不同的概念。为此他被当做坑害青年而判以了极刑。施陶芬王朝的皇帝弗里德里希二世，是一位真正的具有启蒙思想的君主。但他被教皇宣判为基督的叛徒。但丁于 1302 年被判以死刑，只好逃亡在外。发明音乐线谱的圭多·达雷佐被赶出了修道院，德斯卡特斯被取消了授课权利，伽利略的作品几百年被列入禁书名单，他本人对受到肉刑的威胁只能保持沉默。斯宾诺莎被赶出犹太教团。伏尔泰揭露普鲁士王国科学院院长冒坡推斯是个不学无术的蠢货，他却遭到了启蒙国王腓特烈二世的惩罚，关进了城市拘留所，而冒坡推斯却仍旧当他的院长。伏尔泰生命终结时，甚至被禁止举行葬礼。

　　这只是很少的几个例子，我们还可以把它无限地继续下去。所有的启蒙者只不过是想用新的知识来取代陈陋的传统，并证明那些过去的东西都是错误的。一个城市管理部门，明确禁止他的职员创新，并对一切新鲜事物采取封闭的态度，是不可能关心启蒙运动的。同样那个由 5 名神学家和 11 名哲学家执掌命运的大学，也是如此。

当时的神学家比今天更加执着捍卫其绝对正确的、正统的信仰，因而必须是严格保守的。莱比锡的哲学教授们则恪守其相应的教条。一个有独立观点的哲学教授会有什么遭遇，唯理性主义教授沃尔夫在哈雷就有切身的体会：他立即被神学家定性为玷污上帝，而被普鲁士国王驱逐出境，这还是最轻微的惩罚；在瑞士和法国，如果被定性为玷污上帝，那些无辜的人就会被用残酷的手段处死。在伏尔泰的作品中就有这方面的描写。

直至那个世纪末，还盛行着对女巫实施火刑的法规，尽管在莱比锡不是这样。即使在普鲁士，也是到了腓特烈大帝继位以后才取消了肉刑（尽管是部分的）。莱比锡一直雇佣着城市刽子手。莱比锡的两位教授费利克斯和施奈德海因策认为，戈特谢德是文学启蒙运动的核心和莱比锡启蒙运动的代表人物，只有未阅读过戈特谢德的《演讲艺术详论》和《试论德国人批判性诗话》的人才会有这样的观点。这两本书虽然使戈特谢德在 1730 年和 1740 年间晋升成了所谓德意志文学教皇的地位，但他宣扬的文学典范，却没有多少保留下来，就和他本人一样。德国伟大的女演员卡萝莉娜·诺伊伯，为了提高话剧艺术水平，自 1737 年就恪守把戈特谢德的改革设想运用到舞台，但不得不于 1741 年离开莱比锡，因为她的戈特谢德式的戏剧没有观众。

但，莱比锡不是一个被启蒙了的城市，对真正的启蒙者来说，这里既没有他们活动的一席之地，也不存在像有些人描绘的那样对他们的理解。至于与此相反的看法，在进一步研究事实真相以后，也就不攻自破了，同样，把巴赫称之为"启蒙主义音乐家"，也是不正确的。

如何理解"启蒙主义音乐家？"德斯卡特斯在《沉思录》和沃尔

夫的《对人类做与不做的理性思考》，肯定有助于人们了解启蒙思想，但这和音乐毫无关系，也和音乐家没有关系。巴赫的《变音幻想曲和赋格》和《平均律钢琴曲》显示了迄今尚无人知晓的开展和声对位的可能性，但它无助于政治和哲学启蒙的发展，就像"启蒙主义美术"和"启蒙主义建筑"同样无助于启蒙运动，即使真有这种美术和建筑存在。

当然有人认为不是这样，说在这种或那种艺术作品同这种或那种时代现象之间，或者这样一个时代的种种艺术之间，总是有某种关系的。即使是靠推理，也总会存在某种关系的。例如莫扎特和他的《魔笛》的音乐，据说就显示出了自由战士的内心秘密；海顿和他在埃森施塔特为英国海军元帅尼尔森写的弥撒曲，据说是赞美了法国大革命；而贝多芬则是用他的交响曲在同梅特涅制度进行战斗。所有这些都是有名望的音乐理论家的高论，[①] 但做出这种论断的人，需要的不是学问，而是无所顾忌和厚颜无耻。而这一类的音乐科学则使人想起了传说中赛米拉密斯女王的空中花园：人们必须仰首惊叹，因为它缺乏任何根基。

有些人喜欢用"启蒙思想"或"在启蒙的影响之下"等概念，我们可以有把握地说，这些人从来没有认真研究过这方面的材料。在这方面有人给巴赫冠以"德国早期启蒙"[②] 的称号，我们当然不知道这是 212 什么含义。说他从学习斯宾诺莎和沃尔夫作品中，或者也从他的路德正统教派的教父那里，[③] 获得了"启蒙思想"，看来实在令人难以置信。

对巴赫还应当讲一讲这样的事实，他多年来周复一周地写出并演

---

① 对莫扎特：维也纳音乐理论家瓦尔特·恩格斯曼。
　　对海顿：柏林音乐理论家格尔特·申费德。
　　对贝多芬：柏林音乐理论家乔治·克内普勒。
　　文中观点均出自严肃的科学家之口，如盖克、施洛伊宁、希格蒙德·舒尔茨等。
② 此语系哈雷音乐理论家希格蒙德·舒尔茨的创造。
③ 这是莱比锡神学家马丁·佩措尔特的想法。

奏了新的康塔塔，于 1728 年从他的美宁根的表兄那里，买下了一年的康塔塔。施威策认为，巴赫的康塔塔是他音乐创作的核心。这些作品中所表现出来的信仰力量，所包含的高超的艺术水准，确实是毋庸置疑的。但如果说这是他创作的主要方面，却不敢苟同。为每周日创作一首新康塔塔的义务，是他自己定下的，而且持续数年，实在令人赞叹不已，能够不断创新也是令人吃惊的。任何另外一个音乐家这样做，就很容易陷入常规平庸了。但像他这样一个创作宽宏的音乐家，很难想象会把承担的义务作为他生命的核心，而把其他的创作看成是次要的东西。

如果有人在今天向一个严肃的音乐家提出，要他在几年中间每周为独唱、合唱和乐队创作、排练和演出 20 分钟的音乐，他肯定会立即拒绝这样的任务，因为他还有很多其他的工作要做。演出一首巴赫的康塔塔，合唱队需要排练 8 个小时，还要和乐队排练 2 个小时，这样一支教堂唱诗班也是很难找到的。

现存的巴赫康塔塔大约有 200 首。当时的布道词的选择大约以 4 年为一个周期，这样和现存的康塔塔数量基本吻合。由此我们完全可以理解，巴赫对每周都演奏新的康塔塔，最后终于有些厌烦了，何况还和市政委员会、教会监理会和大学又不断发生冲突，却得不到应有的赞赏。他支付了拉丁文代课教师的报酬以后，从占用他很多时间的学校所得到的，只是少得可怜的几个钱了。学校的教学十分落后，校舍也破烂不堪，他又得不到足够的歌手。

这时，巴赫名义上仍然是克腾侯爵的宫廷乐队指挥，同时在魏森费尔斯也被任命为宫廷乐队指挥。对莱比锡市政当局来说，克腾和魏森费尔斯无异于微不足道的小国，但巴赫在这些地方的宫廷里却受到比莱比锡更多的尊重。因此，把他的活动范围向那里扩展，而缩小在莱比锡的活动，无疑是个明智之举。

如果真的这样做，确实是明智的。但看来这只是巴赫不愿加以考

虑的一种可能性。巴赫用表兄的康塔塔替代了自己的，显然是想腾出
手来进行一项更大的工程。如果是别人，这时肯定会退一步，选择一
首他的某个前任的受难日音乐参加下一年的演出，但巴赫却不这么
干！他在这种情况下，决定明年要利用在托马斯教堂提供的更好的条
件，为莱比锡人准备一场全新的、更恢宏的和更美的受难曲来，他要
让他们信服！歌词仍由他的朋友亨利奇撰写。

　　亨利奇一开始在邮局工作，后来改做税务督察，所以有机会接触
各式各样的人，并懂得——尽管他的工作给别人带不来多少欢乐——
如何保持乐观和受人尊敬。他同时又是一个业余文人，而且不仅仅为
虔诚的祈祷写歌词，同时也写赞美爱情和美酒的诗歌和对其他日常发
生的事情加以赞颂，可以说是盖勒特之前的仿古诗派的代表（盖勒特
是巴赫死后一年才到莱比锡任教授的）。有时他也写讽刺诗褒贬时弊，
例如 1725 年针对当时青云直上的教授戈特谢德。

　　由于他坦率地承认，作诗是很难的，他的为实用目的写的诗歌，
并不是在诗神的亲吻下产生的，因而就有人说他实际并不是诗人。这
种批评当然是因为对诗歌缺乏了解的缘故。因为即使更有才华的诗
人，也不会在梦幻中产生诗句的，作诗是一件艰苦的劳动。只不过在
时间紧迫的情况下，有些人仍能写出诗句，而其他人就只能编几句顺
口溜了。

　　亨利奇的宗教诗歌，有时被认为是华而不实，实际上他只是为
了适应当时的时尚，且始终保持在戈特谢德的水平上。在《马太受
难曲》和《圣诞清唱剧》中，都可以看到他充满深邃思想的抒情佳
句。亨利奇不仅向他的朋友提供了马太受难曲的歌词，而且也写了
《咖啡康塔塔》和《农夫康塔塔》的歌词，这是实用诗歌中的两首
杰作。他作诗的笔名是皮坎德，但全莱比锡都知道，这个笔名的后
面就是税务督察亨利奇。

　　《马太受难曲》！这是巴赫 1728 年的作品，正是在别人看来应该

214

隐退的那种形势下写出来的。为此他需要时间，学校的课程和给他带来了额外收入的葬礼、婚礼等活动，以及他每四周一次的在学校中的巡视，加在一起几乎占用了他三个月的时间不能作曲。有很多理由可以使他放弃这项工作，但他相信自己的天赋和技艺，而且一直还幻想，向那些上司们显示，他有能力创作超凡的音乐，以便能够把他们争取过来。

但他忽视了一点，就是这些上司们不仅丝毫不懂得音乐，而且也无意去理解它。他们需要的是一个听话的职员，一个讲授拉丁文和音乐的教师，在需要的时候，可以向教堂礼拜仪式提供音乐服务，而且不提非分要求，对自己的收入，包括额外的收入以及现有的演出音乐的条件心满意足的人。

然而，这却都是巴赫无法满足这些上司的，即使他尽最大的努力也做不到。当然他也从未在这方面做过努力，这是不言而喻的事。他是一个音乐家。音乐不仅是他生活的中心，而且是他生活的全部内容。他的天才使他具备一种常人所无法理解的能力，就是以无与伦比的精力去奉献他的事业。最典型的一个例子，就是伟大的牛顿的发现：几千年来，人们就看着苹果从树上落下来，但却没有人对它感到奇怪，只有他觉得这是非比寻常的现象，从此深入至其中，直至发明了万有引力定律。

巴赫对他的音乐也是如此。他确实是像人们说的那样，是一个"天赋的音乐家"。但天赋却不是一种享受，天赋注定他的命运。莱辛曾让他剧中的画家康蒂①说了这样一句话：拉斐尔无疑是一位最伟大的绘画天才，即使他生来没有手也会如此。因为他天生注定是要画画的。巴赫同样是被注定，要去探索音乐的宇宙，正因为这个理由，他才不懂得把自我突出来。（在这方面戈特谢德有杰出的表现，当

---

① 见《爱米丽雅·迦洛蒂》第一幕。

今世界上很多人也有这方面的独特的才能。)

对巴赫来说，事业更重于个人，而事业本身——音乐和上帝赋予的使命——对他就是神圣的。叔本华[①]曾在他的"天才论"一文中说过几句话，放在戈特谢德和巴赫身上是很合适的："普通的有才华的人，总是来得很是时候：来自他们那个时代的精神和需要；因而他们也只是有能力适合那个时代……对下一代人来说，他们的作品则不再可读，必然被其他所取代。但天才却不同，他们来到他们的时代，犹如一颗彗星进入天体轨道，但其独特的轨迹，却与井然有序和一目了然的天体运行迥然有别。"

实际上，他准确地描绘了巴赫和他的莱比锡上司之间的关系。对巴赫，音乐是他生活的全部内容，因而他无法理解，甚至无法设想，他的莱比锡上司竟会对他的音乐如此缺乏理解，就像在听中国话布道一样。他以为，如果大声一点宣告他的布道内容，或许会被理解。 *216*

于是他坐了下来，开始写下我们世界上最伟大、最宏浩、最震撼人心的受难曲音乐，这部作品的伟大和崇高，时至今日也是无与伦比的。对这部《马太受难曲》，已有不少评论，谁写巴赫，都会对他产生崇拜之情。[②] 但至今还没有一个人写过，巴赫是以什么样的高尚的情操创作这部作品以及是在怎样恶劣的条件下演奏的。演出是在 1729 年复活节，我们所以知道，是因为亨利奇的歌词是这个时候付印的。除此之外，没有材料谈过这个事件。准确地说，我们甚至可以说，这是一次彻底失败的演出，这次失败使巴赫在以后的时间里，又遭到了无穷无尽的极其丑恶的磨难。从这时开始，他在上司眼中的地位与日俱下。

---

① 见《世界作为意志和观念》第二卷，第 35 章。
② 某些学者在巴赫身上一再发现新的性格特点。如音乐理论家和美学家海因茨·克劳斯·梅茨格尔最近（1997 年 3 月 27 日的法兰克福汇报）就认为，巴赫在《马太受难曲》中把"钉他于十字架上"配以音乐的事实，证明了他的路德教派对犹太人的仇恨。

第十八章

巴赫把现有的和可以弄到的一切手段都集中了起来。托马斯教堂里有两座管风琴,[①] 于是他充分利用了这两座管风琴。如果他把所有可用的托马斯歌手都集合起来,那么也可以勉强组成两个唱诗班。两个唱诗班需要两个乐队。他必须把乐队分为两个。所幸的是,他已无需依靠城市吹奏师和托马斯学校的乐师了,而是可以聘用大学音乐社的成员。音乐社当时正处于变动时期:音乐社的社长管风琴师朔特,在哥达找到了更好的工作。他在莱比锡没有发展前途,市政委员会早在五年前就已向他表明过,当他曾想应聘托马斯学校乐监一职时,遭到了拒绝。巴赫是 1729 年接受担任大学音乐社社长职务的,这也证明了他们之间已存在了某种关系。还有一点也十分重要:大学生们尊重这位托马斯学校的乐监。否则他们就会选举大学音乐主管格尔纳担任这个职务。但他们选择了巴赫,也就是选择了一个不受欢迎的人。

对巴赫来说,接受这个职务当然很重要,但更重要的是,大学生们选中了他。因为这其实并不是一个什么职务,而只是像一把空椅子一样的一个席位。音乐社是一个完全出于自愿组织的协会,其活动范围完全限于民间,比方在奇莫曼咖啡馆,指挥也由成员们自由选出。

218 巴赫接管这项工作时,其中的有些成员已从参加康塔塔演出中有了与

---

① 都不是小型管风琴:较大一座有三层键盘和 35 个音栓,建造于 1489 年,也就是说当时就已经使用了 240 年,另一座较新的建于 1693 年,只有 36 年的历史,几乎还是一座新琴,它有两层键盘和 21 个音栓。但到了 1742 年,市政委员会却下令拆掉,并没有征求“音乐主管”的意见,尽管巴赫当时负责教堂音乐事务,而且还是一位管风琴专家。

他合作的经验。他们知道，巴赫的音乐难度大，他提出的要求也很高。但他们也知道，比他更好的音乐家是没有的。他和大学生们一起搞音乐这段时间里，我们没有发现，他们之间产生过什么相互不和的记录。显然，他可以向大学生们提出任何要求，而大学生们总是遵循行事。后来他们为巴赫甚至还和市政当局吵了架。市政委员会后来当然对巴赫进行了报复。

两个唱诗班，两座管风琴，两支乐队——这就是巴赫所握有的一切。他后来也从未为这样规模的演出集体写过什么作品。这次他是全力以赴的，对他的队员他可以放心。管风琴前坐的是合适的人选，大管风琴由从新教堂调到尼古拉教堂的管风琴师格尔纳演奏。整个演出的最大风险首先就是歌手。当时除了托马斯唱诗班，并没有其他的唱诗组织。这期间巴赫还有一些其他演出活动：1729 年 2 月在魏森费尔斯宫廷，3 月的第一周虽然又回到莱比锡，但以后的三周，则要和安娜·玛格达勒娜及威廉·弗里德曼去克腾。

这是一次悲哀的活动：莱奥波德侯爵去世了，还不到 34 岁，克腾方面要求巴赫带去致哀的音乐。巴赫带去了《马太受难曲》中已完成的一部分，这不仅是因为他没有时间写出新曲，而且他也不可能拿出更好的音乐来。自作聪明的赖因哈德·拉法尔特，对巴赫把献给神明的乐曲给了一个"微型侯爵"感到恼火。可这并不是任何一个"微型侯爵"，而是巴赫所遇到的最好的主人，唯一的崇拜者和赞助者。他的去世使巴赫内心受到了震撼，在巴赫的一生中，他再也没有遇到过第二个像莱奥波德这样的侯爵了。

为演练这首受难曲，巴赫费了整整三周的时间。在这三周里还要排练三首康塔塔。面对这样一个巨大的工程，他一个人当然无法胜任。但他还有他的"助理"。他一共有三个这样的助理：他的儿子威廉·弗里德曼、至今受人尊敬的管风琴作曲家约翰·路德维希·克雷布斯以及不太为人所知的约翰·路德维希·迪特尔。

220

1885 年改建后的托马斯教堂内景

　　这些助理一直就是他整个教堂音乐工作中的主要支撑。一方面，
他不可能星期日同时在四个教堂里演奏；另一方面，他一个人也不可

能进行那么多的排练——合唱和独唱——否则他就不仅仅是他作品的作者，而且是他自己的助理了，而他的学生也就只能根据他的时间安排，而不能根据学校的课程表上课了。

因为这都是不可能的，所以他的助理们也就成了他音乐活动的脊梁骨了。他如果想取得成功，那就必须依靠他们。为此，他们就必须能在那些年轻的或同年的同学面前站得住脚，就必须自己也是优秀的音乐家。在音乐上巴赫不可能以同样的精力培养所有的学生，一部分功课只能由他的助理去上，因此他必须要尽心去培养这些助理。

有一点可以证实，但却没有一个传记作家提到过：为了演练这部长达三个小时的作品《马太受难曲》，巴赫用了24个课时和一次周六的排练，主要是排练了几首康塔塔。整个的演练是在时间相当紧迫的情况下进行的。这部作品对演奏者的要求是很高的。直到100年以后，资深的指挥卡尔·弗里德里希·策尔特，尽管握有柏林声乐学院的训练有素的歌手，但由于受难曲的难度过高，而认为无法演出。这很像40年后维也纳的宫廷歌剧院的艺术家们对待瓦格纳的特里斯坦时的情况。巴赫演出时，准备时间十分紧迫，掌握的艺术手段又很有限，确实是一次很大的风险。他只能依靠他那些普通的年轻学生了。

但这不仅是那几个大合唱，而且还有若干长段的独唱歌曲。独唱的任务也只能由学生来完成。他的妻子虽然是受过训练的优秀的歌唱家，但在莱比锡的教堂里同样是不允许妇女参加唱诗的，就像21年前在阿恩施塔特一样。安娜·玛格达勒娜迁居到莱比锡，同时也失去了她的事业。

排练也是在匆忙中进行的。斯皮塔描述说，巴赫在这种排练中气恼地把格尔纳的假发给扔掉了。这对一位威廉时代的德国正统的学者来说，简直就是一种无法想象的傲慢。斯皮塔在他整个的巴赫评论中，始终认为巴赫是一个性情暴躁的人，就源于此。

如果伟大的德国指挥显贵威廉·弗特温勒当时也参加了排练，他

221

巴赫时代的教堂状况。由于内部结构的变化，当时的音响效果完全是
另一个样子

很可能会犯癫狂症的。有人讲了一个关于阿图罗·托斯卡尼尼的轶
事，说他在一次排练中，气愤之下把金表扔到了一个大提琴手的头

上。乐队要比斯皮塔更理解一个乐队指挥在这种情况下的精神状态，他们第二天送给他一块新表（当然是防震的）。

我们不能设想，这样一个事件会成为一种规律；根据一次扔假发就断定是性情暴躁，起码可以说这是因为对音乐实践缺乏了解所造成的：和专门研究细节的学者不同，一个伟大的音乐家，总是要有必需的热情的。没有热情的音乐家就不会创作出伟大的作品来。至于说巴赫和格尔纳之间存在"敌对关系"纯属夸大其词。巴赫死后，格尔纳是遗嘱的执行人和巴赫家庭的监护者。如果一生都是对头，就不会出现这种情况。

首次演出马太受难曲，是在 1729 年的耶稣受难日的星期五。现存的唯一一份对此的评价，来自一位不知名的贵族夫人，她曾说过："上帝保佑！这不就是一场喜歌剧吗！"对这个评价，莱比锡方面为了照顾面子，后来故意试图将其意义加以贬低：说我们不知道这位夫人是何许人，也不知道是否应该认真对待。人们似乎想为她的评价解脱。其实完全没有必要：因为她说得很对。

我们不能抓住"喜"这个词不放，因为当时这个词的概念和我们现在的喜剧完全不同。诺伊伯的剧团常常演出十分严肃的戏剧，但他们却仍被称之为"喜剧演员"——这个"喜"字，实际就是"戏剧"的意思。那位夫人听了受难曲，想起了歌剧，也是可以理解的。为此我们只要也听一听亨德尔的"布罗克斯受难曲"或格劳恩的"耶稣之死"，就可以理解巴赫向音乐剧形式迈出的这一大步了。

这并不是亨德尔后来的清唱剧，后者至今仍在英国分幕演出。巴赫的音乐不是分幕式的音乐，而是一种内在的和自发的戏剧形式，它也绝不是在描写段落中出现的高度激情，如"十字合唱"，或者对庙堂里帷幕被撕毁的素描。它没有去美化，它很美，但不是一首"美丽的音乐"，而是促使人们去经历，那位不知名的夫人不得不为这个效果使用了"歌剧"这个概念，但她却看不到视觉上的表现，也不是在舞台上，而是在听者的灵魂中，感受到了一种宏浩的经历。它和迄今为止在莱比锡听到过的受难曲完全两样。那位夫人抓住了实质：她感到不舒适，因为音乐震撼了她。

如果把歌剧中的戏剧性拿来与此做比较，我们就不能同意斯皮塔的所谓"无思想的艺术卖弄的浊流"的观点，而更应借鉴诺伊迈斯特关于康塔塔的评价："一首康塔塔，但看来又是一幕歌剧"。巴赫始终追求戏剧性，从未对它表示反感，尽管他和他的同事赖因根和特勒曼不同，没有创作过歌剧。他为克尔特教授就职所写的康塔塔，就被他称为"音乐戏剧"（Dramma per musica）。在《马太受难曲》中加入深刻的戏剧性的因素，完全是他刻意安排的：他把超凡的手段用于这个超凡的题材之中。

但他却因此违反了他的合同条款。合同中明确规定，他必须保证"不出现过长的音乐和歌剧式的音乐"。那位不知名的夫人所得到的是一种另外的感受，她的评价如果被看成是荒谬，就也不会保留到今日。然而，巴赫并没有用他的音乐征服市政当局和他的上司。他又一次走得太远了。

但不久以后他却又往前走了一步。对那次演出他也感到很不满意。保罗·欣德米特认为，巴赫能够用如此少的人员演出他的康塔塔和受难曲，就因为他有一个托马斯唱诗班。但巴赫在演出中最不满意的，恰恰是这个唱诗班，因为它远没有按照巴赫的要求，做出应有的效果来。如果他想重复这次的演出，就必须行使他在合同中所应有的权利，在挑选新生时发表自己的意见。

然而却出现了与此相反的情况：在招收新生时，巴赫选中的只有5名被接受入学，而巴赫认为不合适的，却有4名进入了学校。在这方面，他从校长那里是得不到支持的：艾内斯蒂已经78岁，而且这将是他最后的一次招生机会。他是土生土长的莱比锡人，在莱比锡长大，在莱比锡上大学；曾任托马斯学校的副校长，自1693年担任校长至今，曾有效地抵制了各种变革：1717年本来要实行新的学校督学制度，但到了1723年才得以实施，而原来的状况仍然保存了下来。艾内斯蒂知道如何管理这个官僚机构：那就是不断宣布要进行革新，但却不做任何改变，这样做，也给他自己和上级机关减少了很多麻烦。因此，巴赫想在音乐方面有所作为，有所贯彻，实际是毫无希望的。于是巴赫又向市政当局打了报告。①

我们从中可以看出，巴赫一直对这个委员会有一种错误的评价。和他们打交道，他只能自讨苦吃。他的前任库瑙在同样的事务上也曾打过两个报告，但同样没有得到回答。当他由于圣尼古拉教堂建筑状况不佳，而不想举行受难曲演出时，市政委员会却决定：一切照旧，没有商量！

巴赫以为，只要把问题的必要性说清楚，那些先生们会理解的，何况他们自己也亲身经历了那场灾难。而且，他为此创作了一首前所未有的作品，他希望最终能引起他们的注意。但作品没有引起他们的注意，正好相反：巴赫应该创作的音乐"不能过长，也不能是歌剧式的"。所以他实际上违反了这两点要求。

关于第一点，音乐史上还有一个类似的例子：萨尔茨堡的侯爵主教和莫扎特签订任用合同时，也提出了他的音乐作品不能过长。这当然是在半个世纪以后，莫扎特已是一个有世界经验的年轻人，对主教强加给他的要求，他以离开萨尔茨堡作为回答。

但巴赫还不想离开莱比锡，他只想好好创作他的教堂音乐。他是一个感觉细腻的音乐家，一年中每周都要听他演奏的不理想的音乐对他来说是一种没有止境的无法忍受的折磨。而这个伟人竟能在这种状况下表现出如此巨大的忍耐，真使人惊叹不已，甚至是无法理解。这

---

① 在市政档案中找不到任何巴赫报告的痕迹：市政当局根本就没有把巴赫的报告当成一回事，这一点却没有哪一个传记作家指出过。

种忍耐，长期的、坚持不懈的忍耐，他在以往的年代里就一再向人们
显示过——在阿恩施塔特，在米尔豪森，在魏玛，甚至在他迁往莱比
锡前，全年都无所事事的克腾。但为什么却无人看到这一点呢？他的
巨大的忍耐能力，要比他的性情暴躁更容易得到证明。

226

莱比锡市政厅内，当时就是在这里讨论巴赫的问题，
并决定减少他的工资

他演出受难曲时，唱诗班的组成情况，我们知道得很清楚，他向
市政当局上呈的报告中有详细说明："……总的情况是：已启用的学
生 17 名，尚未启用的学生 20 名，不可用的学生 17 名"，已启用的
17 名学生，需要用于两个甚至三个合唱和独唱节目中。欣德米特于
1950 年在他的巴赫纪念会上的报告中说：正是这种"室内乐式的组

成"才使得作品的细腻之处得以体现。在音乐市场上，有相当丰富的用历史乐曲和历史乐队演奏的经典音乐制品，只用 17 人的合唱和独唱演奏的马太受难曲的尝试，却还没有。来自美国的乔舒亚·里夫金 227 得到了这样一个结论，① 说巴赫本应用一个声部来组织他的合唱队，因为据说所能听到的也只有一个声部。

在巴赫 1729 年和 1730 年的报告中，却明显地表达了相反的意思。但里夫金的这种完全无根据的"有趣的假定"，确实在专业人士当中得到了认真的对待。巴赫在他的报告中完全排除了这种可能性，但对当局来说，这是无关紧要的，谁还会去读那些报告？② 在一支乐队里，两把小提琴也总是习惯于演奏一个声部；两个或三个唱诗少年，不受乐器的影响，也完全可能唱一个声部，这一事实，人们却没有考虑到。其实这些参加议论的科学家们，至少也应该掌握一个乐队跟班服务人员的常识才对。巴赫在他的简短但必要的教堂音乐人员组成方案中，并没有要求每一声部多于每组三个歌手。那么两个唱诗班就应该是 24 名而不是 17 名歌手了。但市政当局却把这种微小的要求看作是无可救药的恬不知耻。

一个城市的雇员竟敢如此教训强大的和无所不知的市政委员会！而且这个时候，市政委员会的的确确还有很多其他正经的事情要做。比如，市民卫队的军官们要求除了现已有的上尉以外，再增派一名中尉军官。城市医院的院长刚刚去世，已有不下 16 名应征者在夺取这个空缺岗位。此外，彼德城门也该修缮了。加之在这个"裙带委员会"先生们头上，欠下的德累斯顿宫廷国库的巨额债务，已达 27 万塔勒尔之多，总得有一天给予偿还。在这堆积成山的问题和苦恼当中——市政档案记录中明确写道——这个托马斯学校的

① 关于里夫金的理论：保罗·迪布歇曾引用过里夫金《约翰·塞巴斯蒂安·巴赫，崇敬上帝的音乐》（拉文斯堡出版社 1992 年）一书的有关片断。
② 确实，巴赫在报告中提到的有关里夫金理论的问题，没有人给予理会。

乐监竟提出要求增加几个合格的歌手！

至于学校，早就给他们制造不少麻烦了：校长于秋天去世，副校
长业已年过70；学校风气与日俱下，为了分配这些可怜的额外收入，
教师们争吵不休——再加上这个乐监。这是个什么样的乐监哟！我们
可以长时间翻阅市政档案，却不会找到另外一个像他那样遭到众口一
致谩骂的人。关于西格勒说的那种"文化政策"，我们在其中找不到
丝毫的痕迹。但关于巴赫，却可以肯定地说，自从演出马太受难曲之
后，他在市政委员会中的声誉可以说是江河日下了。受难曲不仅很
长，而且也过于戏剧性。早在5年前，人们就对巴赫的约翰受难曲提
出过警告。他是否把这个警告放在心里了呢？正好相反：他只是走得
更远了。

风暴终于袭来了：还从没有一个城市雇员像他这样老是请假。唱
歌课他让助理代课，而自己则在旁听。至于拉丁文课他根本就不去
上。在这里人们完全忽视了，他在唱歌课上是为了培养他的助理，因
为他们必须于周日在三个教堂里代表他去演奏礼拜音乐。再者，没有
一个人想到，在任职合同中曾明确写明，他有权请人代上拉丁文课
程。有一点是肯定的，那就是这个乐监一再给他们制造麻烦，他竟抽
出时间去领导大学音乐社的工作，而且在周边地区到处旅行。迄今为
止提出的各种警告都被他当成了耳边风。

他们共同的评价（由宫廷参事阿德连·施特格尔提出）是："这
个乐监不可救药！"因而决定："减少他的工资。"这就是说：除了支
付拉丁文代课费外的那可怜的50塔勒尔之外，他将得不到教师分配
的额外收入。在所有关于巴赫的会议记录中，找不到一处说巴赫好话
的地方。我们也不知道，有任何一位神职人员在什么时候，或在什么
地方，或以任何方式曾为巴赫说过一句公道话，包括被施威策当成巴
赫崇拜者的戴灵在内。巴赫不是和委员会有分歧吗？我们还是不要介
入为好。他在和学士高德利茨先生事件中表现出来的固执，至今还留

在人们的记忆当中。在过去 6 年中巴赫在创作中的巨大功绩[1]——《约翰受难曲》、《马太受难曲》、《圣母颂歌》以及 200 余首教堂康塔塔，这是一个人的一生的作品——对市政委员会来说，是根本不存在的。当市政委员克里斯蒂安·路德维希·施蒂格里茨总结时说："乐监无所事事！"之时，竟没有一个与会者表示反对。就这样，决定做出了，并立即通知了巴赫。

229

市政委员克里斯蒂安·施蒂格里茨，他说："这个乐监什么都没有干！"

一个讲求实际的人或许完全有理由说：他们既然不喜欢我，那就算了，就会为所失去的收入到其他地方去寻找补充。但巴赫的忍耐却是顽固的，他们还没有达到使他要走的地步。对减少工资，他一句话也没有说。至于对他个人的贬低，对他的错误评价，对他成绩的不顾，对他的合同的破坏，巴赫根本就不想计较。这些苦果他全部都吞

①　在评价巴赫时人们往往忽视，巴赫和其他音乐大师不同：莫扎特、贝多芬、舒伯特或勃拉姆斯均是职业作曲家，而巴赫却是一个职务缠身搞音乐的市政职员，他在莱比锡创作的恢宏的音乐作品，完全是在业余时间完成的！

了下去。但他们必须让他继续搞音乐。这终究也符合他们自身的根本利益！这就是他的想法。他又坐了下来，但没有对他们的指责进行辩解和纠正，而是忍下了他本该申诉的苦衷，详细而客观地上呈了一份报告："一个简短但十分必要的关于正确组合教堂音乐的方案，以及关于此事件的几点不成熟的想法。"这是一份对他为了演奏音乐所需的极其有限手段的精确的描写和论证。

连一个回答他都没有得到。他从强大的无所不知的莱比锡市政当局那里，从来就没有得到过什么回答。减少工资的通知除外。他们终于做到了让他想离开的地步。

是的，他想离开！1730 年 10 月 28 日，他给老同学乔治·艾尔德曼写了一封长信。艾尔德曼曾到魏玛看望过他，后来到但泽担任俄国的领事。这封信在巴赫文献中被看成是"生平速写"，但谁要是仔细研究过巴赫的这封信，就会在烦琐的程式化的公文风格中间，感觉到一个人的绝望的呐喊：这是他在最危急的时刻，向另外一个人倾诉的求援的心声。巴赫向他讲述了他迄今的生活，他家庭的状况，也包括他对孩子们进行音乐教育的决心。然而，巴赫这 7 年任职的苦涩却往往被人低估："……一个奇特的对音乐并不倾心的上司……几乎不得不一直生活在永恒的烦恼、妒忌和迫害当中。"①

而这就是"早期启蒙运动"的莱比锡的实情。这就是巴赫对它的认识！在他过去的任何一个职务上，他都没有像在莱比锡那样，受到如此少的认同。他想走，可到哪里去呢？他有一个大家庭，要养育 7 个孩子。只有一个像他弟弟在奥德鲁夫所有的管风琴师的职位对他来说是不够的，他还必须额外经营农业和畜牧才能维持生活。

他已经 45 岁，终于真正成为一名新教的教堂音乐家。这样一个有利的岗位，在当时的神圣罗马帝国德意志民族的地域内，是很罕见的。

---

① 关于巴赫这一令人震惊的状态，他的传记作家们 125 年来始终是漠然待之。

像普鲁士和克腾那里的革新教派，是不需要教堂音乐师的。而在天主教地区，一个新教派的音乐师更是不能考虑，他连想都不要想。同南德意志的新教地区——如奥格斯堡、纽伦堡、符腾堡、弗兰肯——他又没有关系。在这个世界上，他的位置太少了。至于艾尔德曼，我们至今不知道，巴赫是否得到了他的回信。但从莱比锡市政当局那里，我们得知，他们对这个不喜欢的学校乐监的制裁，并没有停留在减少工资上，一个称职的委员会必须节约开支。在调查巴赫事件中，人们发现，演出康塔塔时聘请的大学生歌手的费用也是按常规由市政当局支付的。这个巴赫不愿意教书，却去领导那个大学音乐社。这就意味着：他不是以此种方式从市政的财政中为音乐社的成员创造额外的收入吗？这当然是不行的：应支付给大学生们的费用被取消了。

　　大学生们并不是都来自富有的家庭，因此必须寻找额外收入，所以只好放弃参加这次演出。这样一来，巴赫就不仅要启用不合格的歌手，而且也得启用不合格的乐队，这样演出的音乐当然也就是很差的了。而这一点却一再被说成是，他没有改进教育方法的结果。这是一个没有终结的螺旋运动。委员会不想为他提供好歌手，不仅减少了他的工资，也缩小了他的乐队。巴赫还从来没有像现在这样，被迫用如此不足、如此可怜的手段来演奏宗教音乐。

　　出路是看不到的。德意志新教地区中，没有一地可向这位"大师的大师"，这位"第五位福音传授者"提供一个合适的空缺。与此相比，在阿恩施塔特和教会的争执简直是微不足道的小事。但在米尔豪森，虔敬主义的狂热分子使他无法演奏"规整的家庭音乐"。在魏玛，公爵的报复心理截断了他的进一步发展。在克腾，一位侯爵夫人使他坠入了冷宫。而现在在莱比锡，一个猜忌成性和无知的委员会，要使他的音乐手段干枯起来；用他最终剩余的手段，是无法进行大型教堂音乐活动的。

　　仔细收集过所有资料的斯皮塔，却没有注意到这位绝望者的处境，特里同样如此。施威策则根据斯皮塔的论述，只把这说成是"外来的大麻烦"，并且断言，说马太受难曲演出之前和之后的几年，是巴赫最幸福的时期。不！

在莱比锡工作 7 年以后，处于创作高潮的 45 岁的巴赫，这时正处于他一生中的最低点，面对一个没有出路的形势。

对此，施威策说："我们不能说，巴赫在这种紧张关系下受难。这正好有助于他追求独立的渴望，因为他可以利用监理会去对付市政委员会，而他自己则可以在这期间做他愿意做的事情。"

可惜，这没有一句话是真实的，除了英国的女作家埃丝特·梅内尔，[①] 没有一个人反驳过施威策。

———————

① 见她的《巴赫小手册》中"安娜·玛格达勒娜·巴赫简介"。

第十九章

约翰·塞巴斯蒂安·巴赫是一个虔诚的人，所有的传记作者都这么说，并且坚持至今。他们只是在提到巴赫时使用这个词，但却没有把它贯穿到传记描写中去。同样，一个传记作家也应该是虔诚的，因为传记不仅仅是姓名、材料和事件的堆积。人是由多面组成的生灵，既有肉体又有灵魂，既有理智也有兽性。只有在其极点上可以把他看成是人，世界也是如此：没有精神力量的介入，世界就会陷入不可思议之中。即使是人的命运，也是在其极点上实现的：其中的一半是人自己及其意志承担对命运的责任，他的一生如何运行，是他自己的事情。但这只是事情的一半——而另一方面则是上帝的意志。当然我们也可以说是"偶然性"，但偶然不就是突然降临的事情吗？

巴赫的生命历程一向是坦荡正直的，就像他徒步旅行的路程：从奥德鲁夫到吕内堡，从吕内堡到汉堡，从阿恩施塔特到吕贝克。巴赫的艺术是不容许妥协的，在阿恩施塔特他没有屈服那些中学生（以更缓和的方式上课），在米尔豪森他没有让虔敬派的弗罗纳把他的音乐剥夺；在魏玛，当公爵切断他的发展前程时，他断然辞职；而在克腾，当他无法再搞音乐时，毅然离开了这个温暖的巢穴。

但这也还只是他生平历史的一半，而另一半同样是使人印象深刻和叹为观止的，那就是当一扇门关死的时候，总有另一扇门为他开放：当阿恩施塔特不允许他发展时，米尔豪森的聘书闻风而至；当米尔豪森拒绝他"为崇敬上帝而均衡教堂音乐"时，魏玛的管风琴师的岗位就为他空缺了出来；而当魏玛公爵压制他的创作时，友善的克腾侯爵又为他敞开了社会和艺术发展的大门。

冷酷而莫测的命运之神，夺去了他的爱妻，但又以同样莫测的方式给他送来了新的幸福——年轻的安娜·玛格达勒娜。这都是些偶然的事件，但联想起来，却又像是一系列奇迹或者上天的安排。只有莱比锡不是这样，经过多年执着不懈的努力，他的艺术走向一个极点，但却没有另一扇大门为他开放：巴赫带着莫大的期望来到莱比锡，而现在他又是多么地绝望啊！一句古老的谚语说，"人的意愿拧不过上帝的安排。"这在巴赫的身上不幸得到了应验。

事实确是如此。在常人的眼里，看不出事态有什么改善的迹象。一直置他于不顾的老校长艾内斯蒂虽然在头一年秋天死了，这个岗位已于7月得到了补缺，但新校长理所当然又是市政委员会的朋友，虽然办事可能得力一些，但对巴赫却不见得更好，尽管他是巴赫的一个老相识。他如果上任伊始就到委员会去为巴赫鸣冤叫屈，那肯定也绝对是不明智的。

是的，他确是委员会的一个朋友，至少可以说是经过委员会的一个朋友所推荐。德累斯顿法院院长毕瑙极力推荐并为他担保：他就是约翰·马蒂亚斯·盖斯纳。巴赫时期他曾是魏玛中学副校长。然后被公爵提升，接替了监理会书记索罗门·弗朗克的职位，担任公爵图书馆和硬币收藏室的管家。所以，当老公爵去世以后，他的侄子立即解雇了他——算是对他13年效忠的报答。

但盖斯纳却逢了好运，离开宫廷后又到安斯巴赫当了免费寄宿学校的校长，有机会实现他去魏玛之前就筹划的全面改革设想。安斯巴赫的情况他特别了解，因为他自己就是在免费寄宿学校成长起来的，因而他对托马斯学校的状况也能较正确地评价；他和莱比锡的托马斯学校学生一样，曾在安斯巴赫作为贫困生穿街走巷进行乞讨卖唱。

约翰·马蒂亚斯·盖斯纳，彻底改革托马斯学校，从根本上改善了巴赫的地位。他在任期间，巴赫过了几年幸福的时光

　　这当然不是他被任命为校长的主要原因。盖斯纳不仅是一位教育学家，而且也是一位驰名远近的古典哲学家，名声直至荷兰，也就是说，他是一位知名学者。此外，他还以办事果断雷厉风行而驰名，看来这所学校也该有些变化了。盖斯纳当年才 39 岁，是承担这一使命的最佳年龄，口碑也好，而且在安斯巴赫担任校长时也积累了有益的经验。

　　在魏玛时，盖斯纳就是巴赫艺术的真诚的崇拜者，后来他还用精彩的拉丁文写下了他对巴赫的崇敬之情。所以，他来莱比锡后，决不会不极其热情地向巴赫表示问候。但巴赫经过这 7 年的经历，要比刚来的盖斯纳更了解莱比锡，所以他仍然想离开这个地方。这也表明，他的失望和苦闷已是多么巨大。盖斯纳对他的友善并不能改变他的这种心情。

　　在头 4 个月里，没有丝毫变化。但盖斯纳的性格和巴赫的完全不

236

214

一样，他是一个外交家。开始时什么都没有变化，但后来却出现了奇迹：他改变了一切。

他做事时极其精明仔细，善于使迄今看来不可能的事情变成现实。这甚至有点儿像魔术，196 年被看成是神圣不可侵犯的东西，他竟能在短时间内彻底、坚决和全面加以变革：他改变了教学大纲——而且征得了市政委员会的同意。（尽管它至今最反对独出心裁，始终把眼睛盯在教条主义的神学课程上，绝不允许改变那些古板的学说。）

令人难以置信的是，他把托马斯学校的教学大纲变成了现代化的典范，成了所有同时代人的方向，而市政委员会却没有认为有什么不妥之处。他取消了 1595 年就启用的老拉丁文课本（*Colloguii Corderi*），引进了包括经典作品和古典作家内容在内的新的拉丁文课本，来取代单纯的宗教拉丁文内容——这在今天看来都是理所当然的事情，而当时在托马斯学校却是早已被忘记了的东西。他当时看得很清楚，学习古典文学有利于克服宗教的狭隘观念，所以在拉丁文课程中还增加了希腊文的教学。

他同样知道，一个正规的学校，除了要学习人文科学之外，还必须学习自然科学，因而在教学大纲中第一次加入了高等数学、地理和自然课。在盖斯纳的力主下，学校还增加了一些其他科目，像拉丁文即兴演讲，课外阅读，甚至在教学大纲中还列入了绘画和体育课的内容。

新的教学大纲确实具有革命性，但盖斯纳却巧妙地做到了，市政委员会的先生们没有得到丝毫革命的感觉。他还做了更多的事情：他甚至说服了把一个塔勒尔掰成五瓣使用的市政委员会，彻底翻修了托马斯学校。这所学校在过去的 200 年中，只进行过最必要的修补，只有实在不得已时，才拿出钱来应付一下。而他来到莱比锡还不到一年，就做到了开工改建学校校舍，而且是全面改建，仅用了一年的时间。

对巴赫来说也出现了奇迹。"有理者常受痛苦，但主会帮他得以解脱。"圣经中这句箴言，他现在得到了切身的体会：乐监的住宅得到了彻底的维修，而且在维修期间，由市政委员会出钱另租一座住宅供他们全家使用。在老住宅里，巴赫有 5 个孩子夭折身亡。而在维修一新的房子里，孩子们都活了下来。

盖斯纳为巴赫还做了许多：在新的教学大纲中，他取消了乐监必须兼任拉丁文课程的义务。这不仅意味着巴赫从这门课程中得以解脱，而且也意味着巴赫的工资增加了一倍，因为他不必再支付一半的工资给代课教师了。

这一切都令人高兴，但盖斯纳还做了一件特殊的事情，他走了一步巧妙而造福各方的高棋：他设法把市政委员会看作心病的乐监的一切事务，改置于校长的管辖之下。市政委员会十分高兴得到了解脱。终于把争吵不休惹人心烦的巴赫转移到了下级机关处理，而盖斯纳也有了更多可能性，在市政委员会的无知面前保护了巴赫的权利。

这样一来，对乐监巴赫的埋怨也就自动消失了。盖斯纳还做到了，让巴赫重新拿到全部报酬。巴赫既然归属盖斯纳的管辖，那么他的外出休假也就由盖斯纳审批，于是我们看到，学校的改建刚刚开始，巴赫就去了德累斯顿，在索菲教堂举行了精彩的音乐会，还应王子的邀请去了卡塞尔。王子把他们夫妇当成贵族一样接待，停留期间为他们提供了仆役和车轿，为他们举行盛大宴会，临别时还赠送了巴赫一枚贵重的指环。

由于盖斯纳的到来，巴赫终于又恢复了生气，他作为伟大音乐家的社会地位得到了承认，在学校中的权利也得到恢复：选择新生他也有发言权了，这是他入校 8 年来第一次实施这一权利。因为捍卫他权利的校长，也同样关心他的音乐，这不仅仅是出于个人的喜好：作为教育家，他知道——和当时那一代的教育界人士相反——音乐在教育中是何等的重要。对他来说，音乐是他教学大纲中和其他课程同等重要的科目。

巴赫在莱比锡的 27 年间，盖斯纳是唯一把他当做伟大的音乐家加以承认、赞赏和支持的一位上司。即使在他离开莱比锡多年之后，这位古典哲学家对巴赫的赞赏之情，仍然时有可闻。当他后来出版古罗马演说家昆体良的演讲术一书《雄辩家的培训》时，又情不自禁地在注脚中回忆起巴赫来，这在拉丁文原版书中，也是绝无仅有的：

"法比乌斯（昆体良的名字），所有这一切，你都会感到完全无关紧要，如果你能从地下那个世界重返世间来看看这个巴赫的话——哪怕只是看一眼，因为他不久以前还是我在托马斯学校的同事（盖斯纳没有说是他的'下级'！），看看他是如何用他的双手和所有的手指在弹管风琴，这是一种相当于很多基撒拉古琴的乐器，或者还有那种包括无数风管、由风箱鼓动的庞大乐器；看他如何一方面用双手按键，一方面用双脚迅速踏着踏板，演奏出各种不同但又相互协调的音调组成的音响大军来。如果你能看到这些，那我就只能说，你们即使用再多的基撒拉琴和无数横笛都无法达到这样的效果。他不仅可以像基撒拉琴歌者唱出单一的曲调，而且可以同时奏出 30 甚至 40 种曲调来，只是通过在这里的点头，在那里的踏脚，在第三处的手指运动，就会把握住旋律和拍节，一处是高音，另一处是低音，而第三处又是中音。你可以看到，他在自己承担着最困难的演奏任务当中，如何立即发现众多乐师有谁出现了偏差，看到他如何把大家聚合在一起，如何去帮助每一个人，一旦哪里出现不稳定，立即加以纠正；看到他如何感觉每一个拍节的震动，用敏锐的听觉检验着和声，用自己有限的嗓音绘制出各种声部。作为古典文学的崇尚者，我相信，没有什么人能与我的朋友巴赫相媲美了，他要比俄尔甫斯高明数倍，比阿里翁强似 20 倍。"[1]

---

[1] 有人从这一描绘中得出结论说，巴赫是边演奏管风琴边指挥这次演出的。他们真该自己试一试，在弹奏管风琴时还抬起手来警示乐队或腾出脚来踩一踩地板，对其结果他们肯定会大吃一惊的。

239

　　这对一个古文字学家来说，为罗马时期的一部作品写出这样的注脚，是非比寻常的举动。但盖斯纳也不是一个寻常的人。1730 年他来到莱比锡，1731 年 3 月开始改建整个学校，到 1733 年春天，学校的里里外外就已面目一新了：变成了现代化校舍中的一所现代化的教育场所了！他确实是托马斯学校最理想的校长。

　　可惜在这里又出现了一个事实，像盖斯纳这样的非凡人物，是不懂得适可而止的：他不只想当托马斯学校的校长。作为天赋超人的著名古文字学家，在完成学校的内外改建以后，他又开始了新的追求，他想在大学里谋得一个教位。市政委员会的先生们迄今一直满足他的愿望，并给予很多照顾，但这次他走得太远了。他的前任虽然也在大学有过一个教位，但当时托马斯学校的一蹶不振也就由此而产生！于是，市政委员会做出了决议（见市政档案记录）："他应该安于现状，不要一再标新立异。"盖斯纳企图谋求大学教位的申请被拒绝了，而且是市政委员们的一致决定。

　　盖斯纳为学校做得很多，现在即使没有他，学校也可以过得去了。于是他放弃了校长的职务，去申请大学的教位。然而，当时的情况，并不是大学期待他的到来。大学的教授先生们头脑中仍存在着疑虑："Quidquid id est，timeo Danaos etsi dona ferentes"，意思是说："无论如何，我是惧怕达那厄的，即使她送来了礼物也是如此。"市政委员会的先生们，现在放弃这个盖斯纳送给他们，这是很值得怀疑的，不知市政委员会又在打什么坏主意。难道其明显的意图不是要把一只虱子、一个无言的窃听者藏入大学的皮袄里面吗？所以我们不能轻易地受骗。于是，盖斯纳先生的申请被拒绝——同样是大学教授们的一致意见！理由是："他是市政委员会的密友。"

　　由此我们可以看出，这些莱比锡的"强大的启蒙派力量"都是有自己的深刻的思路的，而且多次成功地捍卫了它。

　　可惜的是，盖斯纳并不是一个愿意为余生放弃自己的研究和学术甘做行政工作的人。此外，他也在其他地方提出了谋求岗位的申请。比如普鲁士国王就聘请他担任所有普鲁士学校的督学，并按他个人的设想进行改革。但国王的名声不佳。他的下属只要一见到他，就会立即逃跑。据说，国王曾一直追到这个人的家里。他问："你为什么从我这里逃跑？"那个人回答说："陛下，因为我很怕您。"于是陛下立刻说："你们应该爱我！"随即举起手杖向那人打去。"没有一个普鲁士人是不受苦的。"老百姓中有这样的说法。

241　　　盖斯纳最后接受了汉诺威大选侯的召唤，去了哥廷根，担任了具有外交官头衔的教授。莱奥伯德断言，说他去了那里的大学任教。这是错误的：哥廷根大学1737年才成立，而且是由盖斯纳所组建，曾在当时的学术界享有很高的声誉。

　　对上述所有这些，研究巴赫的人们似乎都一无所知。那位"通过发表音乐学术文章而被称为权威"的马丁·盖克，甚至不知道盖斯纳从1731年以后为托马斯学校做了些什么，而只是断言，说巴赫"显然容忍了当时的状况"。根据是："他再也没有打过申诉报告。"至于盖斯纳这个名字，这位权威的教授根本就不知道；对这段时期，他觉得唯一值得提起的事件，就是在修缮住宅时，莱比锡的刽子手们曾协助清理过厕所。此外就什么都没有了。

　　在这方面，我们对德意志民主共和国的新巴赫协会，可惜也无法说什么好话。1950年总统发表了著名演说以后（威廉·皮克当时以此完成了他政治生涯中最重要的功绩），就"巴赫和启蒙运动"这个题目，于1976年举行过一次大型学术研讨会。目的是最终证明26年前所做的大胆论断的正确。但在会上同样无人提起盖斯纳这个名字！莱比锡的巴赫专家阿尔明·施奈德海因策在这次会议的一年前"第三届国际巴赫日"期间发表的文章"巴赫和启蒙运动"中就已经表明，他对盖斯纳在莱比锡的作为，同样一无所知。他写道："在托马斯学校校长约翰·海因里希·艾内斯蒂教授……和盖斯纳的领导下……巴赫的努力仍然在很大程度上未受到干扰。"而实际上是,老校长艾纳斯蒂把巴赫彻底交到了怀有极度敌意的市政委员会手中,而盖斯纳则改善了巴赫的工作条件、社会影响、居住状况,改变了他的整个生活。两者相比,肯定是盖斯纳更为启蒙一点。

那么,莱比锡的新巴赫协会的先生们,为什么要一致附和施奈德海因策的这种肤浅而具有误导性的观点呢?莱比锡的巴赫专家们,又为什么在他们的研讨会上只字不提盖斯纳无可置疑的功绩呢?莱比锡在研究巴赫时,为什么从来没有觉得有必要稍提一下这个问题呢? 242

他们的理由很简单:大学不信任他,市政委员会对他也不满意,因为他老是想"标新立异"。于是他不久就离开了莱比锡。人们有足够的理由把他忘记:因为他根本不是莱比锡人!

于是,莱比锡人把他的全部功劳,都塞入了他的接班人约翰·奥古斯特·艾内斯蒂的口袋中。这是一个具有惊人的心计和活动能力的年轻人。他在维腾堡读了两年大学以后,于 1728 年来到莱比锡,立即在这个城市找到了正确的门路:在市长施蒂格里茨那里任家庭教师。在大学里他以同样的精明归于名师的门下:教授戈特谢德和教区牧师戴灵。尤其是戈特谢德对此肯定表示了格外的欣喜,因为他在头一年还在埋怨听课的学生不断减少。施蒂格里茨很喜欢这个勤奋的年轻人,当 1730 年托马斯学校除了校长职位空缺,副校长也需新任时,他就极力推荐艾内斯蒂担任这个职务。这并不是只出于个人感情的考虑,而是深思熟虑的结果:首先使这个满腹抱负的年轻人对他感恩戴德,其次可以通过他对学校的情况了如指掌。因为盖斯纳享有极好的口碑,但对这样一个不安分的人很需要必要的监督。

把盖斯纳和艾内斯蒂两人的经历加以比较,是很有好处的。[1] 盖斯纳是一个贫苦牧师的儿子,父亲死后进入了安斯巴赫的寄宿中学,

---

[1] 有关两人的经历,《全德意志人物志》(莱比锡版第 1875 页起)有详尽描写。

243 　上中学和在耶纳上大学期间，生活异常清苦。即使后来在魏玛任职和
在安斯巴赫担任校长期间，生活也没有变得富裕。他虽然很快就成了
有名望的人，但却从来没有富裕过。就是后来到了哥廷根，他的年薪
也不过才 700 塔勒尔，虽然可以维持家庭的生活，但却无法积累财
富。尽管如此，他还是留在了汉诺威大选侯那里，担任校长和外交
官，忠实地做出了不少辉煌的成就。值得称赞的是，他在哥廷根还一
直和他原来的副校长保持着联系，并从那里帮助过艾内斯蒂在学术上
的进步。

　　艾内斯蒂是萨克森大选侯地区图林根腾施塔特教区牧师的第 5 个
儿子，从小在家庭教师那里受到启蒙教育。父亲死后，他进入著名的
舒伯达拉丁学校学习，很快就由于勤奋受到老师的青睐；然后以优异
的成绩进入维腾堡大学，攻读语言学和神学，并很快在莱比锡找到了
正确的关系。这一切都表明，他不仅勤奋好学，而且也是一个很有活
动能力的青年。担任托马斯学校副校长期间，在市长施蒂格里茨的关
怀下，他也有卓越的表现。因而，在盖斯纳辞职后，由他填补校长的
空缺，也就顺理成章了。

　　他确实是市政委员会的一名亲信，但大学却没有切断他同大学的
关系——戈特谢德（五任校长）和戴灵都为他说话。同样市政委员会
也没有反对他于 1742 年成了大学的正式教授；即使当他 1747 年辞去
学校职务以后，市政当局也未提出过异议。他不仅是一个很有才华的
人，而且善于利用这种才华。在担任托马斯学校校长期间，很快就成
了大学的讲师；升为神学教授以后，就承担了在大学教堂里的布道工
作，通过用德语和拉丁文所做的贺词和庆典演说，他几乎成了莱比锡
上层社会不可缺少的人物。作为上层社会的一员，他在这方面的收入
也是不菲的。（每次讲演的报酬通常是 50 塔勒尔，相当于校长年薪的
244 一半。）他的妻子腊荷尔生第一个孩子时去世，他成为鳏夫。他亲自
为他的女儿索菲·弗莉德丽卡讲授拉丁文和希腊文。他是一个高大魁

梧的男子，通过发表一系列学术论文享有很高的声望，而且很富有。他死后，仅他的藏书就拍卖了 7500 塔勒尔；除了在莱比锡的房产外，他还占有两处骑士庄园。

他确实是一个青云直上的人物。

第二十章

约翰·马蒂亚斯·盖斯纳在莱比锡还不到四年，而 1731 年至
1735 年，是巴赫在莱比锡任职 27 年当中唯一幸福的时期。这也是巴
赫的家庭生活发生重大变化的时期。已经 23 岁的威廉·弗里德曼，
在父亲的帮助下，得以申请应聘德累斯顿索菲教堂管风琴师一职。他
以卓越的管风琴演奏技巧压倒了其他应聘者，轻易地获得了这个岗
位。卡尔·菲利普·艾马努埃前往法兰克福去学习法律。弗里德曼在
莱比锡也曾攻读法律三年。艾马努埃当然也要成为音乐家，但上过大
学的人享有更高的声望，这一点巴赫已有了足够的切身体会。

巴赫的家务仍然很繁重，作为一家之主他有不少心事：大女儿多
萝泰娅，至今还没有找到婆家，巴赫不得不担心，她会这样一直等下
去。戈特弗里德·海因里希是个弱智的孩子，一生都得靠别人的帮助
生活。伯恩哈德，这时已经 20 岁，是个有出息的音乐家，必须尽快
给他找到工作岗位。为了这个儿子，他想起了米尔豪森，那里的人也
还记得他，很快就给他的儿子安排了岗位，不是在布拉希教堂任管风
琴师，而是在圣玛丽娅教堂：那里是老路德正统派的教堂，不像虔敬
派那样反对教堂音乐。

在巴赫的音乐组织中也有了变化：一名最可靠的歌手，年轻的谢
梅里于 1734 年离开了学校；他的一个优秀的助理约翰·路德维希·
迪特尔也于次年毕业；他最喜欢的学生，超凡的约翰·路德维希·克
雷布斯（他曾戏称这是巴赫家中的唯一的克雷布斯）也于 1735 年离

开这里。在魏玛时他的父亲曾师从巴赫，后来他把儿子也送到莱比锡跟巴赫学习，因为他认为，跟着巴赫可以学到比任何人都多的东西。克雷布斯到底学到了多少，可以从他保留至今的作品上得到证明。

巴赫为第一助理的位子安置了一名乐监的儿子，名字叫戈特弗里德·特奥多·克劳泽，22 岁，但可惜已是半个大学生。艾内斯蒂已于 1736 年 4 月为他和另外五名学生，签发了毕业证书，说这"六个年轻人充满希望，因而批准他们，去为哲学研究献身"。

在校舍改建和教学计划及校规改革以后，学校的条件大大改善；巴赫在接受新生时，对其音乐才能有了决定性的发言权，唱诗班的状况走入正轨。巴赫的音乐也日益辉煌。它实际上达到了何等辉煌的程度，可以从一位贵夫人在《马太受难曲》演出中的一段话中看出："在一个贵族的小教堂里，聚集了很多高官贵妇，他们都手拿歌书虔诚地唱着第一首受难曲。当那个戏剧性的音乐响起时，所有这些人都陷入了极大的惊叹之中，他们相互观望着说：这会导致何处呢？一位贵族寡妇说：上帝保佑，孩子们！这简直就像是在一所喜歌剧院里。"

这是 1732 年，当时人们已经很少提及 1731 年创作的、现已找不到的《马可受难曲》了，但对《马太受难曲》的回忆却不是问题。由于 1732 年演出条件大大改善，巴赫日益获得更多教团众生的崇敬，不仅在莱比锡有他的乐友。牧师克里斯蒂安·哥尔伯在他的《不知的罪孽》一书中，详述了滥用教堂音乐的问题，其他人也根据上述那段话，理直气壮地来反对这种音乐日益强大的影响。

这些年里，还有一些事值得提一提：1723 年，巴赫曾在德累斯顿申请宫廷作曲家的称号。为此他创作了两章拉丁弥撒曲（即后来的《b 小调弥撒曲》）——这也证明此事对他何等重要！这一年巴赫仍完全在盖斯纳的关心和保护之下：他从拉丁文教学中解脱了出来，又恢复了原来的工资，在教学大纲中他的音乐也获得了应有的地位。盖斯纳确实扫除了他的一切苦闷。他在 1723 年就任时所设想的地位，盖

247

斯纳已为他取得，他终于可以满意了。

尽管如此，他在申请那个称号的报告中，却仍然写下了下面这一句值得注意的文字："敬请把我置于阁下的强大的保护之下。"看来这个称号主要不是为了奖赏，而是希望得到保护，紧接着他又写了理由："几年来，我在莱比锡两个主教堂担任音乐主管，在行使这个职务当中，不时感到，与此相关的职权受到无辜的限制甚至压缩，为使其得以维护，我恳请国王陛下施恩，授予宫廷乐队的这一称号……"

这份申请书实际上是一封求援信！巴赫和盖斯纳之间无疑存在着深厚的友谊（否则无法解释，盖斯纳后来不称巴赫为"下属"，而称为"同事"），所以，不能设想巴赫写这封信时，没有和盖斯纳商量过。甚至可以设想，这正是那位具有政治和外交头脑的盖斯纳，为他的朋友出的这个主意，让他获取这个称号以得到国王的保护。

这时的盖斯纳，大概已经认清了莱比锡市政委员会的真实面目：第二年春天他就离开了莱比锡，因为市政委员会和大学切断了他继续发展的可能性。1733年夏天，他就已经预见到巴赫当前的地位不稳。巴赫正在他处境极佳时期，正式向国王申请保护，如果没有盖斯纳的参与是不可想象的，而且说不是受盖斯纳的影响，也是无法解释的。[①]

盖斯纳在学校改革中，明确划分了副校长和乐监的职责范围：前者负责教学，后者主管音乐事务。他离开学校以后，他的副手也就理所当然地登上了校长的宝座。他不仅是一个能干的年轻人，而且还有市长施蒂格里茨这个保护神。实际上，也没有什么理由到别处找新的人选。对巴赫来说，开始时没有什么大变化，只不过艾内斯蒂不再是他的同事，而变成了上司。而且年长的巴赫也特别欣赏这个年轻人：后来玛格达勒娜为他生的两个孩子，都请了这位校长做了教

① 新巴赫协会否认盖斯纳对巴赫工作和生活状况的影响，这一做法令人吃惊。

父，这也表明，巴赫和他之间不仅保持职业上的接触，而且也对这位单身汉——艾内斯蒂直到 37 岁保持单身——开放了家庭的大门。

从这个时期，我们获得了巴赫的一首最欢快也最美的作品：《圣诞清唱剧》。1734 / 1735 年年序更新时，进行了首次演出。它不是一个整体式的曲子，而是 6 个单独的康塔塔，从 12 月 25 日演到 1 月 6 日。这也使一些音乐作家产生了误解，认为这些康塔塔之间没有什么关联，实际并不是一首清唱剧。这种观点的尴尬之处就在于，如果六段康塔塔放在一起演奏，没有人会发现其各自的独立性，因为它们之间无任何人工雕琢的裂纹，而只是在分开演出时，才会影响其完整性。

这是因为，我们的巴赫不仅是伟大的和声专家和对位专家，而且还是一位无可比拟的音乐建筑师。（施洛伊宁曾以"赋格的艺术"为例进行过研究，发现巴赫具有如何了不起的构筑大建筑的才能，但可惜得出了令人瞠目的结论。）

关于《圣诞清唱剧》，总有人一再指出，说其中把很多并非教堂音乐结合在一起，而是为世俗目的所作的曲调的联结，特别是为新国王和大选侯奥古斯特三世所作的赞颂康塔塔。施威策认为，巴赫所以创作了"圣诞清唱剧"，只是为了使"赫丘利之选择"和赞颂康塔塔"敲响吧，定音鼓"中最美的曲调不致丢失。一位在原德意志民主共和国文化部长期说话举足轻重的女士，[①] 干脆把这首清唱剧说成是非宗教的，把它称之为是"人的自悟的高度表白"并断言，巴赫以此进一步证明，他是一个"伟大的德意志启蒙主义者"。对这位女士来说，可能是一个悲剧，因为她无法把巴赫说成是一个无神论者。吹这种号角的，也绝不仅仅是她一个人，在德意志民主共和国的音乐理论界，至少有能力在这边缘地带取得十分重要的成绩，也说明了这一点。

---

① 约翰娜·鲁道夫，本是记者。她的观点不仅发表在德国统一社会党机关报《新德意志报》上，而且还印在德累斯顿十字合唱队"圣诞清唱剧"唱片的说明书上面。

谈到此处，我们也有必要看一看巴赫经常提到的"借鉴方式"。巴赫的曲调在这里或那里时而出现，他反复使用这些曲调，并不是个别的现象。少见的是其他作曲家不这样做，宁可创作新调，即使得不到持久的流传。其中的原因之一就是他们投入得太少，包括音乐素材

250 和音乐才能。巴赫总是做得相当投入，只要他去做，他就做得极其扎实，他绝不草率从事或投机取巧；他要是作曲，就做得极其投入。把取得的成绩随便就扔掉，也确实很可惜。一个建筑师总是活不过他的建筑作品。一个画家的作品是有目共睹的。但一部音乐作品会消失，即使它不缺少艺术性和成果。为什么不能让它反复响起来呢？

施威策以为，演奏《圣诞清唱剧》，还不如演奏其原始素材那些世俗康塔塔更好，因为那些音乐同相应的歌词结合得更为紧密。但巴赫的咏叹调中，从来都不是用音乐去配歌词，而总是让歌词配合他的音乐。毫无疑问，《圣诞清唱剧》中的音乐，要比《赫丘利之选择》处于一个更高境界。巴赫在《圣诞清唱剧》中再次运用了这段音乐，是为了一个更加高尚的目的，而且它没有辜负这一目的。在巴赫的作品中，有很多把世俗音乐用于宗教目的的例子，但却没有相反的情况：他献给礼拜弥撒的东西，就不再带到世界以外。就像把一朵鲜花从世界的光线中放入教堂，就不能再从圣坛上取下插到纽扣眼里一样，否则就是不可饶恕的亵渎了。

除了从实际考虑，重复使用这些曲调的作用之外，还有另一个值得考虑的因素：就是保存创造性的成就。他是一个和自己作品有着特

251 殊关系的作曲家，因为这是他取得的"成绩"：完成了一项自己提出的任务，其中包括着他初发灵感的烙印。

像海顿这样的大师，一生中创作了多少作品，而到了70岁高龄时，还能单凭记忆列出一份作品清单来，而且能记住每部作品的主题，难道不使我们吃惊和难以置信吗？他和这些作品共同奋斗过，推敲过它们的每一个细节，曾和它们陷入过死胡同，也曾步入宽宏的坦

途，终于攀登上了顶峰，达到了极乐的结局。它们已成了他自身的组成部分。

灵感很重要，但只有灵感也还不够。灵感自己是无法生存下去的，但它却可以提出要求，去附和或抗拒进一步的发展。在巴赫的音乐中，还要加上它不仅是一个单一的曲调加上伴奏，而是所有声部同时要表现出来。而所有这些高超的技巧只能表现 20 分钟，难道就再也不许出现在其他地方了吗？

巴赫没有理由不重复使用自己的音乐。但他不是随心所欲，而是根据内在的需求而为。在《赫丘利之选择》的快感梦幻曲中，作为比喻已经使用殆尽。只是在为上帝之子诞生而再现的梦幻曲，又有了特殊的活力。皮坎德的歌词有了深层的含义，其美妙远远超出了原有的歌词。在"睡吧，我最爱之人，保持宁静吧！"之后，本来应该是"品尝那淫荡的乳房的欢乐，不要有任何约束！"现在改成为："享用那乳房吧，感受给我们内心带来欢乐的幸福吧！"施威策认为，部分新歌词"完全没有色彩，无法产生这样的音乐出来"，这是错误的。在"跟随炽热的思绪的引诱"作出一首梦幻曲来，实际上同歌词毫无关系。

亨利奇要为已存在的音乐填词。这并不是每个人都能做到的，他在巴洛克形式下，加入了美好的思想。施威策对此事的评价没有道理，他说："人们很奇怪，大师为什么对这样一个粗鲁和不怎么被人喜欢的人产生了好感。"出于对亨利奇的尊敬，我们必须指出，这位"不怎么受人喜欢"的人，即使在市政委员会、学校、大学和教会都远离巴赫的那些年里，也仍和他保持着友好的往来。

然而，我们却不能说，我们的传记作者们对他们如此崇敬的巴赫也表现过如此友好的态度，甚至连一点"公正的态度"都谈不上。卢艾格曾煞有介事地断言："面对市政委员会的先生们，哪怕是表现出一丝屈从或至少是尊重的话，他也不至于遭受这么多的磨难。"他没有举出具体实例来。

252

　　巴赫的所有对自己不利的性格，都在同艾内斯蒂的"助理大战"中暴露了出来。施威策断言，说巴赫"通过盲目的冲动，而小题大做了"。如果我们能够费点时间深入到当时这个事件中看一看，那么情况就完全是另外一个样子。

　　为进一步了解这一情况，我们首先必须知道，巴赫为维护和德累斯顿方面关系所做的努力，以及为使德累斯顿宫廷保持对他的关注所付出的代价。

　　那里发生了很多变化：原来的执政大臣弗莱明伯爵于1729年去世了，巴赫曾在1717年马尚走后演出的音乐会上，得到过他的恩宠。同样，奥古斯特大帝也于1733年2月离开了人世。弗莱明的继承人是帝国伯爵海因里希·封·布吕尔，他是从当奥古斯特贴身随从起步，当上了宫廷侍从官，最后登上执政大臣宝座的。后来他实际上成了萨克森和波兰的真正的实权人物。

　　奥古斯特大帝的继承人是和他同名的儿子，但却没有他父亲那样的统治才能。他的父亲给他娶了弗兰茨一世皇帝的女儿为妻，即玛丽娅·特蕾西的妹妹。在帝国中，萨克森大选侯是皇帝的第一代表，很自然同哈布斯堡王朝有着密切的关系。弗里德里希二世在西里西亚战争中把这看成是一种特权，可以不宣而战地入侵到萨克森，以便为他的战争军费榨取这个小康国家的财富。但这已经是巴赫传记以后部分要提的事情了。

　　奥古斯特三世也和他的父亲一样愿意到莱比锡来，为他写赞美乐，就是巴赫的事情了，巴赫一直尽最大的努力做好此事。《圣诞清唱剧》的开场合唱"响起来吧，定音鼓！吹起来吧，小号！"原本就是这样一首赞美康塔塔。巴赫并不满足于写出这些赞美康塔塔，他也设法让它们保留在德累斯顿人的记忆当中。他和德累斯顿宫廷乐队的很多独奏乐师都很熟悉，和宫廷歌剧院的院长、著名的黑塞，及其同样著名的妻子——女歌唱家福斯蒂娜·波尔多尼，是真正的好朋友；

夫妇两人曾去莱比锡看望过他，他也去过一次德累斯顿歌剧院拜访，为了让他的儿子弗里德曼去"听那些漂亮的小曲"。这再一次表明，这位伟大的教堂音乐家，并不讨厌娱乐性音乐。

巴赫的朋友和崇拜者、德累斯顿的宫廷乐队指挥约翰·阿道夫·哈塞和他的闻名欧洲的歌唱家夫人。巴赫多次去德累斯顿拜访，两人也多次来莱比锡探望巴赫

从 1731 年我们知道，巴赫曾在德累斯顿索菲教堂用西伯曼管风琴举行了两个小时的音乐会，弗里德曼后来于 1733 年到这里担任管风琴师，一方面是通过他的卓越的才能，另一方面同他的父亲的声望也不无关系。

巴赫申请宫廷作曲家称号，是在奥古斯特三世登基不久，这就是当时一些相互间的关联。这个关联也存在于他超凡的赞美乐和他的尚未落实的申请之间。奥古斯特三世虽然和他父亲一样，通过布吕尔的斡旋才干，于 1734 年 1 月当选为波兰国王，但是在赛伊姆的一个法国反对派，却推举波兰人斯坦尼斯劳斯·莱信斯基为对立派的国王。这不是一个民族主义的抉择，而是一个政治举动，那个时代法国对波兰的影响是不容低估的。但他们的力量还太软弱，斯坦尼斯劳斯·莱信斯基被驱逐到国外，从 1736 年起，波兰的正式合法的国王就是萨克森人奥古斯特三世了。而就在这一年，巴赫比任何时候都更急需那个宫廷称号；"助理大战"爆发了。

德累斯顿索菲教堂（已不存在）的西伯曼管风琴。这里长年是弗里德曼·巴赫的工作场所

第二十一章

　　战争并不是像火山爆发那样开始的。弗兰茨·约瑟夫皇帝发动第一次世界大战时（威廉皇帝为后盾），正因为他有一个大好的机会，把塞尔维亚变成奥地利的一个州。首先是发出一份最后通牒，措辞要做到令人绝对无法接受的程度。而奥地利王子夫妇的死，虽然十分令人遗憾，但却成了发起攻击的求之不得的理由。

　　同样，这些助理大战也不是像火山爆发那样开始的。它也是几个月之前就由艾内斯蒂做了周密的筹划，而助理克劳泽的错误只不过是一个求之不得的导火索而已。对这次事件已有很多人提起，并做了相当详尽的描绘。斯皮塔对此事的每一个细节都有极其精确的时间表。牧师约翰·弗里德里希·科勒尔于 1776 年在他的《莱比锡学校史》中，对此有一个简短的描述：

　　"和艾内斯蒂，他（巴赫）完全决裂了。缘由是这样的。艾内斯蒂替换了总助理克劳泽，因为他殴打了低年级的学生并逃逸不见，于是将其开除出学校，同时任命另一名学生担任总助理——但这是乐监的职权范围，应由他来确定总助理的任命。由于新任助理无法胜任演出教堂音乐，巴赫做了另外的选择。于是和艾内斯蒂之间出现争执，从此两人成为仇敌。"

　　这就是对此事的叙述。自从"启蒙运动"全面进入巴赫传记之后，助理大战当然也就逃脱不了这个命运了：它被描绘成两位伟大启蒙主义者悲剧性的争斗。说巴赫的《圣诞清唱剧》是宣扬启蒙思想，这就像说福特是为了崇敬美国总统而生产汽车一样荒谬，但自从威廉·皮克总统的演说以后，启蒙二字就成了把巴赫拉出教堂的最合适的手段了。由于人们不喜欢让盖斯纳充当莱比锡启蒙运动的见证人（见 1976 年莱比锡"巴赫和启蒙运动"研讨会记录），因为他受到莱比锡市政委员会和大学的排斥而离开了这个城市，那么真正的启蒙主义者当然就是艾内斯蒂了。这样一来，我们就同时有了两个伟大的启蒙运动的先驱。[①] 然而，这场悲剧就在于，他们是相互对立的，而没有像人们希望的那样站在同一条战壕里面。尽管在当时的莱比锡并没有战壕（否则就得有另一条反对启蒙运动的战壕），但这样的描述还是很优美的。人们为两个人同样欢呼，而且看起来也颇具说服力。

但这里却有一个致命的错误：这和实际情况没有一丝一毫的共同之处，是彻头彻尾的臆造。巴赫和德累斯顿的金匠丁林格及建筑师坡佩尔曼和贝尔一样，被说成是启蒙主义者，把他和这三位同时代的人放在一起，并没有贬低他的身份。这只能使人们注意到这样一个事实：艺术家取得的成绩，可能完全不同于语言学家和哲学家。

而且，对助理大战也还有另外一种解释，即把科学学校分离开来，符合"时代精神"。斯皮塔和施威策都是这个观点，而且"启蒙"和"时代精神"又是多么一拍即合。"时代精神"是一种随心所欲的概念，在手中没有事实的时候，总是可以用它来说明问题的。"约翰·塞巴斯蒂安·巴赫以其《平均律钢琴曲集》接近了时代的要求"（贝瑟勒），"大百科派思想当时已经在空中游荡"（皮士纳），"一个新的时代开始了"（施威策）。

258　　这听起来，似乎有人对历史的阶段性具备了如此精确的超常的了解，而且可以笼而统之加以阐述，而实际上，他们所以要如此笼而统之加以阐述，是因为他们不了解事实的细节情况。（歌德曾对这种现

---

① 费利克斯就是这种观点。值得注意的是：策德勒的《科学和艺术大词典》（莱比锡 1732—1754 年）中，连戈特谢德的名字都没有提及。

象评论说："他们所说的时代精神，通常只不过是他们自己的精神，时代只是其中的倒影而已。"）我们再说托马斯学校这件事：尽管科学飞速发展，教学计划不断扩大，但音乐教育却仍然存在，而且"时代"也从未要求过把它分离出来。就像德累斯顿的十字学校，雷根斯堡的教堂小麻雀，托尔策的男童合唱团或者旬内贝格童声合唱团一样，在科学课程的需求日益扩大的情况下仍然岿然不动。

作为校长的艾内斯蒂对那个时代科学学校的贡献是奇特的：他压缩了教学计划。首先减少了希腊文课程——他讨厌希腊文，认为不重要。其次减少了数学课程：他取消了代数，只留下几何和算术。他的优势和兴趣——除了神学外——是拉丁文，但他仍然减少了拉丁文课程，只留下高年级的课程，即对已经掌握拉丁文的年级保留了拉丁文课，至于初学者，他就放手不管了。"对于被法国人称之为文艺的科目，他是不屑一顾的。"他的传记作家弗里德里希·奥古斯特·艾克

约翰·奥古斯特·艾内斯蒂（小艾内斯蒂）和老校长并非本家，他有预谋地摧毁了巴赫的教堂音乐，并开除巴赫的学生

斯坦在《全德意志人物志》中这样说。因此他在拉丁文教学大纲中取消了罗马诗人韦季尔和奥维德等人的作品。

巴赫传记作者根据什么把他说成是"科学学校"的促进者,至今仍是个谜。他们显然没有查阅很多这方面的材料。他们几乎一致认为,艾内斯蒂对助理克劳泽的处罚过于严厉了。在这些报道中,唯一缺少的一个问题就是:为什么?在其他场合,谈起艾内斯蒂时,几乎没有人说他是一个暴君,而是相反:说他任校长以后,学校的纪律日益松弛。

但这些传记作家们只是研究巴赫。为什么没有人研究一下艾内斯蒂校长先生呢?艾克斯坦对他的生平有过十分生动的描述,为什么没有人去读它呢?其中有一段尤其值得注意:"在寄宿学校中,巴赫领导的生气勃勃的歌唱组织,他并不喜欢,因为他是教堂音乐的反对者,认为它会影响科学学科的学习。"他原来——和克腾那个不懂音乐的女人一样——是一个不懂音乐的男人:他从根本上就反对音乐教育。

因此他不喜欢现存的教学大纲:盖斯纳在大纲中把科学和音乐确定为两个平等的项目。所以副校长和乐监的地位也是平等的。这样,巴赫才得到了发展的机会,得到了一支由有才华的歌手组成的唱诗班,他可以尽兴地培养他们,而且取得了成就。大学的音乐社也置于他的指导之下,他才有可能于1736年复活节再次演出他的《马太受难曲》,而且在这一次的演出中没有出现对此不好的评论。只要国王来访,他总是在场,而且每次都在公开场合演出了超凡的音乐节目:对他有利的条件都是具备的,他的名声和威望在这个时期也是与日俱增。

艾内斯蒂从小就很虚荣,这可以从他的生平中看出。盖斯纳把他与乐监同等对待,他是不会高兴的。现在他当上了校长,巴赫成了他的下属,可他却不得不看到,巴赫在他不以为然的领域里取得了巨大成就,而把他置于了阴影之下。有不少学生,所以要到托马斯学校就学，仅仅是因为想在巴赫这里受到良好的音乐教育。另一方面，巴赫以其坦诚的性格，始终对比他年轻 20 岁的上司表现了友善和配合的态度，就像他——这是可以保证的！——对所有的人所表现的友善和配合的态度一样。巴赫肯定也很信任他的校长，否则他不会接连两次请他作孩子的教父。

只不过他这样做，实际是陷入了一个后果严重的错误之中：艾内斯蒂妒忌巴赫的知名度。我们知道巴赫在大学音乐社的活动情况：他确实受到那里年轻人的喜爱。而艾内斯蒂却没有那么幸运。对他大学讲课的评价是："它们不乏简短和清晰，但却缺乏生动。"关于他在大学教堂里的布道则是："准备德语布道词，耗费了他很多精力，但却不受欢迎，因为他没有通俗性和热情。"而正是这两点巴赫却有。事过很久以后，仍有学生追逐着他。这一切都是极大的不和谐：乐监比校长受人喜爱！所以艾内斯蒂产生了嫉妒，也是可以理解的。他如果再不采取措施，就将一无所有——乐监"抢走了他的戏"！

要改变这一状况，当然也并非易事，何况在盖斯纳以后，市政委员会就再也没有为巴赫伤过脑筋，巴赫在学校里不仅没有再去找他们的麻烦，甚至还很重视同他的校长保持友好关系。

261

但对付巴赫，必须要谨慎行事。为了在学校里排挤艺术实践，就必须破坏巴赫的音乐：如果音乐课程无法继续下去，那么不仅音乐的影响会自动减弱，而且巴赫的影响和声望也会消失。现在他所要做的，是一种文明的破坏声誉的办法。从传记作家的描写中可以证实：艾内斯蒂做得很成功。

途径就是通过助理。助理是巴赫教堂音乐的支柱，没有他们，巴赫就无法完成在四个教堂里每周演出一首康塔塔的任务。巴赫本人是无懈可击的，因为他过于执著。但如果人们击中他的助理，那么他同时也就遭到了致命的打击。艾内斯蒂早在 1735 年 11 月就为此下了决心。为实施这个计划，他缺少一个合适的战争理由，就像奥地利王子被杀那样的时机。当然也可以是小得多的理由，问题只在于要充分加以利用。当学生克劳泽犯了错误以后，艾内斯蒂看到他的机会终于来了。

巴赫的助理不仅承担着音乐指挥任务，而且也负责纪律管理。没有纪律就没有一支可用的唱诗班，而巴赫唱诗班的成员不仅不全是优秀的歌手，而且也不全是模范学生。管教12到16岁的年轻人对教育者来说是很困难的。克劳泽当时是巴赫的第一助理，即"总助理"，而在他的第一唱诗班里确实有那么两个调皮鬼，给他的管理工作带来很多的麻烦；对他们的演出，教民们也曾提出过意见。1736年春天的一次婚礼弥撒时，就出现过无法容忍的捣乱行为，克劳泽没有了别的办法，只好把最坏的拉出来狠打了一顿。

262　　但他这次却打错了人，这个卡斯特纳——这是他的名字——不想却是弗莱贝格矿山税务局长的儿子。有这样一个父亲，这个学生是不能容许被高年级学生殴打的，即使有理也不行：卡斯特纳在校长那里告了状。说他被打得很厉害，背后出现了淤血。

校医和他的助手虽然无法确认这一点，但这已是无关紧要了：校长艾内斯蒂找到了机会。克劳泽的道歉和后悔已经都没有用了：校长判处他在全校学生面前受棍刑。这是校长可以做出的最严厉的刑罚，上一次这样的刑罚是18年前发生的，受刑者在这之后再也无法在城中露面。

至今还没有人指出的是：这个刑罚和所发生的事件的严重程度是不相适的。在那个年代，在学校里体罚是习以为常的事情，甚至是上课的组成部分。教鞭是教师手中的权力手段。甚至到了20世纪前30年，在人文中学的低年级班里，还能看到教鞭的踪迹，还有教师对不注意听课的学生弹脑壳的处罚方式。克劳泽可能出手过重了一些，但他所做的，并没有超出当时的常规。对他最多只应该给予警告也就可以了，但对引起此事的学生却应该给予适当的处罚才对。但这个学生却没有受到任何处置。因此，艾内斯蒂此举明显是针对巴赫的总助理的。

事情本来发生在教堂，也就是巴赫的职权范围。但艾内斯蒂做出处罚决定时，却没有和巴赫交换过意见。而且他几乎不给巴赫任何机会和他谈论此事：他做出处罚决定以后，立即外出，直到执行处罚那一天早上才回来，而且明确指示他的副手副校长德雷希西不许过问此事。

克劳泽一直是个可靠而能干的年轻人。当巴赫——不是从校长那里，而是从克劳泽那里！——知道此事时，他已无能为力过问此事了。校长的外出同时剥夺了他参与解决此事的可能性！

克劳泽向市政委员会写了申诉报告，再次对发生的事情表示道歉。但这对他已经无济于事了。事态的发展对他只有一条出路，不论他接受这一惩罚还是从学校逃跑，他的名誉终究是被毁了。他选择了逃跑：当校长于执刑那天返回时（没有提前一刻！），克劳泽已经无从寻找了：艾内斯蒂成功地把巴赫教堂音乐的支柱赶出了学校。

他达到了目的以后，才终于找巴赫谈论此事，而且立即表示道歉：事情发生得多么不巧，副校长德雷希西对此事处理得多么不合适！克劳泽没有挨打，但他的财物被没收了，包括他的积蓄。总共是30塔勒尔，这对一个年轻人是很多的钱，艾内斯蒂并没有这个权力。

这必须和市政当局说清楚，克劳泽又写了第二份申诉，艾内斯蒂只好让步。他还利用这个机会向巴赫表示，他还是个有同情心、可以原谅人的人。

他从一开始就很善于表现出一副友善的面孔：想陷害别人时，总是找一个恰当的时机。现在该做的，就是要找一个不称职的人取代那个能干的助理。这个新人也叫克劳泽，是现在的第三助理，至今负责彼德教堂的事务，这里安置的唱诗班本来就较差，由他来指挥也不会再差到哪里去了。

263

238

艾内斯蒂早在半年前，就为和巴赫谈这个问题找好了时间（为实现他的打击计划，他有多么长远的规划！）：他和巴赫于 1735 年 11 月一次婚宴以后，在情绪高涨并相互理解的气氛中，一起乘车回家；路上，谈论起一些纯理论问题时，他顺便向巴赫建议让克劳泽第二作为总助理克劳泽第一的接班人。

264

巴赫有些犹豫，但艾内斯蒂解释说，此人资格较老。巴赫当时觉得没有必要在深夜为此进行激烈的反驳，而且这也只是一次私下里的交谈，确定此事也为时过早，所以他也只是表示了一个同事的一点顾虑而已；但艾内斯蒂却得到了他所需要的东西。

这个克劳泽第二——约翰·戈特罗布·克劳泽——在学校里的口碑并不好。比如他在一个裁缝那里做了一件昂贵的外套，但却不想付钱。那位裁缝当然就到处传播了此事，因而克劳泽就得了一个"放荡狗"的诨号。后来我们也没有看到过有什么材料说他和音乐有什么密切的关系。不幸的是，巴赫在乘车夜行时，曾表示过可以让他在那个重要的岗位上试一试，但不久就发生了那场灾难，而这正是艾内斯蒂此举所要达到的目的。他的意图取得了效果。

克劳泽第一离开以后，艾内斯蒂根据和巴赫在马车里面的谈话，正式任命了克劳泽第二为总助理。他同时还针对巴赫的顾虑做出保证，说他在处理克劳泽第一时，就已显示他对纪律问题是如何严格行事，也就是说他在克劳泽第二的问题上是很有把握的，而且他也没有给巴赫以机会反驳他的看法。

一切都按预料发生了：克劳泽第二是个浪荡子，没有兴趣用纪律约束他的歌手们，至于说唱诗的质量，他就更是不感兴趣。到了这时，那位标榜学校纪律维护者的校长，却把对教堂事务的全部责任都推给了巴赫，并拒绝采取任何措施处理此事。同时当然又旧事重提，说他处理克劳泽第一事件时，巴赫对他提出了批评。巴赫这时不得不看到和听到，由于克劳泽第二的荒唐无能不仅伤害了声誉，而且也毁

265

掉了他精心建立起来的教堂音乐。

如果一个人面对音乐保持一定距离，没有任何激情，只是客观地去描写有关事物，才会对多年工作的成果付诸东流采取冷漠无情的态度。巴赫不可饶恕的罪过，就是他做不到这一点。崇拜他的传记作者几乎一致认为，他后来所做的是完全错误了。可惜他们几乎都没有告诉我们，他应该怎样做才是正确的。

他的校长对此事拒绝采取任何对巴赫有利的措施，并援引了学校的制度。向市政委员会提出申诉，对巴赫不会有什么好处：根据学校制度，他现在已不隶属于市政委员会，而是隶属于校长；而且校长和市政委员会有着非比寻常的关系，迄今为止，市政当局对巴赫的任何申诉从未给过答复。

教会监理会也不会对巴赫有什么帮助。它虽然在高德里茨问题上曾——违心地！——支持过巴赫，但总的说来却可以轻易从这个事件中解脱出来：它可以说，无权对学校发号施令，也就是说，不是他们的管辖范围。批评巴赫的先生们，却可以随心所欲地歪曲事实真相。艾内斯蒂已经把巴赫推入了绝望的处境，就像克劳泽第一那样：巴赫现在无论采取什么行动，都会被看成是严重的错误。

巴赫最严重的错误就是：他不是一个阴谋家，而是一个音乐家。他没有能力对付艾内斯蒂狡猾的阴谋，而且也没有能力容忍糟糕的音乐。他被校长抛弃了，从监理会和市政当局也都得不到任何帮助。但他却要对趋于破碎的音乐负责！

克劳泽第二，根本不理会他的警告，因为他有校长作后盾。于是，在一个星期日的早上，巴赫实在忍无可忍的时候，当即解除了此人总助理的职务，任命了第二助理吉特勒继任。他同时也按制度通报了校长。

克劳泽第二马上到校长那里告了状，校长艾内斯蒂至此一直注意让事态按他安排的进程发展，现在他把事情又推给了巴赫。巴赫告诉克劳泽第二，任免助理完全是他作为乐监的权力，克劳泽第二又立即报告了校长，这正是艾内斯蒂想看到的发展：在这种情况下，他有权批评巴赫，在言行上都违背了校长的指示。

巴赫到这时仍没有弄清楚，这是在玩什么把戏。他重新正式向校长道了歉，并许诺再次试用克劳泽第二。但这个克劳泽在下一次的演唱时，指挥得完全不像样子，巴赫又撤掉了他。（不同校长商量不会出现这种状况，没有一处记载，校长曾为改善音乐质量做过努力。）现在艾内斯蒂终于占了上风，当巴赫再次书面要求不能任用克劳泽第二时，艾内斯蒂却自作主张又让他当了总助理。根据学校制度他根本没有这个权力。巴赫（脾气暴躁者！）即使遭受如此公开的侮辱，却仍没有失去镇静。

教区牧师索罗门·戴灵，巴赫的教会上司，在艾内斯蒂事件中，先是支持巴赫，后来像扔热土豆一样，置之不管

对教堂礼拜的监督权力属于教区牧师。艾内斯蒂自作主张地又任命了无能的克劳泽第二，显然干扰了礼拜活动。所以巴赫又向教

区牧师提出申诉，说明了事实真相。他的说明言之有据：戴灵牧师肯定不是巴赫的朋友，但却不得不承认他是对的，并答应去解决此事。教区牧师的支持看来是有把握了，巴赫又把克劳泽第二赶走，任命了吉特勒。

他对自己观点的正确性和戴灵的支持是毫不怀疑的（戴灵又加强了他的信心）。巴赫走后，艾内斯蒂拜访了戴灵。艾内斯蒂在大学时是戴灵的学生，而且是高才生。哪个老师又会出卖自己的模范学生呢？戴灵又倒向了艾内斯蒂！有了主心骨的艾内斯蒂出现在晚祷弥撒上，走向唱诗班，赶走了吉特勒，再次安排了克劳泽第二。另外他还严厉警告学生，不得服从巴赫安置的助理的指挥，否则定将严办。

现在的问题就是，巴赫下面要做的事情，是否超越了他的权限。某些传记作家就是这样说的，但这个问题现在已经是无关紧要了：校长已经远远超出了他的权限，作为巴赫的上司，他的作为绝对是毫无道理的。当他至此的阴谋仍未能让巴赫屈服以后，他立即采取了粗暴的手段。任命助理不属于校长的职权范围，但巴赫却要对教堂音乐正常演出负责。由于克劳泽第二做不到这一点（显然也不想做到这一点），巴赫就必须制止他的指挥行动。

但校长出现了，而且发出了威胁，于是没有一个学生再敢出来指挥。（这位校长有时什么都干得出来，在克劳泽第一的事件中已有所表现。）巴赫的优等生现已考入大学的克雷布斯正好在场，接受了指挥权。对这一过程，斯皮塔有过描写：

"下一个星期日（8 月 19 日）再次出现了令人烦恼的事件。巴赫不允许校长指定的助理指挥和领唱，但其他的学生又都不敢取代他。巴赫只好决定违反常规自己去指挥经文歌，一名大学生出来领唱。就在当天，巴赫向市政委员会提出第三份（！）申诉报告……委员会应该进行的紧急干预却没有发生。"

海因里希·布吕尔伯爵，弗莱明的接班人，奥古斯特大王和奥古斯特二世国王的实力派大臣。在他的过问下，巴赫获得了国王宫廷作曲家称号

7 月初发生了克劳泽第一的事件。从此以后就是战争。7 月过去了，8 月出现了公开的丑闻，市政委员会看到乐监变成了助理，但它保持沉默。整个 8 月、9 月，到了 11 月还是沉默和观望。人们记起了西格勒的观点，说市政委员会有自己的文化政策，甚至还有一个乐监派。但在这里，却没有看到他们出现。安排教堂音乐与安排神职人员一样，是市政委员会的义务。但"无所不知和强大无比的"市政委员会在这里却丝毫没有责任感。我们不得不得出这样的印象，他们似乎对出现的状况感到很开心。

269

这时出现了一件使巴赫有了一线希望的事情：9 月 29 日，国王来莱比锡进行访问，巴赫再次提出了获取宫廷作曲家称号的申请报告。但国王没有满足他的要求，就离开了莱比锡。到了 11 月，巴赫终于又向教会监理会提出了一个申诉：它毕竟是教会等级中执法的机构，而且列位于教区牧师之上。正在巴赫已放弃了得到答复的希望的时候，却出现了巨大的意想不到的好消息：11 月 21 日，他收到来自王家总督所在地普莱森堡的渴望已久的任命书。他获得了"宫廷乐队作曲家"的称号。

这就是救星！因为这不仅仅是一个称号：作为"宫廷乐队作曲家"，从此巴赫成了宫廷的人，已经置于"国王和大选侯"陛下的个人保护之中。市政委员会也必须尊重这一点，它必须承认这样一个荣誉！巴赫就是这样想的，于是撤回了他向监理会提出的申诉，急忙赶到德累斯顿，以便在那里的圣母教堂用西伯曼管风琴为宫廷成员和各界名士举行一场盛大的音乐会，以示感激之情。无所不能的布吕尔伯爵签署了巴赫的任命文件，紧急为他送递过来的不是别人，而是俄国沙皇的公使凯赛林格所安排。是啊，巴赫在德累斯顿宫廷有重要的朋友和崇拜者。

然而，在他的问题上，和在同市政委员会的关系上，这却毫无用处。即使是"国王和大选侯宫廷作曲家"，市政委员会也不买他的账：11 月没有消息，12 月没有消息，次年 1 月仍没有消息。巴赫多想看到，他的教堂音乐能走上正轨！因而他觉得有必要于这一年的 2 月 12 日，即 4 个月以后，又递上了申诉报告。斯皮塔说： 271

"6 天之前，市政当局已经做出了相应的决议，但却放在那里达两月之久：4 月 6 日，送给了艾内斯蒂，10 日送给了巴赫，20 日送给了戴灵。市政委员会在其中并没有涉及到争论的核心问题。它采取了最方便的手段，对双方都进行了批评；但克劳泽第二仍保留为第一助理，'因为他在学校的学习将于复活节结束'，复活节就是 4 月 21 日。"

到了这个时候，市政委员会知道得很清楚，他们的决定对巴赫已经毫无用处了。他们用这种精心安排的拖延战术，尽最大可能保护了他们的艾内斯蒂，最终显示了他们对保护教堂音乐根本不感兴趣。斯皮塔详细地分析了各方的法律处境，也没有忘记提到，艾内斯蒂最后采用了十分不干净的手段，不惜用诽谤和臆造，说巴赫受了贿赂——一句话，艾内斯蒂彻底暴露了他的卑鄙人格。但这正好是

德累斯顿圣母教堂的西伯曼管风琴，巴赫曾在此为宫廷作曲家称号
进行考核演奏

市政委员会和监理会所需要的，监理会在整个事件中都表现了冷漠，决定要息事宁人。

从法律角度观察这次助理大战是没有益处的，而且脱离了事情的本质。这里不需要法律知识，而只需要简单的理智，只需要看到一个负责音乐的人，也应该有权把音乐搞好。只有乐监才能够决定，谁有能力可以做他的代理，这样一个简单的道理竟然没有被那些主管的先生们所理解，这进一步证明，他们对艺术是多么的无知。有人说，至少 1734 年的《圣诞清唱剧》，1736 年的《受难曲》，能在这些先生们的耳朵里留下一点微弱的印象，莱比锡应该能判断巴赫是一个非凡的天才吧！人们想错了。在莱比锡的统治者们的眼里，巴赫只是一个捣乱分子。他们只是对他做了善事。

"没有比城市小资产阶级专制者的行为更为卑鄙了。"弗里德利希·恩格斯在研究那个时代后，是这样评价的。

就像他也在研究巴赫的命运。

第二十二章

　　艾内斯蒂成了这场战争的全胜者。他证明了自己的做事能力，巩固了自己的地位，而且终于看到了，巴赫得不到任何上级机构的支持；巴赫受到了冷落。艾内斯蒂的地位改善以后，终于可以从一个他讨厌的义务中解脱出来：他取消了自己的夜间巡视任务。否则他每四周也得在学生宿舍里过夜，现在他让四年级学生代理。随后巴赫也如此办理。代理的问题让校长去解决，反正他在教室里也为巴赫解决了代理问题。"这种办法对学生的道德水准产生了极恶劣的影响。"牧师柯乐尔在他的《学校历史记事》中这样写道。他没有写，艾内斯蒂是否采取了改进措施。艾内斯蒂是个学者，他想去大学任职，托马斯学校的命运，只是在涉及他的个人利益时他才关心。

　　施威策断言："在圣托马斯学校发生的事情，在那个时代是很典型的。那是一个学校教育正在改组的时代。人们开始为了学习而学习。给音乐以足够的重视和时间，已不再是时尚，它被排挤了出去；只有寄宿学校的唱诗班和老教堂的唱诗班得以保留下来。一个新时代开始了。"

　　从这个事件看，这种说法纯粹是一种臆造，特别是艾内斯蒂的行为更与此毫无关系。他除了压缩了教学计划以外，没有改变任何东西，而且连在梦中也没有想过，要把音乐课程排挤出去。否则他不是和巴赫，而必然是和市政委员会发生冲突，作为一个野心家，他必须尽量避免和上司闹矛盾。假如托马斯唱诗班不再去唱诗，教区牧师戴灵会说什么呢？不，艾内斯蒂是不敢碰学校的教堂音乐的，他只是想让巴赫无法正常做这项工作。不是排斥音乐，而是把巴赫排斥出学校，他的企图是迫使巴赫走上外出避难的道路。

他在很大程度上取得了成功：巴赫终于不想再和这个忘恩负义的小人有任何关系了。他10个月来系统地摧毁了巴赫的教堂音乐。

我想现在不会再有人相信，艾内斯蒂校长在1737年招募新生时还会征求乐监的意见。而且在这个学校里也不再有一个教师会站到巴赫一边。教师们都在明哲保身。首先，在盖斯纳以后，音乐反正已经和其他课程分开了；其次，新任校长已经清楚地显示，和他对立是何等的危险——他的关系很硬！巴赫在和他斗争时完全低估了这一点，甚至同意了副校长德雷希西提出为他调解的建议。他当时的处境很难，如果拒绝这个建议，就会给艾内斯蒂一个口实，说巴赫不愿妥协。而且他也不能用回避的理由拒绝德雷希西调解，因为在全莱比锡，他也找不到另外一个调解人了。可以想象，副校长最后当然完全赞成校长的观点。巴赫接受了这个建议，充分说明，巴赫还心存多少幼稚的信任。或者说他已是多么地孤独。

今天我们知道有"Mobbing"一词，就是把一个不喜欢的工作人员搞臭使其离开岗位，艾内斯蒂十分出色地做到了这一点，他把巴赫给"办"了。"助理大战"以后，巴赫不论在学校，还是在教会或是在市政当局，再也找不到一个愿意为他说话的人了：他的音乐环境被摧毁了，他自己被铲除了，他变成了一个什么都不是的人。

但是，巴赫专家克里斯托夫·沃尔夫，却把由艾内斯蒂一手造成的现实，说成是"巴赫自己安排的一种退休状态"。实际上，对他，各个上司已经很清楚，巴赫对他们就是空气，甚至还不如空气：对他的贬低并没有停止，他所获得的使他成为宫廷人员的宫廷作曲家的称号，对那些人来说，正是极力要贬低他的原因。

做法是如何地卑鄙，可以从1737年4月10日的一个插曲中看到：当一名学生在坚信礼上，唱错了歌曲时，一般情况下在礼拜过后找他谈一谈也就是了。可是，教会方面却不愿和这个人谈话。教区牧师反而立即把此事越过巴赫上告给市政委员会，而不是交给对此事负责的巴赫处理。而那个对巴赫的申诉从来不予回答的委员会，却立即召见巴赫并向他提出警告："要他立即开除那个领唱员，今后派出能干的人选担任此职。"然而，这些先生们却丝毫没有想到，正是他们一再阻止巴赫做这件事的。

整个 1737 年，再次成为低谷之年，甚至是巴赫一生众多低谷中决定性的低谷。第二个盖斯纳不会再来了。从此，巴赫的所有上司都站到了他的对立面，直到他生命的终点没有发生变化。

情况还不仅是他受到了孤立，他的"为崇敬上帝而创的均衡的教堂音乐"也遭到了毁灭性的打击。他个人生活中也又增添了新的苦恼，他利用个人威望把儿子伯恩哈德安置到了米尔豪森的圣玛丽娅教堂，那里的人还怀着兴奋和崇敬的心情怀念着老巴赫；但这个小巴赫却不给他父亲争气：他的演奏过于疯狂，事后不得不找来专家检查，看管风琴是否受到了损坏。所以，他必须离开这里，后来巴赫又利用自己的关系，使儿子在桑格豪森找到一个职务。但在这里他又给父亲制造了新的麻烦：他离开了这个岗位，在住所留下一屁股债，逃之夭夭了。巴赫两次都白白帮了他的忙，伯恩哈德给他带来的只是屈辱，他替儿子还了债务。（两年后他得到了伯恩哈德死去的消息。）

然后就是在这一年还来了一个沙伊伯先生（约翰·阿多夫）。此人的父亲曾是莱比锡的管风琴制造师，巴赫在克腾工作时曾验收过他为莱比锡大学制造的管风琴，并给予很高的评价。那么这个儿子是谁呢？1858 年《全德意志人物志》中介绍了他的生平。

"……1708 年生于莱比锡，父亲是大学教堂的管风琴制造师约翰·沙伊伯。1725 年在尼古拉学校毕业，准备到大学攻读法律，但由于家庭状况不佳，不得不放弃了这个打算，开始从事音乐活动。他学会了演奏管风琴和钢琴，并开始作曲，靠当教师和乐队乐师谋生。1735 年，他曾在布拉格、哥达，1736 年在松德豪森，后来到汉堡，寻求固定的职位。他为汉堡剧院写的歌剧，由于剧院破产未能演出，使他大失所望。于是他又投入到音乐写作领域，于 1737 年创建不定期出版的'创作'刊物，1740 年更名为'音乐评论'。"

在 1737 年 5 月出版的一期中，他用溢美之词夸奖了高超的巴赫以后，写下了对巴赫致命的一番话："这个人本可成为全民族的骄傲，如果他能够表现更多的平易，如果他的作品中不通过华而不实和令人困惑的手段远离自然，如果不把其美丽用过度的艺术掩盖的话。由于他根据手指进行评价，所以他的作品是十分难以演奏的，歌手和器乐家都要用自己的嗓音和乐器，表现他在钢琴上可以奏出来的东西。但 277 这是不可能的。一切姿态，一切微小的装饰，一切可演奏的方法，他都用特殊的乐谱表现出来，不仅把作品中和谐的美妙除掉，而且也使歌唱无法聆听。所有声部都交织在一起，以同样的难度发出，人们从中竟听不出主调来。① 简而言之：他在音乐领域，就像在诗歌领域中的罗恩斯坦一样。他们两人的华而不实都使自然变成人工，使高雅变 278 成阴郁，人们对他们艰难的工作和非凡的努力惊叹不已，但它们却是枉费心机的，因为它们违背了大自然。"

第二年，他又在写给他的同事马特松的一封信中对这种观点进一步加以补充："巴赫的教堂音乐作品均为人工雕琢和费时费力；它们决不像特勒曼和格劳普纳的作品那样具有魅力、信念和理性的思考。"

在这里我们不由想起了柏林的一个评论家对贝多芬弦乐四重奏的

---

① 沙伊伯的这一说法，不仅表明他在音乐上的无知，而且也是对演奏巴赫管风琴众赞歌"两个手键盘和脚键盘"的宝贵的说明。一般情况下，演奏的方法是，管风琴师通过明显地拉动音栓来突出众赞歌的旋律。而沙伊伯的埋怨却恰恰证明：巴赫演奏时，各个声部是平等的，非主调的声部在他那里没有处于次要地位。谁要是也想试一试，他就会对所能达到的表现力和显现出来的丰富的形式感到意外（也可以理解沙伊伯为什么说错了）。

评价："贝多芬先生永远也达不到科策卢弦乐四重奏的那种柔畅。"
（他说得有道理，但有谁现在还演奏科策卢的作品呢？）

沙伊伯主办的杂志《音乐评论》

我们如果仔细分析一下沙伊伯的观点，就会发现两个问题，其一，他不配评论巴赫；其二，他绝不是一个真正的音乐家。"所有声部都交织在一起，以同样的难度发出，人们从中竟听不出主调来。"但是，这个"人们"实际就是谴责巴赫的沙伊伯先生自己，因为他对赋格一无所知。有如此局限性的人当然不止他一个，到了下一个世纪，又出现了一位汉斯里克，也是对布鲁克纳和瓦格纳的和声技术无法理解。又过了两个世纪，竟有几个音乐理论家说沙伊伯的批评完全正确。①

而实际上，沙伊伯的论调恰恰是他无知的铁证。同样在那本人物志里也描绘了他在音乐方面的情况："他生前在音乐创作上并不像他在写作上那样有影响；他的合唱曲变音过多，难度过大，而独唱曲又缺乏华彩，他的宣叙调掺杂过多感情成分，他的最大和最普遍的缺陷就是思想贫乏。"② 如果这个评价切中他的音乐作品（他的作品没有一部保留了下来），那就再次说明，巴赫的作曲方式已超出了沙伊伯所能理解的程度。他在另一个场合还批评过巴赫，说他所以没有成为伟大的音乐家，是因为他没有在戈特谢德教授那里学习过哲学、演说技巧和诗歌艺术，这种说法简直使他变得滑稽可笑了。尽管还有一些理论家（如米茨勒）和他一样发表这样的伪理性主义的观点，我们也是不能原谅他的。"我们应从他们的果实上认识他们。"圣经是这样教导我们的。值得注意的是，上述所有这些人都没有取得过什么重要的成就，尽管某些理论家也把他们称赞为理论家。"在艺术上，实践永远高于理论。"帕布洛·毕加索说。理论是产生不出音乐的，但对一位欧文柏林，却有人说，他不识曲谱，但他的乐曲却响遍全世界，甚至美国国歌也出自他手。

279

其实，我们完全没有必要对那位沙伊伯先生给予认真对待。如果他没有如此攻击过巴赫的话，他或许早已被人遗忘。但他说巴赫不是一个音乐家，而是一个没有教养的人，这不仅说明他的极度愚蠢，而且也是很卑鄙的。当巴赫经历了助理大战，灵魂深处受到创伤时，他见到过巴赫。一切厄运都向巴赫袭来：校长、上司、儿子，还有沙伊伯向他泼出的这盆脏水。

---

① 这也是巴赫的崇拜者盖克、希格蒙德·舒尔茨和奥特巴赫的观点。在不少巴赫传记中，沙伊伯的重要作用虽然多次被提到，但在音乐史中却很少有他的位置。他很像希腊人赫洛斯特拉特，只因放火烧毁了阿耳特弥斯神殿才留存史册的。

② 尽管如此，希格蒙德·舒尔茨仍称沙伊伯是"重要的音乐家"。（即使在他那个时代也并非如此。）

这时他在莱比锡已经住了 14 年，他在第二个 7 年中的处境，比第一个 7 年更为恶劣。他已经 54 岁了，仍看不到有机会迁到别处去。他不是哥尔多尼，在 54 岁时还迁往巴黎，用法文运作；但卡罗·哥尔多尼只养活他和他的夫人。他是一个阅历丰富的律师，而巴赫是个音乐家，命里注定要搞音乐，不像沙伊伯那样可以随时离开。

当然，在 1737 年这种形势下，巴赫也是有理由放弃一切的。但我们想了解，一个有名望的音乐理论家，在说出"自己安排的一种退休"时，头脑中到底在想什么。另外一个还煞有介事地断言，巴赫确实在追求退休！上帝知道，他已经是退休了！但不是自己安排的。校长实际是他的死敌，他的教师同事在排斥他——他不再踏入学校一步，应该是很明智的，他也不让他的孩子到学校去，请了他的表弟艾里亚斯担任家庭教师。因为在这个学校里，巴赫的孩子是不会有好果子吃的：从一个粗暴不讲理的校长艾内斯蒂那里，只有笨蛋才会期望公正的待遇。

不，巴赫没有主动离开学校。"自己安排"的说法完全是歪曲事实真相。而"退休"一词也同样是与事实不符的。在当时那种情况下，一个人完全可以消沉下去，但巴赫还在继续工作，还在以其沉着的韧性，就像信天翁在南极海上盘旋一样，继续工作着。从某些传记中我们得到的印象是，巴赫生命中，似乎唯一的任务就是担任学校的乐监。如果在这方面他们在巴赫的性格上能找到这个或那个弱点，他们就很高兴，以为这样的描绘，恰好显示他们的"客观态度"。然而，在谁那里，在哪本传记里，曾尊重过这位伟大人物的坚定和顽强的性格呢？在这种坚定和力量面前，我们只能仰首崇敬和躬身肃穆。

假如他在这一时刻，抛开一切烦恼，隐退养老，谁又会对他有不逊之言呢？但他仍在继续工作，不仅孜孜不倦，甚至废寝忘食，尽管这个莱比锡乐监让他不堪忍受，尽管他连在大学的音乐社也找不到一丝欢乐。

　　但这不是退休：他在学校外面，仍在完成自己义务的大部分。即使在这种情况下，他仍然承担着对每周日弥撒所应负的责任。我们仍然看到了当时留下的委员轮换康塔塔。他仍然去为洗礼、婚礼和葬礼进行音乐服务，这位"伟大的托马斯乐监"仍在和唱诗班的学生走在丧礼棺材的前面。他只是一名市政府的小职员，但每次葬礼他都得到一块塔勒尔，他当时的年薪为 100 塔勒尔——他必须参加这些额外的活动，才能供养全家。

　　但巴赫一生都是勤奋的，烦恼和苦闷并不能使他放下工作。他当然也不完全孤立，他还有朋友。在大学有学士约翰·阿布拉哈姆·卞鲍姆，他曾在巴赫和艾内斯蒂争执中为巴赫辩护，不仅强有力，而且还显示了令人吃惊的渊博。还有他在魏玛的表弟约翰·戈特弗里德·瓦尔特也一直在支持他。

　　虽然仍有一些音乐理论家认为，沙伊伯的观点是"时代的标志"，但在客观上，他的标准仍然是错误的；而且从他后来的生平可以看出，他具备一切中庸之辈的特点：虽然曾在哥本哈根宫廷乐队中担任指挥，但却在 5 年后，即 41 岁时，就告老退休了——这肯定不是因为成绩卓越。后来他把主要精力投入作曲，除了一些教堂音乐外，还留下了 150 首长笛协奏曲、30 首小提琴协奏曲和 7 首单乐章的交响曲。"他最大的弱点就是思想贫乏。"《全德意志人物志》中是这样评价的，而这本书中所提及的其他人物，几乎通通是完美无缺的。

　　卞鲍姆的辩辞是精彩绝伦的，从其内容的详尽可以看出，他把这篇辩辞看成是自己内心的欲望。他不是巴赫唯一的朋友，巴赫不仅在德累斯顿，而且甚至在他从未去过的波希米亚也有不少崇拜者。比如约翰·亚当·封·克维斯腾贝格伯爵，这是一个真正的音乐痴，在他管辖的叶索美里策，学校里都设置了音乐课。他和维也纳音乐生活中的名士，当时举世闻名的宫廷乐队指挥约翰·约塞夫·富克斯以及他的副手、同样闻名于世的安东尼奥·卡尔达拉都有个人接触。（富克斯的《艺术津梁》一书是那个世纪对位法的经典著作。也受到了巴赫的高度评价，并推荐为教科书。）克维斯腾贝格伯爵的乐队在波希米亚和摩拉维亚地区起着重要的作用。他是巴赫的崇拜者，而且同巴赫保持着个人间的联系，这是有据可查的。同样还有施坡尔克伯爵，他的属地在布拉格附近的里萨，也同克维斯腾贝格有联系，亨利奇于1724 至 1725 年间发表其《建筑思想集》时，就是把书献给他的。他和莱比锡的关系也很好。克维斯腾贝格和施坡尔克两人都是天主教徒，但丝毫没有影响他们对这位基督新教作曲家的敬仰。何况巴赫的作品也不全都是教会音乐，他的大部分作品根本就不是为教会创作的。

282

巴赫在这种彻底孤立的处境下，写下了四首小弥撒曲，即没有信经、圣哉经和羔羊经的弥撒曲。很多人对此都有过长篇和全面的论述，这种小弥撒曲在路德正统教会中也曾采用，因而有人把它干脆称之为"新教"弥撒曲。[①] 但这些小弥撒曲是否在巴赫那个时代，在巴赫的教堂里演奏过，却完全缺少证据。说它们是为莱比锡所写，也是不太可能的。如果说莱比锡当时就需要这种拉丁小弥撒曲，那巴赫为什么不在 1730 年创作康塔塔、圣母颂歌和受难曲时期就写呢？为什么偏偏要在他和教会上司关系处于低谷，既无演出手段也无演出机会的时刻写这些东西呢？这是些要求高篇幅长的作品，某些贝多芬的交响曲还要比这短些！在正常的新教礼拜场合演出，显然是不适合的。尤其是在一个一贯强调音乐"不要太长"的城市，这就更加不合时宜。巴赫刚刚受到学校、委员会和监理会最残酷的迫害，他的音乐教育环境已被上司摧毁，难道巴赫就没有什么其他事情可做，非要一口气写下四首非凡而内涵丰富的曲子来凑趣不可吗？这看起来确实是不

①　在 1978 年新版的巴赫作品集（贝伦莱特出版社）中，仍为"路德弥撒曲"。但路德派的重要改革内容之一就是在教堂礼拜中把教会拉丁文改为大众都能听懂的德文。莱比锡是路德正统派的一个大本营。因此，有关巴赫为托马斯教堂写拉丁文短弥撒曲的说法，不会是正确的。而且他的前任和其他路德派的同事们，也都没有用拉丁文组织过路德教会活动。

可信的。

比较可信的解释可能是这样一个事实：这些小弥撒曲，不加任何改变，也可以在天主教礼拜仪式上使用。必要的条件是，领导这个天 283 主教机构的是一位有世俗思想的人。距"教会合一"的观点，当时的天主教也好，还是基督新教也好，还都相距甚远，它们之间的关系更像是交战的双方。至于巴赫是向圣父祈祷，还是向圣母玛丽娅祈祷，这对施坡尔克和克维斯腾贝格来说，是无足轻重的；但在自己的教堂，由自己的唱诗班和乐队演奏巴赫这些音乐作品，却必然是一种无与伦比的欢乐享受。

有人认为，这些作品可能是在克维斯腾贝格和施坡尔克两位伯爵的授意下写就的，这可能更接近实际情况。（但施坡尔克死于 1738年。）说是为新教所写，缺少任何可靠的根据。可喜的是，巴赫在这样一个困难的时期，还是找到了雇主，需要他的宝贝；这表明，在其他地方还是有人乐意聆听他的音乐的。

1737 年，巴赫确实对莱比锡厌烦透顶了，他甚至停下了对大学音乐社的领导。尽管如此，《马赫年报》的出版人克里斯托夫·沃尔夫却仍然得出了令人吃惊的结论，说巴赫的整个协奏曲、前奏曲、室内乐，包括很多奏鸣曲，都不是在克腾，而是在莱比锡于 30 年代中后期创作的。这就意味着：巴赫在克腾主管乐队和室内乐的 5 年中，什么都没有写，而当他的工作受到很大阻碍，并决定要和乐队分离时，却突然写出了一大批协奏曲和室内乐来。

可惜的是，沃尔夫却没有对这种不寻常的现象做出音乐理论式的解释，但大胆的结论他却做出了不少。还有施洛伊宁，甚至认为巴赫为什么离开克腾都是个不解之谜，而且把助理大战只看成是"等级国家的权限之争"，认为这都是些无关紧要的次要问题，根本不去研究它对巴赫的后果如何，却反而利用这个机会，去捏造巴赫的"反复无常和错误的举止"。如果这也算是科学的话，那么巴赫为什么不在要 284

放弃乐队的时候，去努力创作乐队协奏曲呢？

　　但乐队他只摆脱了很短一段时间。助理大战对他尚未结束。由于教会监理会一直没有对此表态，巴赫于是在 1737 年 10 月终于以宫廷作曲家的身份求助他的主人国王。11 月 17 日，国王要求监理会立即研究巴赫的申诉。然后就是漫长的公事公办的长途跋涉了：1738 年 2 月 5 日，即整整 4 个月以后，这个机构终于正式要求委员会和教区牧师——是保证巴赫演奏他的教堂音乐的权利吗？千万不要过于着急！监理会不需要先学习《帕金森官僚主义论》的章节，就已掌握了官僚主义的应用技术了，他要求——打个报告来。而且十分严厉！14 天之内要把报告送来！

　　斯皮塔对我们保持了沉默，没有说出他找到了这两份报告。但在这之间发生了另一件事情。1738 年复活节，国王又来莱比锡参加弥撒。不可缺少的当然是对他的赞美乐。这次对市政委员会来说，注定不能让那个巴赫作曲！一个带来这么多麻烦的人，绝不能代表莱比锡。即使他是"宫廷作曲家"，那又怎么样呢？而且演出时，除了市政当局的音乐家外，还有大学生和大学音乐主管格尔纳。音乐应该由他来创作，而不应该由那个宫廷作曲家。委员会是这样策划的。

　　可大学生们却是另外一种意见：虽然巴赫已把大学音乐社的领导权交给了卡尔·戈特赫尔夫，但他们只愿意在巴赫的领导下演奏赞美乐！由谁来指挥，只有他们有发言权，所以委员会也不敢和他们吵翻，只好屈服：何况国王的信件至今尚未回复，如果在国王在场的情况下再制止宫廷作曲家指挥，那就会出现很大的麻烦。

　　大学生们获胜了，巴赫也获胜了。他利用了这个机会在市政委员会那里把他的事情做一个了断：当时看来肯定有一个宫廷中的重要人物在市政委员会里为巴赫说了话。1738 年复活节开始，一切争执告一段落，当然是暂时的。市政委员会的先生们耐心地等待时机，对巴赫的胜利进行报复。他们确实也找到了机会，在第二年，即 1739 年的复活节。

关于1738年复活节的受难曲演出，我们知道得很少，同样对1737年由助理克劳泽第二演奏的受难曲情况，也知之甚少。但1739年，巴赫终于要再次演出他的《约翰受难曲》了。

但巴赫没有成功。市政委员会对他的演出下了禁令，理由则是微不足道的："乐监先生没有及时把歌词报予委员会批准。"这当然是一个异乎寻常的借口，因为这个受难曲在莱比锡已经演出过多次。但只要有机会，他们就会限制巴赫。而且委员会必须再次显示它的权威。他们甚至找了一个特殊的人给巴赫递送这个决定，我们知道这个人的名字，也知道他的地位：他就是下等殡仪书记官毕能格雷伯。

在莱比锡的"强大无比和无所不知"的市政委员会的眼中，巴赫的社会地位到底有多高，这件事情显示得再清楚不过了。

第二十三章

　　对 1738 年复活节的事件，人们重视得太不够了。这个事件表明，大学里的年轻人不顾市政委员会的反对，坚持要求上司同意被彻底冷落的巴赫指挥他们演奏。格尔纳不是一个坏人，哥拉赫也不是一个坏人，而且又是现任的音乐社的指挥。但在这次活动中，他们却要巴赫！

　　由此可见，巴赫在莱比锡热爱音乐的年轻人中，显然受到钟爱，享有不寻常的威信。而且不仅在莱比锡大学生中是如此。艾内斯蒂终于把巴赫赶出学校以后，却出现了值得注意的现象：他固然摆脱了巴赫，但却未能摆脱音乐爱好者。每一个为了音乐才进入托马斯学校的人，都会受到艾内斯蒂嫉恨——然而还是有很多年轻人来托马斯学校上学，因为他们想在这里接受巴赫的音乐教育。

　　谁在巴赫那里上课，就会被艾内斯蒂的课程开除——甚至不许在旁边的房间里偷听他的高论。众所周知，他把喜好音乐的称为"啤酒琴师"，所以可以想象，谁要是在巴赫那里听音乐课，在这所学校里的处境就不会好，就得准备接受强大的压力。但艾内斯蒂这样做，却毫无效果：谁想在音乐上有所收获，就要进入托马斯学校，就要找伟大的巴赫。施洛伊宁竟敢做出如此的猜测，说巴赫很想建立自己的学
校——但这是根本没有必要的：谁有一定天赋并愿意在他这里学习，他就教导他们，根本不需要在任何报纸上做什么广告。

　　这还表明了另外的事实。有的传记作者认为，巴赫被赶出学校以

后就一切都完了，后来发生的一切都是些无关紧要的小插曲而已。"主动安排退休"一说，还不是唯一的结论。斯皮塔在论述 1737—1750 年期间这一章的标题是"生命的最后阶段"，特里的标题是"最后的年代"。看到这样的标题，人们就会不由地想到一位手拄拐杖在莱比锡街巷漫步的垂暮老人，完全被世界所遗忘，彻底远离了音乐问题的烦恼。盖灵格就是这样描绘他的形象的，在讲述这段时间时用了几个伤感的字句："走向终结"。

沃尔夫的"退休"一说，显然也是来自这样一种设想，认为巴赫来到莱比锡，就是为了以他的音乐成为"托马斯乐监"。而事实是，他来到莱比锡是为了利用乐监的条件发展他的音乐。而当他为这个乐监地位遭到如此多的劫难以后，却仍然坚持不懈地做着他的音乐。作为学校乐监所承担的义务，他这时除了个别例外就只是顺便做做而已。但艾内斯蒂把他赶出学校以后，也就不再和他谈论助理人选的问题了。艾内斯蒂达到了目的，谁当助理，对他已经无关紧要。在这个问题上，巴赫有了自由，阵线已经划清。1739 年市政委员会正式禁止他演出受难曲，到了 1740 年他还是演出了；他再次演出了他的约翰受难曲，为了这次演出，他甚至还做了修改。

在这里我们又看到了巴赫创作的另一个特点，它和他的"借鉴方式"同样重要。他确实写了不计其数的音乐作品，但这些创作对他来说却没有"完成和结束"，他还不断在加工，它们不是应景之作，而永远是他不断为之投入的创造性的解题（这也是他在"平均律钢琴曲集"第二部分中所走的道路）。此外，他还写了一些根本无人需要的东西，比如《管风琴弥撒曲》、《b 小调弥撒曲》或者《赋格的艺术》。288 如果说他的协奏曲和室内乐的手迹显示出是 30 年代后期的作品，那么这绝不是他在这个时期创作的证据。他完全可能是在这个时期进行过修改，或许怀着对美好时日的怀念，因为这时——可惜——他已不需要它们了。

有一种理论完全是无稽之谈：他已完全退隐养老，就是说，躲进了无奈的角落。在这方面，很多人都提到 1741 年由商人戈特利布·本内迪克特·策米施建立的"大音乐协会"，其中没有巴赫参加。这里人们忽视了一个问题：他为什么要参加呢？他并不需要依仗商人策米施，他这时又重新接管了音乐社的领导职务。不论策米施还是巴赫都没有垄断地位：除了巴赫的音乐社之外，当时还有一个格尔纳的音乐社团，巴赫在莱比锡并不是唯一的音乐家。他也并不把自己掩埋在孤僻的过时的音乐问题之中，绝不像施洛伊宁、沃尔夫和其他人硬是要我们相信的那样在"古风"① 中不能自拔。更重要的是他并没有"过时"——他也从不是一个时髦作曲家。但直到他生命最后，向他请教学习音乐的学生和年轻人总是络绎不绝，他的儿子卡尔·菲利普·艾马努埃作为当时的见证人说，他的家就像一座鸽子房，热闹非凡。这绝不表明他已被遗忘，也不表明，巴赫在生前就已经"过时"了。施维林的公爵在巴赫的晚年，还出资派他的宫廷管风琴师约翰·戈特弗里德·米特尔到老巴赫——而不是别人——那里去学习，难道这也是过时之举吗？难道这个年轻的米特尔真的僵化到这种程度，就不能寻找一个更时髦的人选吗？

---

① 克里斯蒂安·伯恩哈德在他 1660 年撰写的 "论作曲中的增音" 一文中，指出了 "常规风格的对位曲" 或者 "古风" 和 "对位" 或 "奢华风格" 或 "现代" 之间的区别。严格按照帕莱斯特里纳的原则，规范了音乐修辞音型学和感情论的范畴。克里斯托夫·沃尔夫在他的学术论文中，试图论证，巴赫50 岁以后，也就是说在他的晚年作品中，曾积极致力于研究这种 "古式" 风格。但巴赫这个时期的作品中，不论在旋律上、和声上还是节奏上，均没有出现像帕莱斯特里纳的 "马切洛斯教皇弥撒曲" 或《耶稣的永赐弥撒曲》中类似的思路。巴赫在运用某种风格时，总是明显地标示出来（如《法国组曲》、《英国组曲》，《意大利风格协奏曲》，或在《赋格的艺术》中的 "以法兰西的风格"），但却从未标示过"古风"。关于这个问题，在 1732 年出版的约翰·戈特弗里德·瓦尔特的音乐词典中，也无处可寻，尽管瓦尔特用了两页的篇幅论述了风格的问题。《音乐艺术百科词典》（斯图加特 1838 年）、多内尔的《音乐百科全书》（海德堡 1865 年）、里曼的《音乐历史手册》（莱比锡 1920 年）以及《国际音乐和音乐家百科全书》（纽约 1956 年）都不知道这个概念。可以肯定，"古式" 这个概念在整个 18 世纪，甚至 19 世纪，至少对巴赫（即使他真的听说过整个概念）是没有任何意义的。沃尔夫的功绩就在于，证明了巴赫潜心研究在那个世纪根本不存在的这种风格。盖克还对此论点做了补充，他说巴赫创作 "b 小调弥撒曲" 时，只是通过对帕莱斯特里纳的学习，才有可能。但这两位大理论家却都避而不谈，在新教统治的莱比锡，巴赫是如何找到 135 年前死去的这位意大利天主教信徒帕莱特里纳的曲谱的。根据斯皮塔的描述，在巴赫的遗产中并没有这些东西。而且，18 世纪前半叶的一个特点，是人们普遍对历史的风格不感兴趣。这也可以从绘画、建筑和戏剧上得到证明。

　　说到这个问题时，往往要提到"华丽风格"。[①] 至于它具体说的是什么内容，那些有名望的音乐理论家们总是把它当做一种秘密埋藏在胸中。"就是这样，不要再说了！"就像列欧·施太因对他的《风流寡妇》说的那样。"华丽风格"一词，在巴赫的前任库瑙时就使用过，它在那个世纪中叶还什么意思都没有，库瑙是后来才开始时髦起来的。施威策称巴赫是"巴洛克音乐的顶峰和终结"，这就使人产生一种观念，似乎巴赫之前的人们就已经崇尚复调音乐和写过赋格。但这并不是事实。当巴赫死的时候，据说"华丽风格"早已把巴赫送到了退休养老的地步，可在远近却没有哪一个作曲家，像莫扎特的名字曾遮盖了天才的交响乐作曲家海顿那样，使巴赫的名字暗淡无光。

289

　　当巴赫 1740 年排练修改过的约翰受难曲时，他已经克服了校长、市政委员会和教会上司对他的恶意迫害的影响。校长阴谋得逞，但却无法把音乐排挤出学校；市政委员会突然发现，如果不让宫廷作曲家巴赫演奏，就会和国王过不去，所以只好让步；教会监理会则明确表示，根本不想过问巴赫和他的音乐事业。所以他成了一个自由人。经常性的教堂音乐总在家中组织排练，他的助理都是些十分投入的年轻人，在接受任务时明确站在巴赫一边同校长对立。巴赫是可以信任他们的。至于大学生们，他们已多次表明，为什么要如此态度鲜明地支持巴赫。所以 1740 年的受难曲演出肯定会是不错的。

　　然而，莱比锡也不单单由学校、委员会和监理会所组成。也不全使一个全年每个星期都在奇莫曼咖啡馆和咖啡园中奉献精彩音乐会的人，没有他的追随者。那里的人们也不像沙伊伯那么愚蠢——很快就否定了巴赫的大学生音乐会，只因它没有带来欢乐，只因他的音乐已经过时，"令人捉摸不定"和"华而不实"。人们对当时能够听到的巴

---

① 　可能是指当时在曼海姆出现了一种新的音乐风格，被称为"曼海姆流派"。里希特、施塔米茨、霍尔茨保厄、卡纳毕希都是巴赫的同时代人。他们都属于曼海姆。安诺德·谢灵在他的《莱比锡音乐史》中都没有记载，说这些人在巴赫时期曾到莱比锡演出过。

赫的作品，必须深入进去，比如他的羽管键琴和小提琴协奏曲：它们
290 不仅是最精美的艺术杰作，而且也总是远离枯燥无味的一种狂热的音
乐激情的表露。把巴赫的音乐当成高贵和深邃象征而顶礼膜拜的人，
通通忽视了其中真正的悦耳音虫：那些听后绕梁三日的主题，那些深
入人心骨髓的旋律，那些令人情不自禁的节拍。

巴赫虽然失去了上司的垂青，但却获得了听众的喜爱！[①]（这是
行政掌权者在一个他们不喜欢的人身上看到的最恼火的事情，何况他
们尽管政绩卓绝却正好缺少这种爱戴。）

巴赫现在是宫廷作曲家这一事实，虽然在上司部门没有起过什么
作用，但在莱比锡市民当中还是有所得的。1737 年 9 月，德累斯顿
宫廷的一位先生，迁移到莱比锡附近居住，那就是封·亨尼克先生，
他是一个有影响的人，从侍从起家一直奋斗到成为有地位的人，并获
得了贵族的头衔。他在佩高区获得了一块领地维德劳庄园，1737 年 9
月 27 日搬迁到这里，名义是"约翰·克里斯蒂安·封·亨尼克，世
袭、采邑和法院主人，隶属波兰国王和大选侯陛下。萨克森霍恩布劳
特阁下，正职枢密官，国务大臣和内宫副主持，瑙姆堡和采茨修道院
内宫主任，等等，等等。"

对这样一位高贵的先生表示适当问候，特别是根据对此有兴趣的
人的愿望，献上一首赞颂康塔塔，肯定是很好的主意。而在当时的形
势下，作曲的最佳人选，当然不是别人，而只能是宫廷作曲家巴赫
了。巴赫以卓越的方式完成了这一任务。歌词又是亨利奇所写，他本
来就是为亨尼克先生接风的发起人之一。

这也表明，亨利奇并非等闲之辈，在莱比锡社交生活中显然是一
个声名显赫的人物。其他几位参与此事的显贵们，有行政官贝歇和行

---

① 巴赫和他的大学生音乐社至 1744 年甚至至 1746 年一直举行咖啡馆音乐会，这一事实被那些武
断认为巴赫的音乐在他晚年已经过时了的人们，普遍忽视了。但他们却没有告诉我们，是其他音乐家的
哪些作品把莱比锡人对巴赫的喜爱排挤了出去。

政首席官希灵。希灵和巴赫也很熟悉，5 年前曾担任巴赫孩子的教 291
父。皮坎德这次的赞颂词，完全按照宫廷赞颂的形式写成，有些像戈
特谢德 1738 年为国王写的赞颂词的样式。

那是戈特谢德为巴赫写的第二首也是最后一首歌词，出于对他的
尊敬，我们必须说，他这时早已是莱比锡人士中知道如何评价巴赫的
一员了：他不仅指出，莱比锡应为有这样一位伟大艺术家而引以为
豪，而且送给他的新婚妻子巴赫的组曲作为礼物。这位比夫君素质更
高的夫人戈特谢婷，后来向丈夫抱怨，说这些作品实在很难。她说的
很正确，不像那个万事通沙伊伯，把巴赫的东西说成是错误。

当巴赫要为亨尼克演出赞颂曲时，哥拉赫已经接管了音乐社，但
大学生们却仍然愿意参加巴赫的演出，就像半年以后，他们坚持让巴
赫和他们一起为国王演奏美乐那样。巴赫没有办法。到了 1741 年他
不得不再次接管了音乐社的领导职务，一直持续到 1744 年，甚至有
可能是到了 1746 年。由于年轻人一向倾向于新鲜事物，所以这也表
明，巴赫的作品对他们来说绝不是什么过时的东西。有些理论家断
言，说巴赫那时已经完全陷入了"古式"音乐之中，远离了"现代"
音乐，他们应该考虑一下上述的事实。这个问题我们下面还要涉及。

一个重要的，但却不怎么光彩的说明，出自斯皮塔之手。对巴赫
他写道："他的过早和过快的发展，也使他过早地进入了静止状态。"
这一论点自身是合乎逻辑的，但却从头到尾都与事实不符。

巴赫的发展绝不是过早和过快：他虽然从小就成长在音乐之
中，但在 20 岁之前，写的东西并不多，根本谈不上"早和快"。斯
皮塔评价的第二部分，同样是凭空捏造的，巴赫怎么会进入"静止 292
状态"了呢？

实用性的作曲数量渐渐少了，这是很自然的事情。教会不再提出
要求，他不必每周写一首康塔塔，这种徒劳无益的工作已经过去，学
校中需要做的事情也已结束。但这时却出现了 4 首非凡的小弥撒曲，

1739 年又出版了他的《键盘练习曲集第三部》，也被称为《管风琴弥撒曲》。这一年的夏天，他的儿子弗里德曼和另外两个乐师从德累斯顿来到这里，共同举办了 4 个星期的家庭式音乐会。9 月，巴赫到阿腾堡举行音乐会；10 月份开始，他又接管了大学音乐社的领导工作；11 月前往魏森费尔斯。这是静止状态吗？他又有了学生，他又开心地第二次创造了 24 首前奏曲和赋格，是各种调式的集大成，他还出版了其他音乐家的作品，例如他的同事胡勒布石，他的学生克雷布斯或者他的儿子弗里德曼等人的创作。卡尔·菲利普·艾马努埃曾描述过："一个音乐家来到此地，很难不去结识我的父亲，或者不让他听听自己的音乐。"巴赫聘用他的表弟不仅担任家庭教师，而且也担任他的秘书达 5 年之久，就是一个最好的证明，他在离开学校以后的音乐活动是何等频繁。艾内斯蒂把巴赫赶走以后，不得不再招聘一名音乐教员。市政委员会无异议地批准了他的请求。

　　巴赫 1737 年离开学校以后直到去世所写的作品，是无论如何都不能称之为"衰老之作"的，而且也决不能说他已进入了"静止状态"。那 24 首前奏曲和赋格，也被称为《平均律钢琴曲集第二部》，字里行间都迸发着对无限欢快的享受——趣味横生，变化多端，如此娱乐性的大型对位音乐，后来就再也没有出现过了。同样还有 1742 年出版的《键盘练习曲集》——这是《戈尔德堡变奏曲》。这个标题实际是不对的，它应该叫做《凯赛林克伯爵变奏曲》，因为巴赫是为293 他而写。凯赛林克为此付给他丰厚的报酬：一只银杯和里面装满的 100 块路易金币。

　　帝国伯爵凯赛林克是一个很有趣的人，出自古老的库尔兰贵族家庭，是一位重要的外交家。在圣彼得堡、德累斯顿、维也纳、华沙和柏林的宫廷中，都有他的后台。他的堂兄迪特里希·封·凯赛林克是腓特烈大帝的密友和至交，被他戏称为"米陶的天鹅"和"小恺撒"。他本人是俄国的公使，效力于沙皇安娜、后来的彼德三

世和最后在卡塔琳娜女皇的麾下。他是个文化素养很高的人，"把
卓越的治国之道和罕见的坦诚结合在一起"（在他悼词中如是说），
也是一个音乐狂。他到德累斯顿的时候，弗里德曼正在当时的宫廷
教堂索菲教堂任管风琴师。他邀请弗里德曼到他家做客，就像很多
其他著名音乐家受到过德累斯顿宫廷邀请那样。1740 年他的儿子
开始在莱比锡上大学——这也是他多次访问莱比锡的原因。利用这
种机会他也拜访了巴赫，是不容怀疑的；他还邀请了巴赫及其秘书
艾里亚斯去德累斯顿访问。艾里亚斯曾报道说，他在"这位伟大公 294
使的家中，享受了不少恩泽"。

帝国伯爵凯赛林克，曾付给巴赫
最高报酬：为《戈尔德堡变奏曲》
支付了银杯中的 100 枚路易金币

　　在一次旅行中——可能是在科尼斯堡——凯赛林克遇到了具有非
凡天才的少年约翰·戈特利布·戈尔德堡。他接受了他，并送他去受
教育，首先是在弗里德曼那里，然后到了其父身边。戈尔德堡后来效
力于布吕尔伯爵，成了伯爵的家庭钢琴师。鉴于他的奇才，他后来肯
定发展成为一名钢琴家。据说，他可以照谱演奏巴赫最难的曲子，即

使曲谱颠倒过来放也没有关系。

帝国伯爵在巴赫那里为他的戈尔德堡订购了一首小夜曲，因为他患有失眠症。为这样一个用途，思想简单的作曲家肯定会创作一首有利于睡眠的曲子，当然不能过于平淡，但要尽可能起到镇静的作用。然而，巴赫却没有考虑这种一直顺理成章的方法，而是恰恰相反：他虽然在开头采用了一首民歌调的独唱曲，是真正的催眠曲，可是然后却转变成 30 种变奏，它们已不再是镇静，几乎每一首变奏曲都是激动人心。一个有修养的行家——凯赛林克就是这样一位——必然会坠入无比的欢欣之中。（凯赛林克确实是如此，这可以从他给巴赫的丰厚的报酬中看出。）

这样一首曲子，巴赫理所当然应该按惯例以一个赋格作结尾，但他却在这里用了一段集腋曲，这充分表明，他和凯赛林克伯爵的关系是建立在相互信任的基础之上的。"我已很久没有在你的身旁，"显然是影射他和艾里亚斯对凯赛林克的拜访；"蔬菜和萝卜又把我驱向远方"，是幽默地影射他们所享用的美味佳肴。但巴赫走得更远，在结尾处，巴赫几乎是亲自把凯赛林克送入了卧房——那首歌的开头是："和你，和你一起进入软床；和你，和你一起进入梦乡"！帝国伯爵除了上床以外还能做什么呢？《戈尔德堡变奏曲》，正像我们看到的那样，不仅是巴赫对位法的杰作，而且也显示了他的开心和幽默。

它和同是这个时期产生的《农夫康塔塔》有异曲同工之妙。严肃的人们一般认为这有失尊严，他们不肯承认在现实生活中不可缺少的玩趣的重要，而只承认那些不使人发笑的东西。

斯皮塔对此说："巴赫接受了这个作曲任务，我们是毫不奇怪的。他把此事的道德标准完全置于脑后。"维尔纳·诺伊曼认为，"对本曲的社会批判性，显然是估计过高了。"他还说，这是一首"背离个人风格的实用之作"。

"键盘练习曲集"（即戈尔德堡变奏曲）初版封面（1735 年）

容忍这样一种评价，是很困难的。除了对《咖啡康塔塔》也不能 296
说什么好话之外，《太阳神和牧神的争吵》康塔塔中的长段独唱曲，被
用借鉴方法植入到《农夫康塔塔》中，但并没有使原曲戴上"背离个
人风格的实用之作"的恶名。如果我们仔细观察一下，就会发现，巴赫
在很多其他乐曲上也可以挂上这个称号，如果它们过于或者稍微偏离正
统的话。

如果我们看到，为侍从官封·迪斯考写的赞颂康塔塔，或其他一
些赞颂康塔塔和献给亨尼克的赞颂康塔塔，音调完全不同的话，那就
值得我们思考了——侍从官同样是一个有地位的人，也是一个在正常
情况下，应该躬身接近的人物。

首先使我们奇怪的是，赞颂者竟敢采用如此不恭的音律，再没有第二首赞颂康塔塔，包含如此亲昵的音调！

其次，我们必须要弄明白，这首赞颂康塔塔出现这样的音调的原因是什么。因为它表达的不仅仅是一种完全的信任，而且也是一种亲昵的关系。这在一个如此重视等级观念，平民和贵族间鸿沟巨大的社会里，确实是一种极其奇特的现象。

这种奇特现象还不止如此：在为亨尼克写的赞颂康塔塔上，我们还知道得很清楚，赞颂的对象是何许等级的人物。但在《农夫康塔塔》上，却缺少这样一个人物，撰写歌词的亨利奇当然除外——他是一个对当时社会行为了如指掌的人。诺伊曼说他没有利用这个机会奋起进行"激烈的社会批判"，就像在巴伐利亚政客中被称为"Derblecken"（迎合）那样，在当时这是很流行的做法，而赞颂上司则正好是一个极好的机会。这是一个可以向那位庄园主表示尊敬和衷心爱戴的机会——但这在当时那个时代确是一个极突出的例外。还有一点，即侍从官迪斯考和亨尼克不同，他不是一个风华正茂的人物，而只是一个老朽的贵族。

但迪斯考仍是一个非比寻常的庄园主。1742年正逢战事，普鲁士的军队就在莱比锡的城外，从体制看，他们是莱比锡的同盟者，但同盟者也得吃饭，所以有必要也对他们加以防范，于是到处都开始了战时动员。单在亨尼克领地的维德劳，就有60名青年要去当兵，当地的农民只好在没有强劳力的情况下耕种自己的土地。在迪斯考的领地小丑赫尔，由他本人挑选新兵。奇怪的是，他只选中了两名。后来在正式招募时，一个也没有去，迪斯考仅仅为征兵资助了一桶啤酒。

对没有耕种的土地即荒地，自古就是收税的。土地税征收官是亨利奇，收税执政官是办事十分认真的米官米勒：谁要是不缴纳或不愿缴纳荒地税，他就会以没收田里的收成进行威胁。当迪斯考知道此事以后，他立即指示他的土地收税官，取消全部荒地税。

我们还可以列举更多这样的例子。总之，小丑赫尔的农民在迪斯考统治的 5 年中所得到的好处，比过去的 50 年还要多。我们不需要去读地方志，这类事件都一一记载在亨利奇的康塔塔歌词之中：关于迪斯考管家路德维希的事迹，关于迪斯考夫人的节俭，关于他们夫妻生有 5 个女儿但始终没有传宗接代的儿子的事实。青年农民允许留在家园不去当兵，庄园主资助了一桶啤酒，小丑赫尔的牧师不守清规——这是一件特别有趣的事件，地方牧师由于生活不检点而被停职了 3 个月。

298

诺伊曼觉得很遗憾，亨利奇在这首赞颂曲中，只是第一行使用了萨克森的方言。他可以放心的是，在演出时，萨克森方言（当时被称为"迈森标准话"）是如此强大，亨利奇根本就不必为此操心。

总的说来，这首《农夫康塔塔》以其内容丰富的歌词和绝对特殊的赞颂形式，说它是时代的文献，也绝不过分——在那个时代，没有哪一个侍从官的性格和行为可以与此相比而树碑立传。而巴赫为他的这首"实用之作"也绝没有等闲视之，这可以从其中包含的不下 24 段音乐中看出，而且其中很少借鉴而来，后来也没有再用于其他作品之中。曲子的最后，他写下了"我们走了，要去酒店里演奏风笛的地方"，这是一段真正的街头小调。

斯皮塔对此事没有好感，原因可能在曲子的开头。男歌手是农夫小伙子，向女歌手，他的未婚妻承认，"和你亲一亲该有多好"。这里的"亲一亲"，年轻人会不知羞耻地说"狂吻做爱"，未婚妻知道得很清楚，回答道："我了解你，你这个熊皮，你是想无休无止。"这时人们可以通过巴赫的音乐知道他们到哪里去了，因为所奏的曲调正是"和你，和你一起进入软床；和你，和你一起进入梦乡"。

但斯皮塔在道义上生气之前，一定会知道，巴赫在戈尔德堡变奏曲的结尾处已经运用了这个曲调，甚至在罗伯特·舒曼的作品中也能找到它的痕迹——在他的《维也纳狂欢节趣事》的结尾处。

299　　如果斯皮塔以为，巴赫"在这里完全忽视了道德标准"，那他就错了。因为这首曲子的委托人只能是小丑赫尔村的农民，如果是城市的委托人，则会让城里人而不是农夫出现在演出中，和歌词的内容也不相符。小丑赫尔村的农民在上述的情况下，不仅应该赞颂，而且也有特殊的理由去赞颂，因为他们要向庄园主表达感激之情。这是世界上最好的理由，巴赫以其爱心接受了它——并不像斯皮塔和其他人所说的那样——巴赫完全意识到了此事的道德标准。

第二十四章

　　《农夫康塔塔》是巴赫为那位失眠的老先生写小夜曲的同一年产生的。那首小夜曲也收集在《键盘练习曲第四部分》之中：即《戈尔德堡变奏曲》。所谓第四部分，就说明一个第三部分已经出版，即被称为《管风琴弥撒》的谱集，这是一个收集一批非凡的众赞歌和四首前奏曲框架内二重唱，一首降 E 大调赋格，也称《圣安尼赋格曲》，后者是一首三重赋格——三个主题分别演奏，然后相互交织起来。施威策早就认为，其三重主题象征着上帝的三位一体，当然同时又小心翼翼地把它们加以区分开来：因为一位管风琴师（他没有提及名字）向他指明了这一点。卢艾格在他的巴赫传记中，进一步阐述了这一观点。他指出，不仅赋格，而且前奏曲也是三重的。

　　这个说法是对的。但把整个曲子说成是表现了基督教信仰的核心问题，却是走得太远了。如果我们不看整体，那么第一个赋格主题，还可以看出一些圣父从底层上升的气势，但第二主题，却使耶稣基督穿着旱冰鞋从远处跑来，而第三主题则让圣灵穿上骑士皮靴出现。各个时代的所有音乐，我们都可以给它安上可能的和不可能的含义，但却不能因此增强其重要性。这也包括作曲家明确加以标题的音乐。[①]
比如里夏德·施特劳斯的《梯尔·艾伦斯皮格尔的恶作剧》，我们不 301

---

　　① 赖因哈德·拉法尔特写了一篇科学论文，论述"标题音乐之问题"，他以严肃的科学态度证明，这种音乐无法用科学方法证实。

必了解各段的故事内容，甚至根本就不知道艾伦斯皮格尔是谁，音乐却仍然是一首光辉的回旋协奏曲。贝多芬的爆炸性的标题音乐《威灵顿的胜利》，由于意图过于明显，而理所当然地没落了，只有第三主题中的三重赋格，还留在人们的听觉记忆当中。看来，巴赫的意图，不太会是把圣灵变成为耳中常留之虫吧。有些人只是肤浅地理解歌德下面的这一番话："人们一听到声音，就开始相信了，其实也应该思考一下才对。"但音乐却是一种比智慧和哲学更高一层的启示，因为它已经超越了语言文法思维的范畴：三重赋格不是三位一体教义的诠释。

人们同样不能把巴赫的大型众赞歌序曲部分，即管风琴众赞歌简单地看成是教堂音乐。它们已经突破了教堂弥撒的框架。施威策甚至认为，某些已经超出了音乐的界限——但却没有告诉我们，这个界限位于何处。我们无论如何都不能把"管风琴弥撒曲"看成是巴赫只为了满足歌词的需要而作——他内心的愿望同时也是内在的音乐愿望。《管风琴小书》既是为"初学管风琴者"，也是为了教堂演奏的实践所作，这可以从整体的多样化中看出，尽管这里只包括原计划的众赞歌序曲的一部分。《键盘练习曲集第三部》从很多方面都超越了这种与实践相联系的作品。对管风琴音乐来说，礼拜仪式并不是其终极目的。因此，巴赫的大型管风琴众赞歌是自由的管风琴音乐。这并不意味着放弃其宗教的内容，[①] 但不是在歌词中，而是在曲调中蕴藏着灵感的根源。对古老众赞歌曲调的音乐力量应该给予足够高的评价：它们几百年来保持着始终旺盛的生命力，而且值得注意的是，其中的不少杰作，一直激发着很多作曲家去创作新的众赞歌序曲、管风琴众赞歌、众赞歌幻想曲。它们的内中蕴藏着突破宗教束缚的力量，没有哪一个懂得音乐的人，会忽略《马太受难曲》或《圣诞清唱剧》中众赞歌的威力，这种威力也存在于里格的管风琴众赞歌或门德尔松的《宗

---

① 但必然不得不放弃用于教堂礼拜活动。然而这些作品用于此目的，显然不是巴赫的本意。

教改革交响乐》中。《平安夜》并不是唯一的圣诞歌曲，路德的《高高的上天》已经有 500 年的历史，更古老的还有众赞歌《让我乞求吧》中的因斯布鲁克民歌"我只能离开你"。这不仅是个可能的，而且是个必然的结论，即在巴赫手下，从这些歌曲源泉中，产生了管风琴新作，这已远远超出了教会礼拜仪式的需要。谈到"需要"，巴赫是有自己的标准的：不管他开始写什么，总是给他的音乐在较高水平上施展的余地。跟随他的组曲人们无法跳舞，跟随他的大型管风琴众赞歌，教民无法放声歌唱。所以他的《管风琴弥撒曲集》并不是为教堂的教民所写，而是为"激发它的爱好者特别是本行专家的情感"所为。他为教会效力的方式，确实有其独特之处。

他为什么要写这么多的康塔塔呢？他的前任不是有很多还放置在那里吗？这些都不能满足他的需要。谢莱和库瑙的康塔塔——它们现在又在何处呢？甚至布克斯特胡德的康塔塔也都很少有人演唱了，只有巴赫的康塔塔完好无恙地保留了下来，它们不是这一音乐品种的代表——它们就是这一品种。

巴赫在 60 岁以后，仍然写了很多教堂康塔塔，除了《许布勒众赞歌》、《十八众赞歌》和三首划时代的大型作品（没有一个有理智的人会说他已进入静止状态）：《音乐的奉献》、《b 小调弥撒曲》和《赋格的艺术》。当然，他被逐出学校以后的生活，要比过去的 50 年平稳得多了。就像莱茵河一样，离开宏伟的莱茵瀑布，穿过山间的九曲回环，日益接近大海，虽然失去了风光的妩媚，但却没有失去生命的活力。

有人说，巴赫离开学校以后，作品的风格出现了变化。[①] 他们肯定都是些感觉细腻的人。因为写《法兰西组曲》的巴赫，和写《戈尔德堡变奏曲》或《b 小调弥撒曲》的巴赫确实不同，而《马太受难曲》

① 和"古式"一样，是巴赫的崇拜者 200 年来一直面对的问题，也是克里斯托夫·沃尔夫的发明。

或（魏玛）康塔塔《我有很多忧虑》的作曲家又和前者不一样，如果感觉不细腻，怎么会发现这些区别呢？但听出是两种风格，却是不对的，何况巴赫和以往一样，仍常常把过去作品中的片断植入新的作品之中。如果他确是完全"改变"了迄今的风格，那就很难这样做了。

但施洛伊宁却断言，他已经知道了巴赫"转变风格"的原因。原因就是米茨勒。罗伦茨·克里斯托夫·米茨勒 1732 年以后曾有一段时间是巴赫的学生，他曾组织了"音乐科学协会"，巴赫很长时间都没有与其交往。我们这位传记作家说，通过米茨勒，巴赫产生了一种全新的或者说全老的思想，那么米茨勒是谁呢？

他的一生是多种形态的大杂烩。他出生于安斯巴赫，进入了盖斯纳校长领导下的人文中学学习。盖斯纳到莱比锡一年后，我们看到他也来到这个城市，在大学学习神学；后又回到安斯巴赫作传教士，然后作为大学生又返回莱比锡，成了学士；又改攻法律，再转入医学院，同时听数学、哲学和音乐课程。然后他和另外两位先生于 1738 年建立了"音乐科学通讯协会"，并于 1740 年开始作曲，但成果不大。然后他成了波兰伯爵的宫廷数学家，四年以后在埃尔福特获得医学博士学位，然后又去波兰，成了贵族、宫廷参事、宫廷御医和史官，死的时候，是一家印刷厂和书店的老板。由此可以看出，这是一个动荡不定的一生，而音乐在其中没有起过什么重要作用。

尽管如此，他的协会中却聚集了一批知名的会员：特勒曼于1735 年加入，亨德尔 1745 年，两位格劳恩 1746 年成了协会的会员。毫无疑问，巴赫可能是第一个被邀请的人，因为米茨勒是他的学生。但巴赫可能相当顽固地说了"不"——长达 9 年之久。对音乐，米茨勒只想研究其哲学、历史、数学声学和辩术诗学方面的问题，也就是与音乐相关的一些领域。巴赫为什么长期和这个协会保持距离，他的儿子卡尔·菲利普·艾马努埃有一个说法："死者"，他在悼词中写道，"不是枯燥理论的朋友"；在另一处，"我们已经升天的巴赫显然不想深陷于理论观察中，他十分重视实践。"

由此我们可以设想，他不会对米茨勒的文章《通奏低音的起始根源，试按数学方法论述》感兴趣的，而且也会完全抵制米茨勒成立协会的宗教："把音乐完全置入到科学之中"。和那些辩护士相反，巴赫对此理解得很正确。（沃尔夫说，《键盘练习曲集第三部》包含"很强的理论性和历史性内容"，而施洛伊宁则把它归功于米茨勒。）

说米茨勒是个音乐痴或重要的音乐家都是站不住脚的，而他要"把音乐完全置入到科学之中"的追求，也使他和音乐之间的关系成为疑案。尽管音乐需要知识和才能，但在科学帮助下形成的音乐，还从未持久过。和知识可以学习相反，艺术中的核心东西，是不可学的，对音乐的理解可以培养，但对音乐的感觉却是无法通过学习获得的。巴赫对这个过去的学生的努力，很可能是一笑了之。如果说他后来还是加入了"协会"，那决不是因为米茨勒的宗教打动了他，而是因为协会中集结了众多的知名成员所致。对米茨勒所追求的目的，巴赫保持冷漠态度达 10 年之久。

还有些所谓科学研究成果，只是在苦读其他同行的评论之后，突发新的想法，竟认为巴赫的《键盘练习曲第三部分》，只不过是对古老榜样的借鉴，为了证明他的博学多才而创作的——确实它只不过是 305 对别人成果的集纳之作。[①] 这一结论的特殊之处就在于，他们只是针对巴赫而言，而不敢去涉及勃拉姆斯或者贝多芬。他们实际也完全可以批判贝多芬，说他写了《迪阿贝利变奏曲》，只是为了证明他和伟大的迪阿贝利一样可以作曲；或者勃拉姆斯，他以他的《学院节庆序曲》只是证明了，他毫无个人进行思考的能力。

说巴赫在他的大型管风琴曲中想剽窃其他作曲家的东西，这种对事实的歪曲，还不算是最愚蠢的行为。在施威策那里，还有更为绝妙

---

① 沃尔夫和施洛伊宁的发现！

的创造。他断言，"四个二重奏"肯定是出于疏忽才收入到曲集中去的，因为施威策不知如何对待它们才好。凯勒尔也说，他完全无法理解。那么现在就出现了一个问题，他们如果把这看成是圣父、圣子和圣灵，那么是否真正懂得什么是三重赋格呢？对"四个二重奏"同样可以理解，只要他们肯去分析它的和声结构。实际上，巴赫在其中很多地方做到了取消调性插部——他在"四个二重奏"中，可以说是第一次不用调性，而是介绍了无调性音乐，就像他在《平均律钢琴曲集》的"f小调赋格"中介绍了一个赋格主题一样，最能接近十二音体系（伯恩斯坦语）。

所有这些谈论"转变风格"、"很强的理论性和历史性内容"、趋于"古式"、"数字象征"、"宏观结构"、[①]"音栅"等观点的人，都自认为对艺术具有非凡的理解力，而且很少有人对此表示怀疑：不论在哪个领域工作的学者，头上均笼罩着专业权威的光环。[②] 而这些理解艺术的人们所缺少的，恰恰就是对艺术家工作方式的理解。艺术——在这里就是音乐——并不是他们的世界，而只是他们研究的对象，不是他们生存的领域，而是在他们领域之外产生的东西，不是他们的经历，而只是他们进行观察、旨在研究与之保持距离的对象。这和艺术本身完全是两回事。与此相关的方法不是创造性的，而是推演式的和分析式的：何物来自何方，何物由何组成？

看一看施威策充满激情写的那本优秀的传记的结构，也就一清二楚了。（如果我在这里或那里和他争辩，这并不意味着一种贬低，只因为争辩比默默回避更有益处。）

① 从这个观点中可以产生如何古怪的结论，可以从米歇尔·克里斯蒂安·温克勒的《巴赫作为圣经的解释者》一书（柏林1985年）中看出。这些专家们根本不去研究这样一个问题：为什么偏偏是巴赫要模仿别人呢？他自己所掌握的可能性已是无穷尽了。

② 原因之一就是听众的信赖：他们相信，因为专家们如此断言，尽管他们没有努力去加以证明。因此一些推测被当成事实而接受了。如果施威策说，巴赫1724年写了六首管风琴三重奏鸣曲，是为了他的儿子威廉·弗里德曼，那么就没有人会提出质疑，尽管弗里德曼当时才13岁，而曲子的精神和技术难度都远远超出了学校教材的水平。

　　他写此书也是推论式的。他一开篇就试图描绘巴赫之前教堂音乐的历史：何物来自何方？他的描绘是分析式的：美学论述，作品介绍和分析占据的篇幅超过全书的一半，加上注解甚至达到 3/4。而传记部分仅占 1/4 篇幅。他真正的优势，即前人所未做的事情，就是对巴赫音乐语言的分析。（他曾把《管风琴小书》称为音乐语汇的"词典"。）在这方面他确实有了不少发现！

　　只是他对巴赫的非歌曲的器乐作品的分析有些嫌少了。（可能出自对《平均律钢琴曲集》的无兴趣所致。）同样在接触巴赫的众赞歌和众赞歌序曲时，也出现了思考：如果在巴赫头脑里确实存在程式性的表达方式的话，那他为什么比方说在众赞歌《只有上天的上帝才是荣耀的》中要用上 9 个相互不同处理的序曲呢？所以，从实用角度看，所谓发现了"巴赫的音乐语言"，也很值得怀疑：不论听音乐还是写音乐，这种发现的用途就像是歌德诗歌词汇的一份目录，借助它来理解和朗诵歌德的诗作。

　　在施威策之后，或同时，或在另外的地方，也还有人致力于类似的分析研究。有人数过巴赫的音符，发现了算学的奇迹，认为这是音乐逻辑必然性的体现。他们发现，巴赫的这些作品是借助了犹太密教的教义，甚至就是为了这一教义而创作的；[①] 他们从巴赫记录的和弦中，看出了他对圣经的种种理解，或者反过来，去研究神学文献对他和声学的影响。[②] 又是"何物来自何处？"和"何物由何组成？"构成了对巴赫研究的基本模式。更多的事情他们当然也无法研究，我们最多只能说，这些方面的研究都是相当肤浅的，有时只是擦边略过的一

307

---

　　① 这个理论的独特之处就在于，没有任何依据证明巴赫知道这种教义，更不用说他曾研究过这种教义了。
　　② 上述语录引自神学家佩措尔特的一本书，其中尽是此类观点。当然也还有其他一些理论，例如俄国女音乐理论家玛丽娜·罗巴诺娃认为，巴赫在他的作品中加入了"巴洛克的标志"，并且借鉴美术的例子加以论述，但巴赫从未接触过美术。比如她把缓慢升级的低音看成是耶稣在伸展手臂等等。（见1997 年第 4 期"乐队"杂志）

片薄纸而已。

种种研究有时也不乏幽默，比方充满神学观点的音乐理论家在研究一首众赞歌时，会煞有介事地问，是否"在巴赫音乐的个人风格后面①……隐藏有个人身临其境参与歌词内容的背景"。

对这样一些提问的细腻的感觉，以及其他学科专家对此的认真对待，我们必须仔细咀嚼体验。这以后我们还读到过下面这样的根本性的确认："巴赫的独特的成就，就在于他令人信服地联结了音乐表现和宗教实质。"

但宗教实质和信仰、音乐表达形式和创新是毫无共同之处的，可这却无人提起；更有趣的和距离艺术感觉更为遥远的言论，恐怕也不会再有了。然而问题却是，同时有四个音乐理论家共同一致持这种观点（而且不容反驳！）。但这种观点和类似的看法，却多亏有一个共同点：就是根据它们，没有人可以写出音乐来，完全是没有实际用途；最多只能使他们的作者相信，他们对一个无法进入的领域，也知道了一些事情。

所有这些都与理解和了解艺术家的工作方式，很少或毫无关系。我和作曲家、指挥家、导演、歌唱家和演员一起工作过十几年，他们不仅仅让我"看到了他们的工作"。那些骄傲地证明过，巴赫在这里抄袭过此人，在那里又模仿了彼人，在这里参照过帕莱斯特里纳的榜样，在那里又根据戈特谢德的美学观点创作，或者甚至认为他的音乐表现方式适应了那个时代神学家的观点的人们，我想向各位保证：

我这一生中，还从未见到过一个音乐家，其虚荣心就在于和其他人写一样的东西，更不要说模仿一个死人了。我也从未见到过一个指挥家，想模仿任何一个人去决定自己的速度和对作品的理解。如果让

---

① 这个令人瞠目结舌的发现以及下面的一些妙论都来自严肃的科学家之笔，见《巴赫作为圣经的解释者》一书。

一个导演去看他同事排戏，那他绝不是想模仿他的这点或那点，而是马上就会决定，要和他做的不一样。所有这些，都不表明这些人都是白痴，只是表明他们不是普通人，而是艺术家，他们必须创新，必须有自己的思想。他们必须在他们的艺术中表现自我，实现自我。"说的就是我自己，如果我写作，就只能写我自己！"托马斯·曼这样说过。这也是其他人的推测。

当然，每一个艺术家和所有其他人一样，都会受到周围环境的影响，会接受他那个时代的潮流——用德文写作，就是说，用千年来已经铸成思想之路的语言写作，即使最现代的人，其语言也扎根于过去。音乐也是如此。但寻找直接的影响——人们如果事后这样说：他这一点来自此人或那一点来自彼人，或者他在这里写作想学此人或彼人——直接寻找这样的影响，就像一些音乐理论家一再评论巴赫那样，却只能是模仿者的思维方式。莫扎特崇拜巴赫，但他从未像巴赫那样创作，舒伯特崇拜贝多芬，勃拉姆斯崇拜舒曼，布鲁克纳崇拜瓦格纳——但他们作曲时从未置身于"巴赫、贝多芬、舒曼或瓦格纳的影响之下"，而就是莫扎特、舒伯特、勃拉姆斯、布鲁克纳"。值得注意的是，在论述上述音乐家的文献中，"他是从何处得来的呢？"这个问题，却根本就没有出现过。只有巴赫专家们才把这位"大师的大师"安置在永恒模仿者的位置上。

309

我们可以设想一下，假如巴赫确实事先知道菲舍尔的"阿里阿德涅的音乐"（被强加的想象，远没有得到证实），那就只能说，他出自同一个思路，而创作了更加非凡、更加完美和更加开拓性的作品。

但他确实是首先写出了伟大的前奏曲和降 C 大调、降 F 大调、降 e 小调和 b 小调的赋格，并从这些作品中根据调式随心所欲地移植到其他曲子之中。这些做得如此空前地完美，却没有人提及过。他们肯定，巴赫就是模仿菲舍尔的。当爱迪生终于发明了电灯泡时，估计他也没有其他的目的，而只是想模仿煤油灯而已。

第二十五章

　　有人说，巴赫想用他的《键盘练习曲集第三部》表明他向其他作曲家学习的情况，这是不足为信的。因为只要经过巴赫的手，就只能是巴赫的东西，这是在他的独一无二的和声中早已证明了的事实。对他来说，《法兰西组曲》和《英格兰组曲》或许是有区别的，但对我们来说，从《英格兰组曲》中，其实听不出什么英格兰的味道来，它只是巴赫的音乐，甚至一个不知道曲名的人都能立即听出来。在《键盘练习曲集第三部》中，完全可以找到前奏曲、四首二重奏和赋格之间的联系，因为这六首曲子都是异常非凡的艺术品。完全不同寻常的是，三个完全不同的赋格主题联结在一起，形成了一个奔放不羁的音乐整体，同样不同寻常的是，在前奏曲中却把三个不同的主题排列了开来。在音乐史中，我们需要走很远的路程，才能再遇到一位音乐家，同样把三个主题写于单独一个乐章之中，那就是布鲁克纳的交响乐。

　　在处理众赞歌问题上，我们不禁要问：一个没有受人委托完全主动地决定去创造符合路德教义的众赞歌曲调的人，怎么能以其他手法创作呢？他只能以多姿多彩的方式投入到创作中去。又何况这一作品是贡献给"同一领域的行家"的呢？对《管风琴小书》中出现的曲段的长短一致的现象进行研究，是没有意义的。如果巴赫确实是为市场生产音乐用品的话，当然从商业角度上看，这也有它的优越性，如是那样，这就再不是一本"指导管风琴初学者的教科书"了，它还"借助各种形式的众赞歌加以说明，同时有助于踏板技术单独提高等等"。这不是对理论所做的艺术性的演示（"请看，我可以作曲，就像……"）。否则他就会注明，每个细节上指的是什么，就像他在其他场合所做的那样（"意大利风格"，"法兰西风格"）。而这里——这是全新的，在这个作品上出现的空前的现象——却表现出后来贝多芬创作交响乐那样的激情：不是为了向世界显示，从一个大或小的三度音，从一个简单的三和弦，从一个空荡的第五声部，是如何发展成为交响乐的；而是强制自己，为这个音乐命题找到完美的音乐式的解决方案。

我们再看看伯恩斯坦是怎么说的："音乐的意义就在于音乐，而不是别的什么。"但我们必须承认，对于那些同音乐没有切身的而只有理论关系的人来说，这是无法接受的：如果不置身于音乐之中，又怎么能够描绘音乐呢？即使远离音乐去谈论音乐的意义，音乐仍然是音乐。但如果没有了音乐，理论又会是什么呢？

"……因此我们并不感到奇怪，在巴赫的创作中第一次出现了一个作品集……其中包含浓厚的理论性和历史性的成分……它对比了过去的和最现代的乐曲类型"（沃尔夫）。这对一个非音乐家来说，或许是十分重要的，但一个音乐家却无法以此种方式进行创作，除非他不在乎那种风格上的无色彩无性格状态，就像古斯塔夫·弗莱塔格在他的《记者》刊物中描绘的墙头草记者那样："我向左写，又向右写，我可以向着任何方向写下去。"巴赫绝不是一棵墙头草，他从一开始就有了独特的个人风格。

某些自命不凡的学者，虽然一再指出，说这里有一个，那里又有一个，他们写的东西，都让人想到了巴赫，但如果把巴赫说成是一个一贯的模仿狂，那他们就大错而特错了。音乐理论家在一篇文章中，如果按照文献目录能够证明，他研究了另一个人观点，他会感到很自豪。但一个音乐家如果引用了别人的方式甚至曲调，那么他的同事就会惊呼："狐狸，这都是你偷来的！"因为在艺术中，只有原件才算数。任何复制都受到藐视。

正是这一点，有些人却硬要强加给巴赫，说这是他的功绩。而且说成是，似乎巴赫30年代末到了莱比锡才知道了格林尼、弗雷斯科巴尔迪、沙伊特的音乐作品。① 但实际早在吕内堡时，他就已经学习过这些作品。甚至还有人断言，说巴赫为了写古老的教堂调式，不得不现学富克斯的《艺术津梁》。② 但实际他早已掌握了教堂调式，很多众赞歌就是用这种调式写成的，对一个18世纪的管风琴师来说，这是理所当然的事情，就像古老的c谱号一样。

如果施洛伊宁说，在《键盘练习曲集第三部》中存在着"对古老教堂调式的历史式的运用"，那他就错了。因为它们不仅过去就有，而且一直还在流行，它存在到19世纪，甚至20世纪。例如在李斯特的《第二匈牙利狂想曲》，西贝柳斯的第四和第六交响乐，勃拉姆斯的《第四交响乐》，德彪西的作品，乃至在摇滚乐和甲壳虫乐队中也都有所表现。这种教堂调式，完全不是什么古董，而是一种可以促成别具一格和声的方法。为此我们只需要在世界上和在它流行的环境中观察一下就可以了。

上述论断中的另一部分就更加荒谬：说巴赫想显示自己也可以写出"现代主义的作品"来。如果是这样，那就必须事先有这类作品存在才行（否则他就无法以此种形式作曲，"现代主义"封闭了，但不是被他封闭的。）可惜的是，这些音乐理论家们却没有告诉我们，在何处他们见到过巴赫的这种作曲方式。如果能发现巴赫所用的和声和X先生一样，③ 那将是十分有趣的事情，这样就可以显示，他不仅可

---

① 沃尔夫的发现，后被盖克和施洛伊宁所采用。
② 这个观点也来自施洛伊宁，见他的《论赋格的艺术》（卡塞尔1993年）。
③ 有人证明，说"八首小前奏曲和赋格管风琴曲"不是巴赫的作品，这倒是一个很大的贡献，终于找到了一位大师，继续创作了一系列充满想象力和完美的小品来。在德意志电视台的一个节目（1997年6月22日）中，阿恩施塔特的教堂音乐主管戈特弗里德·普雷勒宣布，巴赫的《d小调托卡塔》也不是他自己的作品，而只是抄袭的。可惜的是，他没有告诉我们，巴赫抄袭的是谁的作品。

以和古人，而且也可以和这位先生进行较量。

这里还有另外一个在此种观念的坐标内无地自容的理论：有些学者所以自命不凡，就是他们认为，一个天才只是在各种影响下形成，并且永远可以证明，这些影响的来处何在。他们最大的骄傲就在于，把一个独特的整体形象变成一块由五颜六色编织成的花地毯。

但一个伟大的天才并不是天生的白痴，巴赫从早期青年时代直到生命的终结，在他的音乐世界中，是见多识广的，他的求知欲堪称楷模，从童年时期，夜间偷抄哥哥柜橱中的曲谱就已开始了。从青年时代起，四处求索知识，但从阿恩施塔特时期开始，他就已经形成了自己的风格。巴赫在 1706 年创作的众赞歌《只有上天的上帝是荣耀的》中所表现出的强劲，即使在伯姆的作品中也找不到相似的例子。在布克斯特胡德的作品中也找不到像巴赫赋格中那样非凡的结构。巴赫当然从他们两人那里学到了东西，同时也从特勒曼、马尚、维瓦尔迪、亨德尔以及其他很多人那里学到了东西。他没有愚蠢到轻视那个时代的成就显赫的名人的地步，他的头脑中装着一个完整的音乐世界。但在创作上，他就只是约翰·塞巴斯蒂安·巴赫，他的《送别亲爱的兄弟随想曲》就已经找不到和库瑙的《圣经故事》有任何共同之处了。

即使巴赫确像有些人所说的那样，在作品中有过理论意向的话，那也无法明显地把它表现出来：他的个人风格太独特了。54 岁的他已经有了 40 年艺术上实现自我的经历，他已经是一个成熟的和与众不同的艺术大家。他的鲜明的性格就是坚定不移。巴赫一生中都没有写过和别人一样的东西。要说他到了晚年，到了 54 岁时，突然又开始或者试图这样做，纯属痴人说梦。

在学术界，人们当然不会用如此明确的语言做这种评论。人们相互不进行驳斥，最多相互进行补充。涉及到音乐理论，人们或许会这样说："至于《键盘练习曲集第三部》，沃尔夫和施洛伊宁的观点，在很多方面在不久的将来，或许可能需要进行某种补充。"

做事不能半途而废。妄想把巴赫"风格转变"的功劳加在医科大学生米茨勒身上的意图，并不是孤立地存在。盖克也十分认真地企图证明，说巴赫的音乐作品适应了戈特谢德和沙伊伯的美学要求，也就是遵照了他们的准则，甚至详尽地分析了哪一部巴赫的作品是根据戈特谢德的"初级的"、"中等的"和"高尚的"风格所写成。似乎巴赫先要学习这些美术的要求，然后才开始进行作曲。似乎这些原则指导着他的行动。①

卡尔·菲利普·艾马努埃为他的父亲下过定义："死者不是枯燥理论的朋友。"然而上述的那位先生，却在另一个场合说，巴赫儿子的话是不可信的。在他的眼里，巴赫的这些后人都是些骗子，绝不会像他对巴赫那么了解。他就是盖克教授。

巴赫的作品有可能是遵循戈特谢德和卞鲍姆的美学原则产生的，这个想法本身就是奇怪的，尽管这还不是个别的现象（见米茨勒例子）。相信无能者能够指导能者，正是某些理论家的信条。他们认为通过学习就会比别人知道得更多。但一个戏剧理论家可能了解莎士比亚、他的作品、他的时代和世界戏剧的每一个细节，但这些对扮演欧菲丽娅的女演员的表演却毫无用处：既无益于她的呼吸、她的台词，也无益于她的形体表现，甚至无益于她作为演员的基本素质：即把剧中人的情感变成自己的情感，并展现给观众的能力。没有这些，她的表演艺术就什么都不是，她只能冷场。

研究艺术的科学，本身并不是艺术。艺术理论可以分解艺术，但却不能产生艺术，连间接的作用都不能起。解剖学绝不是生殖。后宫的太监们，可能对性爱了解很多，但最根本的东西，他们却不知道：

① 这个新发现也是相当奇妙的，据说巴赫在音乐作品中复制了古代演讲艺术。他们滑稽地颠倒了因果关系：不是巴赫复制了演说公式，而是演说公式复制了音乐结构。其效果正基于此。（巴赫远离演讲艺术，可以从他的文字水平上看出。）

性感。行为学家知道很多关于生命的知识，他们知道海豚的行为和心理，但他们却无法理解，大海中这个极其聪明的生灵在没有大地和天空的无限世界里，生活是如何充实的。大洋宽阔和深邃，使它的生活经历无法捉摸。"艺术的敌人，就是不会艺术的人。"这句令人震惊的话，出自绘画大师阿尔布雷希特·丢勒之口，尽管在他生前绝不缺乏崇拜者。把戈特谢德和沙伊伯的影响强加给巴赫的人，肯定是对巴赫及其音乐毫不了解的人。然后还出现过这样一些言论："他以'键盘练习曲'的四个部分系统地征服了键盘音乐的领域"[①]（似乎在这之前根本就没有成堆的巴赫"键盘音乐"）；或者巴赫的《管风琴小书》最能和贝多芬的"小品曲"相提并论；或者巴赫晚年的赋格曲，[②] 所以还能归属于他的《赋格的艺术》，就因为这个主题以前没有出现过。

施洛伊宁的一种论调同样也是不聪明的。他说，《戈尔德堡变奏曲》是《赋格的艺术》的一个演练，其中的"单主题变奏曲的结构原则"证明了这一点。人们同样可以极力加以解释，说自行车是汽车的先驱，因为它已经有汽车四个轮子中的两个，而且和汽车一样，也是橡胶外胎。那些有学问的作者在研究巴赫时，起码应该发现，巴赫18 岁时为他的哥哥写的赋格也是"单主题"的，而且单主题作曲正是巴赫作曲方式的特色：他的所有协奏曲也都是单主题的，从"勃兰登堡"到"意大利"，人们甚至可以把他称之为（除个别例外）"单主题作曲家"。一个没有发现这一点的学者，说话就缺少说服力。马夏维里在他的《贵族们》一书中说："世上有三类头脑：第一类是靠自己获得对事物的知识和观点，第二类是根据其他人的讲述而获得，最后一类则是既无前者的能力，又无后者的本事。"

---

① 假如盖克这个论断属实的话，那就只能发生在 1725 年和 1742 年之间，但巴赫的大部分管风琴和钢琴作品在这之前就已完成。
② 系施洛伊宁的论断。

现在让我们从音乐理论再回到巴赫身边。根据马夏维里的观点，他应属于第一类，这就使得一大堆理论概念成为多余，但却对我们进一步了解其特色很有好处。

我们不必追究他达到完满时都和谁有过往来。对我们更为重要的是，他是通过什么途径成为约翰·塞巴斯蒂安·巴赫的。这条道路是独一无二的。我们知道，他是自学成才。但是一个什么样的自学者！从大哥那里打下了音乐基础，学钢琴时肯定也学到了通奏低音，也就是和声学，这也就是音乐的读书和写字。但那非常困难的对位技术——他是向哪位老师，从哪个课本中学到的呢？

我们见过吕内堡修道院学校的教学计划和教材，但却从未听说过有对位学课本。如果有些人断言，说巴赫的初期作曲是在伯姆的影响下完成的，但却没有一个人敢说，巴赫在伯姆那里受到过对位法的教育，更何况年轻的巴赫在作品中采用的那种对位技巧，在伯姆的作品中根本就没有出现过。不论在伯姆还是在布克斯特胡德作品中，都有在管风琴音响效果上停留的手法——在巴赫的作品中这种现象从未有过。

巴赫的知识和才能不是来自老师和课本，而是自己从前辈的曲谱中获得的醒悟。从声音中体悟到声音的法则——这本身就是十分了不起的成就。但还不仅仅是这些。直接从中引申出来的，更令人惊叹不已的是，他立即就开始用对位法进行作曲，而且是用自己的独一无二的方式。沙伊伯对此的描绘："所有声部都交织在一起，以同样的难度发出，使人从中分辨不出主调来。"当沙伊伯终于发现这点时，巴赫已经成功地这样写了 30 年之久了。这从一开始就是他音乐的生命之根，没有任何其他作曲家能享有这个声誉，没有任何其他人出于喜爱写出如此多和如此非凡的赋格，而且赋格也并不是他创作的唯一的复调音乐，也不是其中最严格的。那是卡农曲，它也给巴赫带来很多欢乐，他出于喜爱，创作出谜语卡农，让别人去大费脑筋。

这又是一个特色：巴赫喜欢音乐结构，就像他在《戈尔德堡变奏曲》所显示的那样："同度卡农，二度卡农，三度卡农，四度卡农"一直到"全度卡农"——如果不是出于喜爱，是不会这样做的。这也表明，巴赫直到生命终结，一直在探索复调音乐共同发声的秘密，实际是以极大热情在探索整个音乐。我们只要想到他确实在和声领域获得了全新的认识就够了。

关于"平均律"音准，有人一再指出，说在巴赫很久以前就被哈伯施塔特的管风琴师韦克迈斯特尔发现了。这是不正确的，韦克迈斯特尔对此有所描写，但自己并没有做出来。实际上，韦克迈斯特尔的 318
音准和巴赫的平均律并不完全相同，只是向其接近了一步。巴赫的"平均律音准"即使在他死后也没有成为通常之物。他的学生金贝格曾发明了一种音准法，虽然超过了韦克迈斯特尔，但仍未能达到巴赫的平均律音准的水平。福克尔曾对此有过报道："它既符合钢琴也符合楔槌键琴，而且相当熟练，为此他只耗费了一刻钟的时间。然后，当他自由发挥的时候，出现了全部 24 个调式，他可以随心所欲地运用它们。"金贝格后来就没有再达到过这样的水准，我们必须知道这一点，由此可以证明，当他的同时代人还在进行各种试验的时候，巴赫在实践中已经走了多么远。巴赫"不是枯燥理论的朋友"，早在阿恩施塔特他就在实践中探讨了和声的问题，12 年以后，他就已经可以在全部大调和小调范围内转换出绝对纯净的音响来——这一点连他的同时代的大师亨德尔都未能做到。

在这位伟大的音乐探索者巴赫的身上，奇妙和绝无仅有的是，尽管他在实践中表现出他具有超群的理论基础，但他却从未用理论淡化他的实践，而是始终不渝地创作着音乐，演奏着音乐。可唱性是他音乐的基本要素，"如歌的表演"是首要的要求。威廉·福特温格勒曾做出经过深思熟虑的结论：他认为威尔第和巴赫是音乐史中两位最伟大的旋律家。

第二十六章

　　巴赫的二儿子卡尔·菲利普·艾马努埃，先是在莱比锡上大学，
然后又不知出于什么原因，转入了奥德河畔的法兰克福大学学习，尽
管这里的哲学院和音乐生活，根据当时的记载都相当糟糕。1738 年
他又迁到了柏林——当然是作为音乐家，他从来就不是个学法律的材
料。他本来可以陪帝国伯爵凯赛林克的儿子出国访问，但最后没有成
行，因为帝国伯爵作为驻德累斯顿的公使，把儿子送到莱比锡去上大
学了。帝国伯爵的兄弟迪特里希和柏林王储腓特烈的关系密切。1740
年，王储以腓特烈二世名号登基，在执政的第一年就做了两件大事：
第一，对西里西亚不宣而战；第二，聘请卡尔·菲利普·艾马努埃·
巴赫为他的室内乐羽管键琴师。

　　对入侵西里西亚的宣战是后来补充发表的。在后来的多次战争
中，他也都如法炮制，宣战只是表明他的观点。对卡尔·菲利普·艾
马努埃的聘用持续了 28 个年头，直到 1768 年。所以，菲利普对普鲁
士宫廷可以说是了如指掌。他没有发表过溢美之词，一说起宫廷，总
是存在着一定保留。作为宫廷羽管键琴师，他虽然从一开始就拿到比
他父亲多的工资，年薪为 300 塔勒尔，但腓特烈大帝的横笛教师约
翰·约阿西姆·匡茨的工资却是两千，而且他给国王制作的每一支横
笛还都有额外的报酬。

　　这些对写他父亲的传记都无重要意义，但巴赫 1741 年却因此去
了柏林。28 前，他曾去过这个城市，替克腾侯爵取回一架钢琴。

有些人推测，巴赫去柏林可能是为了找工作，是相当不可信的。如果确有一个岗位的话，他的儿子肯定会事先告诉他，因为儿子对父亲在莱比锡的处境也很了解。但腓特烈从其性格上看，并不特别看重教堂音乐，所以他为此投入的也不多。普鲁士是一个把财政预算的80％用于军备的国家，因而从不富足。而且，两个格劳恩，卡尔·海因里希和约翰·戈特利普也都在柏林，他们早就是腓特烈的乐师，而且十分能干。

腓特烈当然了解他的羽管键琴师父亲的情况。[①] 施洛伊宁发现过巴赫的横笛奏鸣曲和腓特烈的横笛奏鸣曲之间存在有趣的类同，但他却得出了令人感到意外的结论，说不是腓特烈根据巴赫风格，而是巴赫根据腓特烈的风格进行了这个创作。这真是一件新鲜事。

如果腓特烈对他的羽管键琴师的父亲感兴趣的话，1746年以后，这里还有一个人会向巴赫通报情况，即常驻宫廷的俄罗斯公使凯赛林克帝国伯爵，也就是他两年前去世的朋友的弟弟。腓特烈从奏鸣曲上知道巴赫并听到过很多名人对这位音乐家的介绍，因而希望认识他，完全是可以理解的。为凯赛林克生平作传的米斯纳，却奇妙地把事情的原委颠倒了过来：不是国王想认识巴赫，而是巴赫想认识国王，而凯赛林克替他准备好了必要的手续。

说国王在这次同巴赫的著名会晤中，还坚持某些礼仪形式，我们不得而知，尽管福克尔对这次会晤的经过进行了很好的描绘。据此，巴赫和他的儿子弗里德曼于1747年5月7日，去看望卡尔·菲利普·艾马努埃。马车在波茨坦城门口被拦住，随即被带到刚刚建成的莫愁宫，国王当时正在里面听晚间音乐会。音乐会通常于晚7时举行，所以巴赫来到的时间，应该要比这稍晚些。根据福克尔的描述，国王当

① 腓特烈在他的乐队中有三名巴赫的学生：除卡尔·菲利普·埃马努埃外，还有第二羽管键琴师克里斯托夫·尼歇尔曼和小提琴师约翰·菲利普·金贝格。

时说：“先生们，老巴赫来了！”立即中断了音乐会。另一种说法是，巴赫首先等在旁边一个房间里。还有一种说法是，巴赫一直在旁边的房间里，隔墙听着里面的音乐会。所有这些说法都令人感到奇怪，因为福克尔的描绘来源于卡尔·菲利普·艾马努埃：作为羽管键琴师，这次会晤他是在场的。

321

腓特烈大帝，画像产生于巴赫在莫愁宫举行音乐会的时期

　　卡塞尔王储在盖斯纳任职时，想听巴赫的音乐，向他和夫人发出了正式邀请，在卡塞尔为他们提供了佣人和轿子，为他们设宴，并在临别时赠送了珍贵的指环。腓特烈二世也想听巴赫的演奏，却在波茨坦城门口把他截住，让人带到他的跟前。

322　　巴赫当时 62 岁，那个时候人衰老得特别快。他当时已经在驿车中坐了 10 到 12 个小时之久，国王甚至没有给他时间换上合适的衣服，也没有给他时间休息一下。他让巴赫试弹各个房间里的所有钢琴，巴赫就在每架钢琴上即兴弹上一曲。从这次会晤的过程可以看出，国王的首要意图，是用他的音乐设施给巴赫一个下马威。他觉得必须这样做，也反映了他对巴赫总得说还是有所尊重的。然后是请巴赫用国王提出的一个赋格主题进行演奏。第二天巴赫参观了波茨坦的管风琴并在上面演奏，晚上再次出现在音乐会上。国王利用这个机会，要求他演奏一首六声部赋格。这实际是把巴赫逼到了极限：用腓特烈的主题巴赫是无法演奏的，他必须现场想出一个自己的主题来。但对这个难以置信的艺术苛求，他也给予了满足。

后来的事情众所周知：他又回家，把腓特烈的主题用高度的艺术技巧——作为利切尔卡，作为赋格，作为各种形式的卡农——变成了一首横笛奏鸣曲，多首谜语卡农，因为他觉得腓特烈在这方面是一个行家。这些非凡的艺术品使他耗费了两个月的时间，正好在他离开莫愁宫两个月的那一天，完成了这个工作，并制成铜版寄给了国王，作为《音乐的奉献》并附以最谦恭的颂词。腓特烈大帝对这个独一无二的贡品所显示的宽宏和谢意以及对巴赫举行的两天音乐演出的反应同样平淡。他彻底忘记了这个珍贵无比的礼物，而且从未表示过感谢，甚至没有向卡尔·菲利普·艾马努埃说两句客套话。这就是福克尔向我们做的介绍。腓特烈对约翰·塞巴斯蒂安·巴赫在良心上也完全没有愧意：因为他从未听过这个曲子。

对那个"国王主题"，在音乐界却产生了某些传说。巴赫献给了腓特烈谜语卡农，并认为他是个高超的音乐家。与这种观点相反，人们却普通对腓特烈的音乐天才表示怀疑，特别是有些地区，觉得这与"进步思想"很不相称，不应该为这位独裁的军国主义者贴金。当然还有其他一些地方。

腓特烈那个时期的作曲，确实很工整和令人瞩目，但一个人十几年来一直心系音乐，必然也会积累一些经验和知识的。瑞士的横笛名家奥雷尔·尼科莱特曾指出，那个主题的开头显示了常用于横笛的开篇音型。创作这种赋格主题的条件是存在的。创作 8 拍赋格主题，也并非了不起，尤其是把这个主题交给别人去加工发展。至

323

于其可演奏性如何，腓特烈就不怎么重视了，因为那个穿着破旧的老头据说是无所不能的。如果腓特烈没有把巴赫推上极限，那他就不是腓特烈二世了。

这可以从要求六声部赋格上看出。在羽管键琴上演奏六声部，这就要求全身投入，因为人只有 10 个手指。《音乐的奉献》中虽然包含六声部的利切尔卡，但六声部的赋格，不论在《平均律钢琴曲第二部》，还是在 1744 年的 24 首前奏曲和赋格中均没有出现过。腓特烈显然有意提出了这个不可能实现的要求。巴赫最后仍然完成，对腓特烈肯定是个大大的失望，这位懂音乐的统帅不习惯举手投降。

巴赫在他的《音乐的奉献》的颂词中，把这个无法用于六声部赋格的主题称之为"卓越"，这样一来，对研究者来说，问题已经很清楚了：这个主题不是腓特烈所做，因为它不可能出自他手，而只是从别人手里拿来而已。卢艾格似乎发现了，巴赫是从何处得来的这首《音乐的奉献》的：1691 年，海因里希·许茨的学生约翰·泰勒出版的《艺术手册》中就有 13 首曲子，所以，符合腓特烈主题的那部作品并非出自巴赫，而是出自乔瓦尼·巴蒂斯塔·维塔利，他在 60 年前曾献给一位意大利公爵一首类似的曲子。所以巴赫仍然是一个伟大的模仿者。

但这还不够，腓特烈的"卓越"的主题当然并不是他的。安诺德·舜贝格发现了实情：主题来自卡尔·菲利普·艾马努埃，是他把这个主题塞给伟大的国王的。这位一向避免别人看一眼他的地图的人，为了这样一个主题，竟向巴赫的儿子求助，以便能使其父亲处于尴尬境地，这个设想确实需要一些非凡的想象力，或者根本没有任何想象力。

然而，舜贝格却发现了另一个重要的事实，许多理论家至今都没有注意这一点：即这个被巴赫称为"卓越"的主题，其实一点都不卓越。舜贝格把这个主题称为陷阱，是一个"同约翰·塞巴斯蒂安·巴赫的多样性相对立的主题”，他接着说，“在《赋格的艺术》中有一个小调三和弦，打开了众多对位可能性；国王的主题，也是一个小调三和弦，但却不允许有任何卡农模式出现。《音乐的奉献》中的一切妙处，都是通过外部的对立主题、对立旋律和其他附加要素形成的。”然而，他十分明智地做出这个结论以后，却仍然回到了卡尔·菲利普·艾马努埃的问题上来，指出：“不知是他自己的恶作剧，还是国王事先安排好的‘玩笑’，这只能从心理学角度来加以确认。”

  在没有确凿证据的情况下，谴责一个儿子用卑劣手法对付父亲，这无法表明舜贝格是一个品格高尚的人。从卡尔·菲利普·艾马努埃那里，我们没有找到一句对父亲不利的言词，即使针对国王的问题上，也是如此：“我自己的精品，主人连摸都没有摸过一下！可他却如此伤害了我的父亲。父亲……为《音乐的奉献》耗费了很多精力，可腓特烈却不肯看它一眼。在最后 3 年中，我的父亲白白期待着他的赞赏。”所以对舜贝格的观点，我们不禁要问一句，他是从何处得出这个结论呢？

325

  但关于“国王主题”的来源的最为可笑的理论，却是来自施洛伊宁笔下的《论赋格的艺术》一文。根据他的观点——因为舜贝格的观点已站不住脚——国王的赋格主题并非来自别处，而是……来自巴赫自己！即巴赫早就预料到了国王的邀请，因而在出发之前，就把这个赋格主题寄给了卡尔·菲利普·艾马努埃，以便让他交给国王。也就是说，巴赫早就知道，腓特烈最终会因为赋格主题之事求助于卡尔·菲利普·艾马努埃，后者则作为自己的主意交给了国王。对此里希滕贝格有一个说法：如果这是真的的话，那么这至少是头脑不正常的表现。

  这个关于主题来源的讨论，可以说是从绝对的不可能一直到绝对的精神病一应俱全。可怜的腓特烈！这只不过是他在吹奏横笛时突然想起的 8 个拍节，可却没有一个人肯相信他！

需要指出的是，国王绝不是巴赫的崇拜者。如果是，卡尔·菲利普·艾马努埃不会对此沉默。但国王是个多疑的人，也是一个玩世不恭的人，他想做的就是要把这个名扬远近的人，送上光滑的冰场。巴赫欠了他一次胜利，而且把它变成了自己的胜利。所以国王没有什么理由去感谢他。国王向巴赫提出了挑战，但巴赫证明了自己是最伟大的大师。俄罗斯公使的赞誉是有道理的，腓特烈大帝遭到了一次失败。

如果我们从巴赫的立场观察这个问题，那么上述言论就是毫无意义的了。巴赫被要求在那个时代最重要的君王面前证明自己的才能。

他不能指望，这是轻而易举的任务。他不是第一次到柏林，他从儿子的讲述中了解这位国王，他知道国王不是一个对位专家，如果从他那里获得的主题，不能满足必要的条件，他绝不可能认为这包含恶意的企图，而只能认为这是国王缺乏对位知识的结果。他同样不会想到，这是为了给他制造困难（否则腓特烈也不会还给他一整天的演出机会）——他只能理解为这是对他的艺术的更大的兴趣，这种兴趣深深打动了他，尤其是因为国王的音乐和他的儿子们一样，同他走的并不是同样的路。

纵观巴赫的生命旅程，我们没有得到印象，表明他倾心过去（不是"古式"追求者），而是不断趋于自觉地使自己的艺术具有个性。关于"古式"的理论是站不住脚的，因为一般人所理解的"古式"，是由帕莱斯特里纳所赋予的那种作曲风格，其中的对位和转调技巧十分有限——这在巴赫的作品中却很少看到，因而对所谓巴赫趋于"古式"的说法，人们只能感到惊奇而已。

如果我们把《音乐的奉献》和《赋格的艺术》加以比较，就会产生另外一种印象，似乎前者是后者的动力。在表明了以何种方式去解决不合适的主题以后，就足以证明以一个理想的主题可以做到一切。而即使不合适的主题仍然神奇地吸引着巴赫，被他理解为一种独特的挑战。只有全神注入，只有用真正着了魔的精神，才可以解释，为什么在如此短促的时间内创作出这个作品来。和创作《音乐的奉献》几乎同时，还发生了另一个事件：巴赫加入了米茨勒的 327 "音乐科学协会"。

有人异常敏感地指出了巴赫的数学天才和极度的迷信，即他对犹太神秘主义的依附性。这是一种犹太教的神秘数字学，"巴赫的命数"是 14（或者倒过来 41），由于他不能等待这个协会先有 40 名成员后再参加，因为按照协会的章程，成员人数局限在 20 名之内，于是他就等待着第 13 名会员的加入，然后他作为第 14 名成员加入了协会。^① 这对所有头脑不清楚的人来说，都是一听就明白的道理。但真正的迷信并不是存在于巴赫的头脑当中，而只存在于那些名理论家的思想里。

但在米茨勒协会的章程中，确实有一个理由是可以说明这个问题的："协会"的成员每年都要交一份作品，供所有成员传阅。这些作品将收集起来和成员的画像一起保存。巴赫的作品可以用这种方式在当时的精英中间传播并得以保存——这完全可以成为他入会的理由！因为巴赫带给腓特烈大帝的印象，完全不同于腓特烈留给巴赫的印象：这位伟大的国王——腓特烈当时正处于其辉煌的高峰——竟给他提供了两天的演出机会，并对他的对位技巧表示了如此的兴趣，这必然使他进一步意识到自己的才能和知识是多么地超群。他虽然没有把这当成骄傲的资本，但他肯定越来越清楚，他所能向人们展示的，是在这个环境中无人能够做到的事情：即赋格的艺术。如果连一个国王都对此感兴趣，那么对其他音乐家来说不更会如此吗！

确实，巴赫在复调音乐方面具有非凡的才能。对他来说，钢琴和管风琴赋格不外乎就是，后来世纪的伟大作曲家笔下变成"练习曲"、

---

① 卢艾格和盖克发现了这个问题。

296

328 "纪念册页"、"无言歌"等的东西；对赛赫特是卓越的结构，而对他则是巴赫式的个性。① 在 40 年代中期，巴赫就应该逐渐领悟到，他在这门艺术上完全是独一无二了。

后来又出现了不少荒谬绝伦的观点，其内容是，巴赫晚期的创作落后于那个世纪音乐的发展，已经"过时"了，被"华丽风格"抛在了后面，他的儿子们才是现代艺术的开拓者。但这都是一些肤浅的看法，是经不住实践考验的。因为那个——而且一向是十分模糊的——被称为"华丽风格"的东西，在那个世纪初就已存在，我们只要看一看这个世纪的音乐就够了。可伟大的复调音乐在何处呢？维瓦尔迪、塔尔蒂尼、阿尔比诺尼、吕利、拉莫、库普兰、哈塞和珀塞尔的赋格在哪里？难道亨德尔在那个世纪演出过的清唱剧也过时了吗？而那个奇怪的所谓"古式"风格，竟同后来的风格天衣无缝地结合了起来。那十年正是亨德尔清唱剧取得伟大胜利的年代，既然如此，那它们也就必然是以"华丽风格"写出的作品了。这样牵强附会地联系恐怕确实是不伦不类了。

然而，音乐这东西确实只能保存在不同的抽屉里面。就像"巴洛克音乐"没有被"华丽风格"赶走一样，"浪漫主义"是在"古典主义"之后才出现的：韦伯的《自由射手》，舒伯特的《未完成交响乐》，贝多芬的"第九"，几乎是同时产生的。我们可以指出，"浪漫派"的舒伯特和韦伯与"古典派"的贝多芬相比，已经是属于另一时代人的了，但对同时代人来说，他们写的都是"当代的音乐"；罗西尼在贝多芬时代也曾去过维也纳，却既不是前者也不是后者；而温策尔·缪勒、伊格纳兹·普莱耶尔或者约翰·尼波默克·胡梅尔，却没有人愿意把他们划入古典派之列，最多把萨列里和迪特斯多夫计算在

329 内，但有一定的保留，而且慎重行事，最好还是把他们称为"维也纳

---

① 施威策就曾提到过这一点，说巴赫的赋格主要是显示作曲技巧的艺术品。

派"。管风琴作曲家克里斯蒂安·海因里希·林克，同样是那个时代的人，却有一个专门的概念"柔情的时代"，尽管在他的作品中找不到相应的痕迹，但却可以明显地看出他对对位音乐的热情。但他却在任何一个抽屉里都找不到容身之地，他是一个不合时宜的作曲家。（在里曼 1961 年出版的《音乐词典》中有他的名字，1979 年里曼·布罗克豪斯的百科全书中，却没有了他，然而在 1993 年基督教新教的歌书的前奏曲集中又有了他的位置——在理论家那里他已死去，在实践中他还活着。）

把音乐分放在抽屉里面的努力，对了解音乐和音乐家并无帮助，它更分散了人们对音乐和音乐家的注意力；同样那种认为音乐反映时代精神的理论，也是如此。一谈起"时代精神"，我们就会陷入一个无坐标的空间，在这里人们可以说出各种可能性和各种不可能性——这是一个投机分子活动的理想场地，他们可以不冒任何风险地说他们占有巨大财富，因为他们根本就没有任何东西会丢失。

约翰·塞巴斯蒂安·巴赫以及他的主要作品都是不合时宜的。"平均律钢琴曲集"产生的前提是把半音调成相等的律调，但这在当时那个时代，还不是普遍应用的方法。《键盘练习曲集第三部》也并没有屈服于宗教礼拜的要求，谁要是认为，《键盘练习曲集第四部》即《戈尔德堡变奏曲》是一种家庭音乐，就应该坐到钢琴前去演奏一下。当然，当此曲付印出版以后，当然是为了销售，但却不能因此强加给巴赫，说他要写的是一本通俗读物：它完全是"为了爱好者和这方面的行家所写，旨在激发他们的兴趣"。同样，《音乐的奉献》和《赋格的艺术》也都是这一系列的组成部分。在《键盘练习曲第一部和第二部》上，我们还可以感觉到巴赫曾有过商业上的考虑——当然是有限的，因为其中的《意大利协奏曲》也不是简单的一首协奏曲，而是表现意大利音乐的一首协奏曲。但在"键盘练习曲集第三部和第四部"上，却主要是为了显示和演奏各种音乐的可能性。《音乐的奉

330

献》和《赋格的艺术》则是这种显示的必要的继续。

四部始终使用《键盘练习曲集》标题的作品集，使我们不仅想到，肖邦也曾把他的激情的幻想曲称为"练习曲"，剧作家布莱希特同样把他的佳作称为"试验"，作家施提福特把他的充满艺术性的小说称为"习作"。这其中必然有使我们认真考虑的问题：这些性格迥异的名士们都使用了同一个名目，绝不简单的是谨小慎微的表现吧！在他们身上也并没有发现过度谦逊的特点——除了面对他们的艺术，他们都比常人更深刻地进入了其核心之中。

第二十七章

　　"键盘练习曲"这个名字当然不是巴赫创造的，就像肖邦没有创造"练习曲"的名字一样。但问题不在于创造，而在于应用。肖邦把"练习曲"应用于一种特定的音乐作品上，而车尔尼则应用于他为学生提高技巧的曲子上。库瑙也曾使用过"键盘练习曲"这个名字，但却对了解巴赫的作品毫无用处。

　　如果我们相信某些学者的话，那么巴赫就什么都没有创造过，而只是把音乐史料中的藏品分解了开来，然后做了一系列实际演示而已。那些赋格作品只是他（根据施洛伊宁的说法）在"自己安排的退休状态"下，受到年轻的米茨勒的启发才创作的，因为米茨勒这个时候刚刚把富克斯的《艺术津梁》从拉丁文翻译出来。看起来，似乎没有米茨勒的翻译，巴赫什么都不知道，可此书的拉丁文本在市场上已经存在了12年，而巴赫的拉丁文已经达到了可以教课的水平。他甚至还向别人推荐过富克斯的作品！① 然而，还是有人说，他是在米茨勒翻译了这本书之后，才开始涉猎此书的，并同时在作曲上加以配合。也就是说，米茨勒进行了翻译，巴赫用音乐为其加注。这又是施洛伊宁的观点，但他在这方面并不孤独，而且也不是唯一的出自他梦幻的全新的理论。如果我们继续跟他走，那么巴赫也在科拉克夫举行过音乐会，而他的《b小调弥撒曲》（天主教弥撒），还是为（基督教

---

① 　汉斯·维尔纳·亨策至今还在推荐。

新教的）波茨坦宫廷音乐会演出所准备的。据说，《戈尔德堡变奏曲》
的大部分，是在凯赛林克预定之前就已写完，而且也不是根据凯赛林
克的愿望，而是为了完成他作为宫廷乐队指挥所承担的歌功颂德的义
务。至于他这时已经没有了这个职务，而是被任命为宫廷作曲家这一
事实，对那些音乐理论家们则是没有任何意义的。但《音乐的奉献》
却是巴赫受腓特烈国王的委托所写。尽管在颂词中没有这方面的记
载，也没有其他可靠的证据，但在学者的头脑中，这都无关紧要，无
碍他们继续狂想下去。正像在讲台上常出现语病的名教授所说的那
样："科学只研究纯知识。理智是必须排除的。"

翻阅巴赫文献中的参考资料时，我们同样遇到了很多类似的情
况。比如说，巴赫创作《赋格的艺术》据说主要是想证明，他研究过
安捷罗·贝纳迪和他的表兄约翰·戈特弗里德·瓦尔特的作曲理论，
并知道和理解了马特松的文章《完美无缺的乐队指挥》的内容。如果
我们相信某些先生的话，那么巴赫在 50 岁时，还是一个未受到过任
何教育的音乐家，直到 51 岁接触了《艺术津梁》，写下了《键盘练习
曲第三部》，才表明他已经见过各种流行的音乐风格了。他所以要研
究《赋格的艺术》，据说唯一要感谢的就是马特松，[①] 他于 1739 年发
表的《完美无缺的乐队指挥》一文，赋予一切以生命，使得整个事业
运转了起来。而且在巴赫的音乐作品中，也并不是为了音乐本身，而
是为了"在试验领域里给理论做出演示"（沃尔夫语）。还有人得出了
结论，说第六首《勃兰登堡协奏曲》实际上就是第一首，而其他作
品，像《音乐的奉献》其实只是古罗马演讲艺术的音乐模仿而已。而
且还有一点也可以肯定，巴赫著名的所谓"衰老之作"很早以前就出
现在头脑中了，因为马特松于 1735 年发表了《指语》一文，这必然
大大激发了巴赫的模仿欲望。按学者研究的结果，巴赫的羽管键琴协

---

① 这是沃尔夫的论点，还没有任何理论家反驳过他。

奏曲也都是在亨德尔协奏曲的影响下产生的，而《戈尔德堡变奏曲》的产生则要感谢斯卡拉蒂的一首变奏曲。至于《赋格的艺术》，按施洛伊宁的说法，是受了建筑学家温克尔曼的影响。如确是这样，那我们就可以得出下列令人瞩目的结果：巴赫对建筑没有兴趣，温克尔曼对音乐没有兴趣，温克尔曼的处女作《论对希腊艺术的模仿》一书，是在巴赫死后 5 年才出版的。

我们还可以在这类观点上逗留很久很久，如果谁要是觉得这些是胡说八道，那他以后不要再去阅读音乐理论名家的作品。这些言论都是来自这些名家的笔下。如果根据他们的研究成果去画一幅巴赫肖像的话，那就会出现一个全新的、但不再受人崇仰的巴赫了。

他性格暴躁，不能控制自己，这我们早已经知道，他没有一点组织能力，我们也早有所闻；但现代的天才的巴赫研究家们，竟能得出下面这个结论：[①] 巴赫最主要的作品都是对别人的模仿，他对那个时代作曲名家的了解很迟，他生活中的绝大部分时间里并未受过教育，他主要作品的形式，大多是模仿其他音乐家的形式（那他就应该了解这些人，但对学问家来说这并不矛盾），他的很多作品都是在别人的启发、别人的要求和别人的美学观点下形成的，这些也就显示了他的自卑感。如果我们再补充几句，可以说他为了表示自己的虔诚，利用合适的时机，把曲谱中的符号写成十字架，而且用数字游戏把自己的名字编入作曲之中。但即使这样，我们也未能把现代巴赫研究家的令人瞠目结舌的观点全部列举出来。只不过这些学者们迄今却忽视了一点，在巴赫的曲谱中尤其是在展开部，还会出现半月形的符号，这当然有可能是显示他同伊斯兰教的关系了。总而言之，我们可以说，巴赫研究的权威们，所进行的严肃而彻底的研究目的，就是要塑造一幅新的巴赫肖像。

334

---

① 有此观点的人的名单很长，我们可以保证，每个人的名字都是有据可查的。

毋庸讳言，这些都是错误的。估计那些制造这种错误的人们，肯定会反对我的这个说法。他们会再次说：他们总的研究成果，都是有据可查的。那么问题就是：怎么会发生这种事情呢？

至少有三个理由。首先是缺乏必要的基础知识和音乐理解能力。其次是现存的知识缺陷，不加思索地用简单的论断加以修补并被当成科学结论广泛流传。再次是某些学者研究的目的不是为了展示巴赫的事迹，而是为了显示自己的学问。他们不是诠解巴赫，而是转弯抹角通过巴赫吹嘘自己的重要性。此外，我们前面已经指出过，对艺术的科学研究，往往使用非艺术的方法。

和艺术打交道本身就是艺术。非艺术的同艺术打交道，必然导致外行当道。如果一位教授想说服我们，认定巴赫的《意大利协奏曲》所显示的可惜只是一种"机械的过程"，[①] 那确实是很糟糕的。他非但没有研究过《意大利协奏曲》，而且也从未研究过这首协奏曲的令人惊叹的时序结构——他在以无知进行判断。如果他又在其他地方说，《卡农变奏曲》中的梦幻旋律只是"眼睛音乐"，也足以证明他对音乐是毫无了解的。

335　　另一位先生则十分骄傲地给巴赫安上了平行五度音的牌号，[②] 也就是错误的和声，这只能表明，他没有学过和声中的呈示部是什么。如果他研究过海顿的作品，他就会发现，在那些似乎与常规相左的地方，写着"con licenzia"——"我可以这样做"。

他同时还断言，禁止平行五度音，是没有合理的解释的。实际上，对整个音乐的存在，也是没有合理的解释的——但在我们面前是一位音乐教授，他不但没有耳朵，而且也没有读过巴赫写的东西。在

① 盖克的科学评价。
② 施洛伊宁语。

巴赫的通奏低音规则中，[①] 有这样一句话："两个五度音和两个八度音，不必紧跟在一起，否则它不仅支离破碎，而且也不好听。"

第三个学者煞有介事地报道说，[②] 巴赫曾两次使用了同一个赋格主题。但所忽视的却是：巴赫一次是出自主音，一次是出自属音而使用的，这就必然出现两种完全不同的和声结构，因而也产生了两部完全不同的作品。

所谓耍弄数字象征就属于这个范畴。据说，《赋格的艺术》中的第一首赋格正好是 70 节拍，因为 70 这个数字，正好是耶稣的同时也是巴赫的数字象征。对此内行的人士，认为这位"大师的大师"一向——像一个孩子一样——到处安置自己的名号。

而且这首 d 小调赋格的存在，也是出于同样的理由：这个调式也允许以各种顺序安置 b-a-c-h 四个字母，这是巴赫的名字，当然对他最为合适了。（难道巴赫在音乐上没有更为重要的事情可做了吗？他的预言家就不能加给他一点更光彩的东西吗？）

10 个音符必然是十诫，3 个主题必然是三圣一体，巴赫的作品中充斥着象征，我们不得不问，难道他使用这些音符不是为了创作音乐吗！有一位先生知道得更清楚，认为《赋格的艺术》所以得以产生，是因为巴赫突然转向了过去，转向了"古式"风格所致。另一位先生的意见恰好相反，认为巴赫在这部作品中宣扬了"启蒙主义的思想"。这样一些人肯定知道，使用 4 个音符，表示信仰基督教，但却没有向我们解释，如何用 12 个音符宣扬"启蒙主义的思想"，[③] 而且同时还得转向"古式"风格。如此层次的名家，只能使他们这种科学研究变得漏洞百出。布莱希特曾让他的剧中人伽利略说：科学贫瘠的一个主要原因，就是自以为十分富有。

---

① 见《莱比锡皇家宫廷作曲家约翰·塞巴斯蒂安·巴赫先生，关于通奏低音四声部演奏的规定，或为他的大学生音乐伴奏事项，1738 年》语录采自彼得·克尔纳文章，施威策所引用。
② 海因里希·贝瑟勒。
③ 沃尔夫的观点。施洛伊宁与此相反。

"年轻人在大学学习信仰。"① 巴科·封·威鲁兰说，这是叔本华告诉我们的。这句话指的是哪个学科，可惜他没有说，我们就只能去猜测了。

与上述相反，我们还要衷心地和深切地感谢很多音乐理论家，正是他们通过不懈的细致的工作，使我们了解了过去时代的音乐宝藏，如果没有他们，这些宝藏就会永远消失不见了。我们可以把他们比作南海的潜水员，从大洋深处取出珍珠，然后经过珠宝匠人之手，制成珍贵的首饰。这些潜水员是真正的英雄，但他们并不把自己看成是海洋生物学的专家，他们并不因为捞取珍珠，就说自己也懂得鲨鱼和鲱鱼。

我们上述的陆地潜水员的一些奇谈怪论，产生于这样一种自信，认为乐谱和音响的记录完全是两回事。这当然是个大大的误会，但他们却应该解释一下，这种说法从何而来。第六首《勃兰登堡协奏曲》到底是首先还是最后写成的，对它的价值毫无意义，对它的理解也是毫无意义的。它可能的前身是什么，同样对它的价值毫无意义。问题不在于它的来源，而在于它的应用，在于它的效果如何。瓦格纳的"特里斯坦"第三幕中响起的牧羊曲，是来自法国、爱尔兰还是印度？这又有什么意义呢？这表现了无边无际的孤寂，这才是此处的关键所在。马特松是否于1735年发表的《指语》也是毫无意义的。这就好像来到阿尔卑斯山却要指出，在萨克森小瑞士也有山存在一样毫无意义。证明贝多芬在他的第一交响乐中使用了爱奥尼亚的调式，是没有什么意思的，或者有人可笑地宣称，他发现了一件大事，即柴可夫斯基的"悲怆"交响曲中的音符早在车尔尼的指法练习中就有先例。

一个一会儿说想起了弗雷斯科巴尔迪，一会儿又说想起了沙伊伯

---

① 对这一论点特别突出的证明，来自目前德意志民主共和国大学政治经济学教师之口，他们以超然的科学性向他们的听众灌输了东德经济制度的绝对优越性，尽管后来所有东方国家的经济都相继破产。这还不是唯一的例子。

的人，对巴赫的音乐能知道多少呢？一名雕塑家到底从何处取来陶土，实在是毫无意义，唯一关键的是，他雕塑出了什么东西。

然而，很多人却正是为了这陶土的来历绞尽了脑汁。而对雕塑出的成品，却反而不知所云了。其实，除了阅读他们同行的作品外，他们也真应该读一读莱辛的东西。天才容许不知道每个小学生都知道的千百种事物，[①] 他的财富不是记忆的积累，而是从自身挖掘创新的能力。

关于《卡农变奏曲》是"眼睛音乐"的说法，保尔·德骚有过一篇精彩而有教益的论述。伦纳德·伯恩斯坦对《马太受难曲》的部分有过深刻的分析。但这两篇文章，在各个年度的《巴赫年鉴》中都找不到，因为它们出自音乐家之手。他们研究音乐不是当成分析的对象，而是当成他们置身于其中的一个世界；他们没有向我们提供研究成果，而给我们带来了来自他们那个世界的认知。

被伟大的传记作家所描绘的"生命的最后阶段"、"最后的年代"、"走向终点"等，囊括了巴赫在莱比锡任职年份的第二阶段（即 1737 年至 1750 这些年）。按他们的说法，这些年加在一起，也完全是荒凉暗淡的：第一个 7 年持续到他的工资被削减；第二个 7 年直到他的教堂音乐被破坏；剩余的 13 年，就是他进入了所谓的"退休状态"和走向"终点"。这种数字式的分析对于最后 13 年——这是巴赫创作时间的 1/4——的贬低性的总结，我们必须加以反驳。如果有人说，巴赫在这些年里主要是发现了"古式"风格，那他发现的也确实是太少了。巴赫在早年就创作了一大批音乐，没有外部的原因，完全出于自身的灵感，目的就是让它们出现在世界上。但同样，他同时也找到了他的音乐奥秘的足迹。这个足迹，他始终跟踪不离，对他来说，关键不在于简单地记录下自己的想法，而是要探索其艺术的深

338

---

① 莱辛的《汉堡剧评》第 34 段。

层奥秘。这一点最晚在阿恩施塔特时期开始就可以不间断地看出。他的才华——可以算是上帝赠给他的特殊的礼物——因为从生物学角度无法解释——使他有能力深入到音乐中去，远远超过一般优秀的有才干的音乐家。

世上流传着一个关于他访问柏林歌剧院的轶事，福克尔给我们讲述过它：他参观了歌剧院的食堂，发现在一个角落里可以听见食堂对面的一切声音。在他之前还没有一个人发现过这一点，是他的眼睛告诉了他这个情况，他从来没有听过音响学课程。[①] 他同样可以在一座管风琴前知道，这个教堂的音响效果允许他采用什么样的演奏速度。人们说，他增加速度相当快速，但却从不过急（不像有些名家认为，只有用最急板演奏，才是真正的巴赫）。

当然这都是他和音乐间非凡关系中的一些伴随现象。真正的巴赫现象是他的复调音乐。这当然不是说，别的音乐家只写曲调加伴奏而已。（格伦·古尔德曾评论莫扎特的钢琴协奏曲，它们实际只是为右手所写。）当然不是这样。但却没有一个人可以像他那样，使一首众赞歌的四个声部如此独立地唱出来，并如此强烈地加以表现。理所当然的是，这位复调音乐大师，正是在他的赋格中格外突出，而在卡农中又显示出他的无限的欢快。他很难不去用复调考虑问题，对他来说，这是思考问题的最自然的方式。但这是不同凡响的。同样不同凡响的是，他创作了迄今无人听过的崭新的和声曲调。[②] 这在他那个时代里，还是绝无仅有的。

只研究渊源和神秘主义预言的理论家们完全忽视了，所有的音乐作品都包含着音乐的（只是音乐的！）命题和音乐的答案。开始时，

① 理夏德·瓦格纳也有过类似的天才表现。在没有研究世界其他剧院的情况下，他就知道如何使拜洛伊特节日剧院具有最理想的音响效果。他的看法得到证实。
② 福克尔对他的非凡的管风琴音响效果，做过类似的报道。（"他拉动音栓的方式异乎寻常，使某些管风琴制造家和管风琴师大为吃惊……"）在他的管风琴作品中，那种简洁的音栓拉动方式表明了：它们只能产生惊人的效果。（例如：第720号作品众赞歌前奏曲《一座牢固的要塞就是我们的上帝》。）

只是空白的曲谱纸和对可能性的设想。但写在纸上的每一个音符，又展开了另外的可能性，或可能，或不错，或有趣，或意外，但只有其中的一个是正确的。只通过逻辑的结构学法则，它是不会产生的，它飘浮在作曲家的灵魂之中的某个地方，他必须想办法找到它，以及其他和它相当的东西。

构成西方音乐的12个半音的组合，是可以用数学精确计算出来的：它无穷无尽。而所有这些可能性中，却只有一个是正确的，这正好反映了作曲家的个性。如果莫扎特坐下开始写曲，那他的曲子早已在他的头脑中形成。贝多芬无疑是个超群的音乐天才，但如果看到他的现存的手稿，就会发现，他是如何狂奔在他的旋律当中，求索着继续发展的可能，甚至可以说是痛苦地折磨着自己。在巴赫的曲谱手稿中，很少发现有涂抹的地方；但过了几年以后，还是要对他的作品进行修改和加工，因为他又有了更好的想法：那些命题还没有完全离开他，在内心里他仍然还在思考琢磨，始终用新的眼光对待旧的方案。谁要是以为，他的作品在这里是模仿了格林尼，在那里是抄袭了帕莱斯特里纳，或者弗雷斯科巴尔迪，谁就是没有研究过。他到底借鉴了伯姆和布克斯特胡德些什么？其实什么都没有。他没有抄袭他们，他理解了他们，最后完全变成了自己的东西，他从一开始就把从他们身上学到的东西，变成了巴赫自己！他写了《平均律钢琴曲集》，并不是因为菲舍尔和马特松写过类似的东西——而且他们的东西根本不能和巴赫的相比，而是以其大量演示的可能性，创造出前所未有的奇迹。

深入到音乐材料的深层和奥秘中去，只是他作品的一个方面。另一个使他奋力的方面，就是广泛传播。最晚从米尔豪森开始，直到他生命终结，一直有学生跟他学习。他不但没有把他的知识、能力和认识当成秘密，而且自愿地把一切都展示出来。除了他的受难曲、康塔塔、协奏曲、组曲、奏鸣曲之外，他还有很多授课作品也都是很优秀

340

的。准确地说，所有这些都不仅仅是授课用的教材，而是可以用于自学的佳作。

布莱希特曾希望别人这样评价他，他提出过建议。巴赫直到生命结束，一直在提建议，当然是音乐上的建议，音乐是他表现自己的最合适的语言，任何其他人都没有达到过这样的境界。"我们过世的巴赫虽然没有留下什么深邃的理论论述，但却在演示上表现了强烈的深沉。"《键盘练习曲集第三部》恰恰不是"对所谓试验领域的理论反射"，而是音乐，而且是伟大的、"如歌的"、独一无二的音乐。如果说巴赫在其中的一首前奏曲上用了三个主题，在赋格中用了三个主题和二重奏，远远超出了音响的联结，这也绝不是什么"反射"——正好相反：这是在处女地上新的开拓！布莱希特的"习作"也不是对试验领域的理论反射，而是一种全新的戏剧，一种只要认真对待就可以学到东西的戏剧。巴赫的《键盘练习曲集》同样是音乐，只是音乐，是一种只要认真听就可以学到东西的音乐。

巴赫的学生们说，他上课是主要部分，就是他为他们示范演奏。在音乐中和听音乐时，最关键的也就是通过音乐来理解音乐。而理论反射不仅不是最终目的，它也是一根无用的拐杖。还没有人是拄着拐杖学会跳舞的。

巴赫的很多作品是为了示范。但他是用音乐来进行示范，而不是用音响去诠释理论。这在《管风琴弥撒曲》是如此，在《戈尔德堡变奏曲》、《音乐的奉献》和《赋格的艺术》也是如此。而对所有这些作品的诠释，则在约翰启示录的第三章中可以找到："圣灵向众教会所说的话，凡有耳朵的，就应当听。"

在40年代巴赫的作品中，有着一种重要的联系：《管风琴弥撒曲》、《戈尔德堡变奏曲》、24首前奏曲和第二部《平均律钢琴曲》中的赋格，《b小调弥撒曲》、《音乐的奉献》、《赋格的艺术》，从时间顺序观察，实际就是约翰·塞巴斯蒂安·巴赫的《艺术津梁》，就是他攀登艺术巅峰的足迹。他为了再次有所创新，觉得有必要学习过去的东西，这时他已 50 开外了。这个时期的作品反映了巴赫再次回归自我的道路，走向只属于他自己的艺术的深处。一方面是为了显示，另一方面是为了挖掘和保存。于是就产生了这样一种印象，似乎巴赫通过和腓特烈大帝的会晤，重新意识到了他艺术的独一无二的地位。在布克斯特胡德和特勒曼之间，在特勒曼和阿尔布雷希茨贝格及迪特斯多夫之间，我们都可以进行比较，唯独巴赫的复调音乐在他那个时代却是不可比的。我们可以引用亨德尔，但亨德尔的手法完全是另一个样子。巴赫申请加入米茨勒的"协会"时，其思想中的理由可能是这样的：入会可以开辟一个可能性，保存他的作品，并向当时同样重要的人物介绍这些作品，介绍他在复调方面的新发现——不是教材，而是音乐作品——向其他 13 个"行家"介绍。在写《键盘练习曲集第三部》时，他就已经想到了这一点。

342

　　"走向终结"？还是走向圆满？

第二十八章

被"华丽风格"横扫了的"老巴赫"真的"过时"了吗？看到这种说法，不由怀疑自己是否患了帕金森症——因为它使你摇头不已。

且让我们看看那首《b 小调弥撒曲》吧，卡尔·菲利普·艾马努埃称它是"大型的天主教弥撒"。这确是一首令人困惑不解的作品，因为它既无委托人也无使用的目的。这不仅是因为巴赫的信仰不是天主教，在天主教礼拜仪式上理所当然不能使用路德式的音乐。（奥古斯特大王的新教宫廷乐队指挥海因欣，为宫廷写过天主教弥撒曲，是因为身后有国王的支持。）这部作品完全无法应用，其最主要的原因，就是规模的宏大：它长达三个小时，达到了马太受难曲的规模，超出了教堂做弥撒所规定的时间四倍以上，即使它能够在教堂里坚持这么长时间演奏的话。

巴赫在申请获得宫廷作曲家称号时，曾把这部作品的前两个乐章及各个声部的曲谱寄往德累斯顿。但完整作品中却没有声部的描写。看来，巴赫根本就没有想到要把它付诸演出。有人估计，他可能于1740 年演出过其中的一部分，是缺少确凿的根据的。他也没有把这首弥撒曲写成一部全新的乐曲，其中（按巴赫的借鉴方式）包括了在 各种场合和各个阶段所创作品的片断。但在这部作品中，却没有出现所谓的"风格转变"，作品中的各个部分都是那样完整无隙地结合在一起，尽管它开始于1733 年，然后就搁置在那里作为"小弥撒曲"，实际是作为残品达 14 年之久。后来他才又把这个"残品"加以完善，变成了一座巨型的音乐大厦——没有任何实用性的动机和付诸演出的意图！至于说天主教弥撒，巴赫实际并无显示的必要，因为他是局外人，这不是他职权范围之内的事。唯一可以想象的动机：布鲁克纳曾把他的第九交响乐献给"亲爱的上帝"。巴赫没有说明贡献的对象，但却是可以想象的。弥撒的歌词以乞求、虔信和赞颂囊括了基督信仰的基石，是巴赫个人的虔诚和信仰的宣露。只有这样，我们才可以理解这部作品，因为当巴赫创作这部作品时，他并没有想到教会。尽管生活中出现各种坎坷，他的信仰却始终稳稳地托负着他，没有离他而去。

弥撒歌词的内容是两派教会的基石，巴赫配上尼西亚式的虔信音乐使得歌词具有普世教会的特征。《马太受难曲》和《圣诞清唱剧》之后，时代当然发生了变化。《约翰受难曲》实际是它们的开篇。他写了《马太受难曲》，是为了让莱比锡人知道，他有能力创作什么样的音乐；《圣诞清唱剧》是他莱比锡创作的高峰。就此告一段落。校长把他从学校里赶了出来，这就必然使他的教堂音乐沦落为次要的事业，也就无法再创作出非凡的作品来。这部弥撒曲中的非凡之处，他只能在提笔作曲过程中聆听，他知道，永远不会在演出中聆听此曲。

但他仍然把它写了出来！这是他内心的一种必要和使命，他把过去写过的东西容纳了进去，他是把他的一生都写了进去。所以，他所做的，又不能说是简单的"借鉴方式"。他把过去创作的曲调纳入这首大型弥撒曲中，以此进入了一个更高的境界：这已不再是凡世的境界，这是上帝的境界，一首弥撒曲，是他献给上帝的唯一可能的、必要的和完美的颂词。关于这首弥撒曲，坚持"借鉴方式"观点的人，又开始绞尽脑汁，说这只是为了方便实用和节省时间，但却没有人意识到，这是一种从现实进入到了另一个更高的境界的超越。

坚持"风格转变"理论的人，当然也绞尽了脑汁考虑这个问题。容纳过去作品中的章节，证明巴赫没有感到有什么理由同过去划清界限，虽然在某些地方他觉得可以写得更好些，但却没有可能也没有必要改动过去年代的写法。认为他在晚年陷入了"怪僻的音乐问题之中"的观点，也同样完全化为了灰尘。因为这首弥撒曲是对他的信仰的一次表露，没有任何怪僻之处，也没有任何理论的痕迹，却是到处充满着活力，充满着最强烈的表现能力，而且全曲都是高度凡间的音乐——这与此曲创作的动机并不矛盾，因为对巴赫来说，上帝不仅存在于彼岸，而且也存在于我们的世界当中，不论他的命运遭受了多少打击，上帝仍然活在他的心中，所以他必须要写这首弥撒曲。如果说其中除了写出他和上帝间的关系，还有什么表露的话，那就是无与伦比的活力。这是他对音乐的恢宏的至终不减的活力。

同样，他的《赋格的艺术》也证明，他考虑的问题不是"怪僻"的，他直到最后一刻还在考虑现实的作用。这部作品绝不是抽象的，而是一部教科书。他没有为《b小调弥撒曲》写全声部，对他来说最重要的是，立即制成铜版发表出来，他要宣告的是他在艺术中所发现的各种可能性的总和。毫无疑问，这部作品不是"为初学管风琴者"所写，而是提供给专家中的佼佼者加以研究，从一开始就没有打算写成一部"通俗科学"读物。这部作品只以曲谱的形式发表，没有注明演奏者的数字。这就证明：只注明声部进行，而没有描绘器乐的音形，这就是他的最直接的意图。至于这样的音形通过总结出现两种明显的体系，并借助钢琴可以轻易描绘出来，则是次要的问题了。

某些音乐理论家显然认为，没有乐器的音响是听不到声音的。这完全是一种误解。几乎每一个人都能够想象出一个旋律，而不需要乐器或者设想某种乐器的音响的帮助。为了想象出"狐狸，你偷走了那只鹅"，并不需要听到孩子的声音；为了想象出国歌的声音，也不需要巨大的合唱团。乐器（也包括人的声音）只是为了使音乐物化，并不是音乐的源头。一个人唱"业已拥在他的心中"时，音乐并不是在他听到自己声音时才出现的。《赋格的艺术》即使是为钢琴所写,[①]它仍然不是一首钢琴曲。卡尔·菲利普·艾马努埃把这部作品当成父亲的遗著发表,曾坚定地对福克尔说:音乐其实是可以读的。这当然绝不是指所谓"眼睛音乐"。在歌德的诗歌中,我们也能明显地感觉到音乐的旋律,而不必高声朗读;里尔克的某些诗,虽然缺乏逻辑的理性,但却是一种音乐。而这类诗歌的旋律,通过朗读是很难物化的。常常是声音落后于音乐,而阅读中的音响才是较完善的。音乐同样不需要通过乐器得以实现。(我们不要忘记:那首"大型天主教弥撒曲"就不是为了它的演奏而写就的。)

某些专家断言,说这部作品因此是为钢琴而写的,因为人们找到了一份钢琴版本,这只能说明他们缺少音乐性和欠缺音乐教育。他们显然不知道,什么叫"总谱"。使我们不得不摇头的,是他们对器乐演奏会使听众大为震撼,[②]感到不解而不得不摇头的时候。因为巴赫在他的一生中,即使有时使用了最大胆的结构,也仍然只写了生机勃勃的音乐,而且其中永远显示着巴赫的特点。《赋格的艺术》是大型的从未有人写过的单主题作品,谁要是以为这是一份理论教材的话,那他就是根本没有了解这部作品的实质。巴赫不仅以此表明,一个主题也完全可以反过来或者倒过来,或者向前向后同时加以处理——他实际上就是这样做的。在他那里,从来就没有出现过一次抽象的结构,而永远是一种奇妙的、旋律优美的、充满生活的音乐。正因为如此,所以无人能够左右他,也无人能够模仿他。他的《赋格的艺术》在世界音乐史上是绝无仅有的,是不可仿制的,但却一再以多种多样的形式,体现出其原有的意图,即发出悦耳的声音来。

347

---

① 盖克和施洛伊宁把这当做一种新见解发表。因为理夏德·瓦格纳的作品中存在两种不同的作曲体系,所以就以此为据得出此种结论,然而,《特里斯坦》开始时也并不是为乐队所写。认为《赋格的艺术》主要为钢琴所写的观点,是不可信的,因为钢琴最不适合表现声部进行(这正是问题之所在)。

② 施洛伊宁语。这显示了他对音乐的多么无知。关于通奏低音我们掌握巴赫对此的理论阐述。但对《赋格的艺术》他却没有写出教学材料,而只是写了生动的音乐作品。

如果谁还不时把荒谬的数字关系和卑鄙的象征比喻，塞进这部作品之中，或者从这部作品中读了出来，他就是颠倒了因果关系。巴赫是一位非凡超群的音乐建筑师。他不必为了表现神圣的三位一体而去发明三个主题，也不必为表明自己的虔诚而在曲谱中涂画小十字架，更不必用 14 或者 41 来签署自己的名号或者搞什么其他的类似花招，以便让那些不懂音乐的人，如获至宝地疯狂起来。在他的音乐里，如果不是纯粹的偶然，确实存在这些现象，但这只是因为它们符合他的音乐结构。上帝也没有先数完 231 块骨头，然后才制造出人类，而是人类正好就有 231 块骨头。一个犹太神秘主义者可能会告诉我们，说其中正好包含着上帝实体的三大原则，因为 3 这个数字就是上帝的三位一体，1 加 2 也是 3，而其横加数甚至是两个 3。对骨头数量和三位一体间的这种关系，自然科学家肯定会表示怀疑的。

348　　　相信这种数字关系在音乐中有意义的人，犯了一个根本性的错误：他们认为音乐和曲谱是同一个东西。但音乐只服从一个十分简单的公式，即听不到的东西是不存在的。《赋格的艺术》中的对位结构无疑都充满着非凡的艺术性，但巴赫给我们带来的真正的神奇却是，他一再让我们听到的，是一个从未有过的奇妙的音乐。赫尔曼·谢尔欣于 1965 年指挥瑞士意大利语区的广播乐队在卢加诺演奏了这部作品，在很多理论家对这部作品的高难度传播了很多恐惧的情况下，他却证明了，这首音乐即使对普通的听众，也会产生直接的魅力。在高难度情况下达到最大限度的普及性，这正是除了巴赫还没有其他人能够取得的一大成绩（很多他的作品的指挥家都经常遇到这个困难）。

　　如果今天有人作为全新的认识指出，《赋格的艺术》的一种先期的形式，已于 1740 年存在，就是说它"不是衰老之作"，这只能意味着，这项工程当时还未被重视，暂时搁置了起来。① 但到了 1749 年，

---

　　① 巴赫常常开始写一些东西，还没有完成却暂时搁置起来。他 1740 年开始写一些曲子，到了 1749 年加工成为《赋格的艺术》，这并不表明，他一开始就已有了写这部作品的计划。

在《音乐的奉献》和大型弥撒曲之后，它突然变得重要起来，巴赫已经不能等待全部写完再公之于众了。所以他一边继续写，一边就开始安排付印，他当时看来已经到了着魔的程度，迫不及待地要把它公布出来，其重要性已经到了这一地步！

当时他的境况并不好，健康情况和经济情况都不好。发表这部作品会遭到彻底失败，他的内心里也是很清楚的：《音乐的奉献》才卖出去不到 100 份。在这样一种微小的发行量面前，今天是不会有哪一个出版商为他用铜版印刷珍藏本的。这是一个读者范围不会更大，而只能是很小的工程。

巴赫当时的工作是很多的：他要教学生，还有一堆重要的事情要做。从 1747 年年中到 1750 年年初，还产生了一批基础性的作品，简直令人难以置信。这时他已不必亲自参加每一个洗礼、婚礼和葬礼活动。至于他承担的合同义务，也不需如此认真对待了。他常常让别人替他做这些事情。悼词说，"他始终情绪活跃和精力充沛"，但德特列夫·克拉内曼找到了材料，说他患了糖尿病。其他人认为，在他的手稿中可以看出，他的健康状况很可能并不是很好，他的收入也是如此。我们可以看到，他 1746 年曾在图林根的策拉的约翰·乔治·许布勒那里出版六首管风琴众赞歌，主要内容是过去的康塔塔。看起来这些作品完全是为了卖钱。1749 年和 1750 年间，他除了加工《赋格的艺术》之外，还再次写了各种众赞歌 18 首，这无疑也是为了尽可能取得急需的收入。

他当时不可能把全部精力用于今天被我们称之为"音乐遗著"的伟大作品中，他必须还得设法赚钱。他的生活并不十分富裕，糖尿病在当时既无法确诊也无法治疗，但这是一种对视力可能有损的病症（尽管巴赫的眼病并不一定和糖尿病有关）。1747 年豪斯曼为他绘制的肖像上，可以明显看到他的视力下降。他患的很可能不仅仅是青光眼，同时视网膜也受到了疼痛性损伤。1750 年为他做过两次手术的

349

316

眼科医生约翰·泰勒认为这是手术不成功的原因。（在其他患者那里，如亨德尔，他也没有成功。）

350　　　巴赫和亨德尔的失明被看成是两人晚年的悲惨命运，但贝多芬的失聪却被看成是对一个音乐家更残酷的打击。我们不应该把这两者加以比较，但贝多芬却可以继续作曲，虽然他已经听不到外界的声音，最后创作的几首奏鸣曲，他自己已无法听到，就像巴赫没有听到他的大型弥撒曲那样。然而，巴赫虽可以听见外界的声音，却无法写下来！根据报道，他最后的众赞歌《我来到你的宝座前》，是他口述，由他的女婿约翰·克里斯托夫·阿尔特尼科用笔写下的。读者可以自己尝试一下——不是口述，只是写下别人想口述的话，你就会痛苦地发现，如何才能把同时发声的音符按前后顺序写出来，最后会是个什么样子。

　　就在这卖歌为生的挣扎中，他还要不懈地揭示对位技巧的奥秘，眼睛的疼痛不断加剧，视力不断下降——他处于恐惧之中——就在这时一支利箭又刺中了他灵魂的最敏感处：他的音乐。一次严重的昏厥（也许是中风？），使他无法工作。

　　1749 年 5 月，他的学生约翰·弗里德利希·多勒斯在弗莱堡遭到一次严重的不公正待遇，对立面是他的校长约翰·戈特利布·毕德曼，他同样是个仇视音乐的学者，是巴赫的校长艾内斯蒂一类的人物。和巴赫一样，多勒斯的音乐也受到了欢迎和普遍的承认。就像艾内斯蒂在莱比锡一样，弗莱堡的毕德曼也同样火冒三丈，因为多勒斯的能干，使音乐的地位超过了他的科学。1749 年 5 月，制定教学大纲时，他暴露了原形，竭尽贬低音乐之能事。他借助特伦修斯和霍拉修斯以及教会史发难，不仅反对多勒斯，而且反对整个音乐界。

　　于是从四面八方爆发了一场倒毕德曼的运动。马特松自己就写了 5 篇文章声讨毕德曼的学究气。巴赫也不得不被卷了进去。但写文章不是他的长处。沙伊伯攻击他时，他曾请学士卞鲍姆为他代笔反驳，

现在他又请到了他的同事，来自诺德豪森的克里斯托夫·戈特利布· 351
施罗特，他们同是音乐协会的成员。施罗特接受了他的请求，巴赫甚
至不必操心发表的问题。但出版者大概给这篇文章又加了不少佐料，
为此和施罗特发生了争吵，但这并不那么重要，重要的是，学生遇到
了和老师同样的命运。

艾内斯蒂在莱比锡所能做到的，毕德曼在弗莱堡当然不能做得更
多。此事一直到两年以后，毕德曼的失礼行为才渐渐被人遗忘。巴赫
没有能活到那个时候，但他在这之前在音乐上进行了干预，再次演出
了他 18 年前写的康塔塔《太阳神和特神的争吵》，此外还接连三次演
出了《噢，灿烂的日子，期待的时间》，其歌词是颂扬音乐和反驳其
批评者。这个时期，他最著名的一句话是他希望这位权威（毕德曼）
能够洗净他"肮脏的耳朵"。马特松对他的这种表示感到不满，认为
过于"粗俗"。确实如此，因为巴赫受到了巨大的伤害。在这种情况
下，比较合适的话，应该是莱辛在他作品中的奥茜娜伯爵夫人的那
句："谁要是在某些问题上不丧失理智，那他就不会丧失任何东
西。"①

但这还不是巴赫在 1749 这一年所经历的唯一的恶意磨难。他常
常找人替他做事以及身体日益虚弱的情况已在德累斯顿广为流传。布
吕尔伯爵从巴赫可能快要去世中，看到了一个良好的时机，摆脱他的
乐队指挥约翰·戈特利布·哈勒尔。于是他为哈勒尔写了一封推荐
信，更准确地说是一个要求：在巴赫去世时，由他接替巴赫的职务。

这是 6 月 2 日。6 月 8 日，哈勒尔前往莱比锡，亲自递交了那封
推荐信。巴赫当时还在任，但莱比锡人在国王面前的市民自豪感并不
十分强烈，莱比锡市政委员会并没有当场接受布吕尔伯爵的请求，但
却立即安排了一次对哈勒尔的音乐考核，考核在"三只天鹅"酒店举 352

---

① 《爱米丽雅·迦洛蒂》中的对白。

行。但这完全是一种表面文章，由有权势的大臣所推荐的这位先生，谁也不敢怀疑他的水平。事情就这样决定了，何况大臣还请求颁发书面的"命令"呢！于是就出现了令人瞩目的一种失礼现象，在一个职务占有者还在任的情况下，就决定了他的接班人。但斯皮塔却把这说成是市政委员会的功绩，因为巴赫没有被就地免职。按常礼，应该等待这位职务占有者入土为安以后，才可开始物色他的接班人。但莱比锡市政委员会不懂得这个道理。

说巴赫不知道哈勒尔在"三只天鹅"酒店接受委员会的考核，也是不可能的，尽管这次考核是在内部进行。盖克甚至断言，说巴赫还作为无言的观众参加了这次表演。他如何得知的，至今是一个秘密：整个活动不是公开的，让巴赫也去参加，对市政委员会来说，也是没有任何理由的。巴赫的躯壳在他生前就已经出卖，对他来说是一个极大的刺激。但这些都是曾派下等验尸书记员给巴赫送通知的各位先生们毫不关心的事情。

1749年开始得还很风光：1月份，巴赫第一次在自己家里为他的孩子举办婚礼。他的学生阿尔特尼科娶了他的爱女伊丽莎白，昵称"丽丝根"。为了让这对新婚夫妇能够生活，巴赫为女婿在瑙姆堡谋到了一个管风琴师的职位。这个风光的开端，可惜没有能够继续下去。1749年再次成为他的一个厄年。

紧接着一切就都变坏了，尽管开始时还来了一条好消息：巴赫把他倒数第二个孩子约翰·克里斯托夫·弗里德里希安置到毕克堡的宫廷乐队之中，他当时才刚刚18岁。和克腾的老关系在这里起了作用：他过去的主人侯爵莱奥波德已经入土20多年了，他第二次结婚时，娶了拿骚·西根的公主夏萝特·弗莉德丽卡为妻；莱奥波德死后，她又嫁给了绍姆堡-里坡的伯爵阿尔布莱希特·沃尔夫冈；因此巴赫的名望在毕克堡中得以长期保留。这样一来，65岁的巴赫家里就只剩下5个孩子需要他照顾了。

　　但他的疼痛加剧，而且视力越来越差！城市医生纳格尔确诊为眼晶体混浊。但他却无能为力，尽管当时已经人人知道，治疗的方法只有一个：手术除障。混浊的晶体必须切开，然后推到虹膜下面，最后用一副深度眼镜——内障眼镜——勉强代替晶体。这些听起来似乎很简单。但做这样的手术，不仅要求术者有高超的技术，而且要求有足够的经验——可莱比锡有谁能具备这样的条件呢？

　　一个偶然事件帮了巴赫的忙。当时一位周游全欧洲的来自英国的眼科医生切瓦利·约翰·泰勒正好巡游德意志，于 1750 年 3 月下半月来到莱比锡。他自誉可以治疗眼病，而且自誉已取得很多成功。看来这是一次难得的机会，其实，哪里还有其他选择呢？

　　手术室①就安置在巴赫接班人接受考核的那家"三只天鹅"酒店里。手术开始时，先用一只煮得滚热的苹果放在眼睛上，以便软化角膜。患者被捆绑在一把椅子上。麻醉药当时是没有的。切瓦利·泰勒有一个身强力壮的助手，用两只大手牢牢夹住患者的头部。当时还不讲究手术器械的消毒，人们根本就不知道什么叫消毒。直到 100 年之后，塞莫维斯医生还遭到了同行的嘲笑，因为他要求助产前应该洗手。

　　手术中刀口虽然很小，但比当时同样不进行麻醉的拔牙手术，更痛苦几分。手术后就更为严重，因为为了配合手术，还进行了其他医疗处理。包括多次为巴赫放血，服用泻药，以及某些毒品如颠茄和乌头，以便"抵抗有害的眼液"。 354

　　手术后泰勒就去了德累斯顿，当他 4 月初返回莱比锡时，不得不看到，晶体又移到了瞳孔处。只好又做了第二次手术，然后当然还要像上次一样进行极其痛苦的后处理。

　　从第一次手术那一天起，巴赫就完全看不见了，眼睛缠上绷带，

---

　　① 赫尔穆特·策拉希在 1956 年度《巴赫年鉴》的"巴赫和牙医泰勒"一文中对此有详尽描写。

并戴上了黑眼罩，只能用手摸着周围的东西行动或被人搀扶着，并由别人喂食，因为盘子在哪里，调羹在哪里，吃饭时连嘴在哪里，他都必须重新适应。同时，手术以及术后的处理，都必然使他的病情越来越严重，身体越来越虚弱，感觉越来越难受。至于他是否患了糖尿病，这时已经不那么重要。前后两次遭受的像对待牲口一样的治疗过程，即使一个正当年的人，也会经受不起而虚弱下来。巴赫当然已不是正当年了，上一年5月的昏厥，已经清楚说明了这一点。

他动手术的时候，已经到了冬末。春天又过去了，他还是看不见东西；夏天来了，情况仍无变化，而他却越来越虚弱了。

他终于无法再忍受黑暗了。7月18日，他撕下了缠在眼睛上的绷带——他又可以看见了！第二次手术是成功的。可惜的是，病人已无能享受这个奇迹了。几个月的折磨和重见天日的激动，对他的刺激确实太大了：几个小时以后，一次中风又击倒了他，他带着高烧卧床10天之后，于7月28日，约8时一刻，闭上了眼睛，从此就再也没有醒过来。

355　　这最后的半年，就是他从客西马尼园走向格格他（耶稣受难时的旅途。——译者）的漫长旅途，他没有背着十字架，但受着鞭笞，带着荆棘和生活中的众多屈辱。在他的墓碑上，应该写上提摩太书第三章（应为第四章。——译者）第7段的词句：

那美好的仗我已经打过了，
当跑的路我已经跑尽了，
所信的道我已经守住了。

第二十九章

　　然而，巴赫却没有墓碑。因为没有这笔钱。卢艾格说，巴赫在莱比锡生活相当富裕。他偏偏要把巴赫的收入和莱比锡的啤酒价格相比。（市政委员会决定：啤酒必须清淡，价格必须便宜。）假如他把德意志民主共和国一名退休者的微薄的收入和电车票价相比，那这位退休者的收入就和一个部长一样了。

　　巴赫没有留下遗嘱，所以他的遗孀安娜·玛格达勒娜就只能从遗产中得到 1/3 的份额。家中尚留下 3 个孩子，即大女儿卡塔琳娜·多萝泰娅，已经 42 岁，以及她的两个最小的女儿，13 岁的约翰娜·卡罗琳娜和 8 岁的蕾姬娜·苏姗娜。她自己在巴赫死的时候，还不到 50 岁，但市政委员会允许她作为孩子的监护人，条件是她不得再婚。也就是说：如果再婚，孩子将被领走。这样一来，市政委员会实际给她注定了今后的苦难。在其他方面，委员会也是计算得很周到的，巴赫的遗孀按规定还应得到半年的工资，即 50 塔勒尔。但在这个问题上，他们发现，巴赫于 27 年前上任时，晚到了一些日子，所以必须扣除，最后所余下的就只有 21 个塔勒尔 10 个格罗申。一个称职的委员会必须懂得节约才是，而要节约的地方，就在那些孤立无助的人身上。

　　巴赫没有多少积蓄：在莱比锡的 27 年间，他仅留下了 1100 塔勒尔，相当于他一年半的收入。安娜·玛格达勒娜和她的四口之家，得到了其中的 1/3。弱智的戈特弗里德·海因里希由阿尔特尼科带往瑙姆堡，15 岁的约翰·克里斯蒂安，由卡尔·菲利普·艾马努埃带往柏林。然而，安娜·玛格达勒娜得到的钱尽管很少，她还是为她所爱的丈夫买了一口橡木棺下葬。这本来已经超出了她的经济能力，但她还是这样做了，她实在没有钱再购置墓地十字架了。这是她为巴赫献出的最后的爱。

357

巴赫的妻子玛格达勒娜放弃再婚的书面声明。笔迹显示了她文静、自信、举止端正的性格和一位聪慧而能干的女人的特征

　　她在海因大街找到了一所住宅，得到了一份特殊的补偿，作为她迅速离开乐监住房的奖励。委员会还很大方地给了她几个舍费尔的谷物，以解决她一家近期的吃饭问题。但这并不能摆脱她很快就陷入的困境。她的继子威廉·弗里德曼和卡尔·菲利普·艾马努埃，尽管和她关系不错，但却不接济她一分钱：他们的父亲对这个女人的爱，给

家庭带来了裂痕至今未能愈合；对两个儿子来说，她始终是一个外人。出于怜悯，市政委员会支付 40 塔勒尔，买下了她丈夫的几份乐谱，"鉴于她的贫困，接受了几份乐谱"。没有人报道过，在市政档案中是否可以找到这些材料。玛格达勒娜是如何把女儿养大的，我们不清楚。她没有给她们找到丈夫，因为当时她们的家境实在太差。她生命的晚期，完全靠别人施舍过活，死的时候是"接受救济者"。

有些理论家研究发现，说她从市政委员会得到了养老金。他们却没有证据说明，其他的和她处境类似的遗孀们也得到了养老金。假如确有根据证实他们的论点的话，斯皮塔肯定会有所发现，就会说在当时确实存在着这样的养老金制度，[①] 门德尔松也就不必在 100 年以后，还要为他的布业大厅乐队的乐师的遗孀争取养老金了。这个论点同样是站不住脚的：唯一有证据的委员会支付款项，就是付给玛格达勒娜的一次性购买曲谱的费用。

比养老金更引人注意的问题是，巴赫音乐方面的图书都到哪里去了。斯皮塔估计，他的儿子们可能在他生前就已经拿走了，因为在巴赫家一本都没有找到。卡尔·菲利普·艾马努埃虽然在撰写悼词时曾写信给米茨勒说："我死去的父亲和我以及其他真正的音乐家一样，不是枯燥理论的朋友。"但是这一表述，却被认为是绝不能轻易相信

① 在德累斯顿奥古斯特大帝时期，对宫廷音乐家的遗孀和孤儿，自 1712 年就存在这样的养老金制度。但在莱比锡巴赫生活的那个时期却没有这方面的记载。连玛格达勒娜获得一次性补偿，也是经过申请（1750 年 8 月 15 日）才得以兑现。对布业大厅乐队成员的遗孀和孤儿建立养老基金，是门德尔松于 1837 年才争取到的。这也证明在巴赫时期，莱比锡没有这种制度。

359 的，因为它妨碍了音乐理论的发展。理由是：巴赫的对位艺术总得有个出处！比方说，他的《赋格的艺术》是按哪本菜谱炮制的？

所有这些当然需要长期寻找，直到他们找到其他"巴洛克"音乐家，也和巴赫一样写过一首"转位赋格"或一首"增值转位卡农"才行。因为他们所有这些人都陷入了一个误解之中：他们把巴赫对位可能性的根本兴趣当成了单纯的理论探讨。巴赫不需要学习这种或者那种和声体系。他还不到 20 岁就创作了完全具备自己风格的作品。巴赫也不需要从这里或者那里去查阅，一首"增值转位卡农"是什么，他就是在实践中把它写了出来，他不仅有这个能力，而且还可以用这种方式创作出生动的音乐来！

出于这个原因，我们可以毫不怀疑地说，米茨勒要"把音乐彻底提升到数学科学的层次"的努力，对巴赫来说完全是蠢话。他早就知道如何处理那些永恒的东西，他的学生很多，也各个都不相同，从他们身上他也看到，艺术中的真谛恰恰是那些不可学的东西，是任何科学都无法渗入的东西。

他长期没有加入米茨勒的协会，是有其道理的。米茨勒对音乐的观点必然和巴赫的观点发生尖锐冲突。他的学识不在于写一篇论述"增值转位卡农"的文章，而在于演奏这样一首曲子，而且不是在"所谓试验的平台"上，而是作为生动的音乐。

谁要是不这样看问题，他就没有理解完整的巴赫，他就有很多的误解，其中也不乏滑稽。有人说，米茨勒翻译了《艺术津梁》，巴赫就必然按他维也纳的同行富克斯的理论写几段小曲子，来配合米茨勒——这样一种观点的传播，虽然可以使人成为教授，但同时也证明，他对艺术创作过程一无所知，而且也没有在他的专业范围内广阅360 多闻。因为："他在作曲中和大学生们一起立即走向实用，抛开了一切在富克斯和其他人那里存在的枯燥的对位公式"，这位先生如何能得出这样的结论呢？难道他曾按照富克斯的模式做过曲吗？

和这些教授先生们相反，卡尔·菲利普·艾马努埃知道得很清

楚，他不需要在父亲那里寻找音乐理论书籍。那些认为威廉·弗里德
曼和卡尔·菲利普·艾马努埃在巴赫弥留之际，偷走了巴赫的理论图
书的人们，没有告诉我们，为什么在这两个儿子的遗产中也找不到这
些书呢？而且在莫扎特、亨德尔、海顿、贝多芬、勃拉姆斯、瓦格纳
留下的图书中也同样很少有音乐理论书籍——我们不禁要问，为什么
巴赫就应该有这种书籍呢？这个问题，至今也没有答案。

还有一个问题与此有关：巴赫的所有儿子都受到过良好的音乐教
育，这是从他们父亲那里得到的。两个大儿子，这两个首席被告，那
个时候早就有了丰富而成功的实践经验。他们这时早就不需要父亲的
理论书籍，就像一名职业卡车司机，不再需要父亲给他讲解交通规则
一样。

但是，那位在其他地方常常耸人听闻地描绘巴赫的施洛伊宁，在
评论巴赫偏爱理论时，却走得更远。米茨勒把他的协会保存音乐作品
的地方定在了莱比锡。施洛伊宁因此而十分敏感地得出结论说，收藏
所有这些作品的地方必然是巴赫的家，巴赫实际起到了米茨勒藏书借
阅管理员的作用。

他甚至还为他的这个理论找到了一个确凿的证据：巴赫死的时
候，米茨勒的藏书一件都没有找到。这一事实，他认为恰好是证据： 361
所有藏书都已经借阅出去了！

巴赫入葬时，"整个学校"都参加了，这是一个"大葬礼"。16
年后，跟随玛格达勒娜棺材送葬的，学校里只有"1/4"的人员参
加——这是一个穷人的葬礼。在 1750 年的学校年鉴中，没有看到校
长艾内斯蒂对去世的乐监讲过一句话。对他来说，这个人早在 13 年
前就已经不存在了。而巴赫为之忠心耿耿奉献过 27 年之久的音乐并
使之多次出现高潮的教会，对他的谢世也只有一个最简单的无法回避
的声明："在上帝身边温柔地睡去，高贵的、受人尊敬的约翰·塞巴
斯蒂安·巴赫，生前是波兰国王陛下、萨克森大选侯殿下的宫廷作曲
家，安哈特-克腾侯爵的宫廷乐队指挥，圣托马斯学校和托马斯教堂

的乐监。他的遗体按基督教礼仪于今天入土安葬。"经历 27 年的漫长岁月，人们对这个不受欢迎的下属，竟没有更多的话要说了。

就在同一个星期，市政委员会安排了接班人的问题，对此他们实际早已安排妥当。求聘这个职务的还有其他几个人，有巴赫的一位同事，他的一名学生和他的一个儿子。这同时也证明，他们对在"三只天鹅"酒店举行考核的事，是一无所知的，否则他们就不会前来应聘。

对巴赫最著名的评价出自军事枢密官、市长施蒂格里茨博士之口："巴赫先生虽然是一位伟大的音乐家，但却不是教育家，因而在寻求托马斯学校乐监这个职位的人选时，应该考虑在这两个方面都有造诣的人。"市政委员普拉茨立即补充说："托马斯学校的乐监应该首先是教育家，尽管他也必须懂得音乐。"

发表这个原则声明之后，他立即转向吹嘘由布吕尔推荐的宫廷乐队指挥哈勒尔，尽管这位指挥迄今为止还从未教授过一个小时的拉丁文课程。但他准备"尝试一下"，此外他还具有随和的性格特点，当然背后还有布吕尔的支持。

申请立即获得了认可，而且是一致通过，这可以从市政档案中读到。哈勒尔在这之前在德累斯顿担任布吕尔家庭乐队指挥达 19 年。[①] 莫里茨·福斯滕瑙在他的《德累斯顿宫廷音乐戏剧史》中对德累斯顿的音乐生活，有过异常详尽的描写，可却没有提到哈勒尔的名字。布吕尔知道，他为什么做出这个决定。然而，他的音乐水平和拉丁文授课质量，对莱比锡市政当局来说，都是无关紧要的。他们主要关心的是，不要给他们的工作带来麻烦。他们感到最欣慰的，还是那个捣乱分子巴赫终于不在了。至于说他在这 27 年中为莱比锡带来如此非凡的音乐，他们却认为这不是他们职权范围内的事情，在那个世纪如此，在后来那个世纪仍然如此。

---

① 约翰·戈持罗布·哈勒尔，1703 年生于格利茨，1755 年死于卡尔斯巴德，自 1731 年任布吕尔伯爵私人乐队主管，1750 年 8 月，巴赫死后不到三周，就任托马斯学校乐监。

莱比锡的巴赫纪念碑，巴赫死后93年由费利克斯·门德尔松建立，
而不是由市政当局

　　巴赫被安葬在约翰教堂外墙旁。这是一个40年后被人遗忘了的
地方。即使当巴赫又被复兴以后，市政委员会仍漠不关心。在音乐方

364

1908 年出自雕塑家卡尔·赛福纳之手的巴赫纪念像树立在
托马斯教堂的南侧

面，他们的骄傲是另一个音乐家。他就是来自柏林的年轻指挥费利克
斯·门德尔松，他不仅把"布业大厅乐队"带向了高峰，而且在莱比

锡建立了德国第一所音乐学院。莱比锡还有著名的钢琴教育家维克和他的著名的女儿珂腊拉，其夫也是一个天才的作曲家，曾出版名噪一时的《新音乐杂志》。在莱比锡歌剧院里有一位不太有天才的乐队指挥，名字是洛尔青——所以，莱比锡没有巴赫仍是一座音乐城。

是门德尔松不顾市政委员会的意见为巴赫说了话，就像他在柏林就为巴赫说了话一样：他在托马斯教堂演奏了巴赫的音乐。这在当时的莱比锡音乐界是一件大事，舒曼写了一篇热情洋溢的评论文章。门德尔松用 1843 年这场音乐会的收入建立了第一座巴赫雕像，市政当局的唯一贡献，就是没有对此提出异议。

但巴赫的墓地仍无人关心。如果约翰教堂不是 1894 年再次进行扩建的话，巴赫的墓地也可能就完全被遗忘了。挖掘地基时，人们发现了三台橡木棺材。巴赫是用橡木棺材入葬的，人们还都记得。就这样，巴赫的遗体又被找了回来。雕塑家卡尔·赛福纳根据巴赫头盖骨的石膏铸模制作了巴赫的头像，和巴赫的绘图肖像极其相似。于是巴赫的遗骨终于置入正式的棺椁中，安葬于约翰教堂的地下墓穴——而不是托马斯教堂——卧在他旁边的，是较早安葬在这里的克里斯蒂安·弗希特戈特·格勒特。1950 年他们的棺椁才移葬于托马斯教堂。赛福纳又塑造了巴赫纪念碑，取代了门德尔松捐赠的小雕像，于 1908 年由新巴赫协会主持落成典礼，也不是由市政当局主持。

但忘记巴赫的还不止这些人。在后来的时间里，人们很愿意这样笼统描绘当时的情况，似乎巴赫有一段时间完全被人遗忘，只是通过门德尔松在松林演出马太受难曲才又重见天日。"总的说来，到了 18 世纪末，巴赫似乎已永远地死去了。"施威策这样写道，这和很多其他论述一样，不是事实。

首先，巴赫生前就不是一个适应潮流的，尤其不是一个顺从的音乐家。有趣的是，他其实也根本不是一个到处可用的万能的教堂音乐家。卡尔·菲利普·艾马努埃出版了他的众赞歌和和声乐曲集，一共

是 371 首，但却没有出版一本配合管风琴曲的教民唱诗歌本。即使在
1995 年出版的新教教区教堂的众赞歌曲集中，也没有一首巴赫的曲
子，这当然不是人们贬低巴赫的结果。因为，他的和声乐曲都是过于
独立的艺术品，不适合教团唱诗使用。他的管风琴众赞歌曲和大部分
众赞歌前奏曲的情况也是如此。其中的很多由于篇幅过长超出了做弥
撒时使用的可能性，它们不是简单地进入教团唱诗中去，而是把唱诗
包容于其中。我们虽然不能说，巴赫已经超越了音乐的界限，[①] 但一
个在做弥撒时只演奏巴赫乐曲的管风琴师，肯定不会受到教民的认
可，反而会遭到非议。还有一点，就是巴赫并不回避这些，他的大部
分作品是很难的，不仅是他的《戈尔德堡变奏曲》和《平均律钢琴
曲》演奏起来要比海顿或莫扎特的奏鸣曲困难得多。所以他的作品很
难普及，而且他也从未考虑过普及的问题。如果他自己演奏，就不一
样了，对他的赞扬就是无止境的。只是别人演奏的时候……但说他被
专家们忘得一干二净，在什么时候都不是这样。

在任何时候他也都不是"终结"。施威策说，"一切都向他而去，
但却什么都没有从他那里出来"。这种说法有失公道，因而也绝对是
错误的。

从他那里什么都没有出来吗？

人们数了他的学生：一共是 81 人，其中至少有 46 名成了职业管
风琴师。所有这 81 人都受过他的教育，学到了他的音乐，然后把学
到的又传授给了别人。至今我们还没有发现，或许约翰·克里斯蒂
安·巴赫除外，其中有任何一个人被当做"过时"而开除。做巴赫的
学生，在当时不仅是一封介绍信，它实际是一种质量的标记，有些人
甚至利用过这个标记，没有遭到过拒绝——巴赫的名字就是一封推荐
信。这个地区的主要管风琴师职位被巴赫的学生占有的是 46 个——

---

① 令人不解的是，施威策一再重复这一论断。

其中有不少成了著名人物：比如克雷布斯、吉特尔、德累斯顿十字教堂的霍米留斯、凯尔纳等。34 年以后，约翰·亚当·席勒尔写道："时至今日，人们还把在这位大师那里上过课看成是一种荣誉。"难道这就是什么都没有从他那里出来吗？

我们不能忘记，这些学生又有了他们的学生。比如吉特尔有一个管风琴学生，名字叫克里斯蒂安·海因里希·林克，后来成了博士和教授。他以巴赫的风姿把最美的对位管风琴曲带进了 19 世纪。巴赫的管风琴曲，几乎没有出版，技术上要求很高，但却没有消失，就像他的《平均律钢琴曲》一样。它一再使人振奋不已，很多人争先把它抄下来，因为他们无论如何要自己占有一份，这在音乐上是一种不寻常的做法。难道他被人遗忘了吗？

还有一位约翰·菲利普·金贝格，[①] 腓特烈大帝乐队中的小提琴师，阿玛丽娅公主在柏林的音乐教师。由于他极其崇拜他的老师，所以收藏了很多老师的作品，这成了后来某些印刷出版这些作品的基础。他自己也享有很高的威望，他的音乐理论文章，在 18 世纪下半叶传播甚广，他丰富了从老师那里学来的知识。他的老师就是约翰·塞巴斯蒂安·巴赫。

在一位伟大的父亲的阴影下生存，对他的儿子们该有多么困难。弗兰茨·克萨威尔·莫扎特尽管是一个很能干的音乐家，但却几乎无人知晓。西格弗里德·瓦格纳几乎卓越地掌握了他父亲的一切风格和手段，但也正因为如此而陷入了无足轻重的地位。倒霉的小鸟弗里德曼·巴赫遇到的主要困难，就因为他这个天才"处于父亲的阴影之下"。但巴赫还有三个儿子，并没有被他的阴影遮住了光彩，同样表现了和父亲一样的自信，为那个时代的音乐作出了方向性的贡献。卡

---

① 门德尔松的祖父曾从师于他，门德尔松的母亲也在他那里学习过音乐，在柏林的音乐生活中，巴赫的音乐还是有它牢固的位子的。

367

尔·菲利普·艾马努埃常常被评价为他父亲的艺术对立物，说他以自己的"新风格"对抗了老风格。谁要是对他做过仔细研究，就会发现，他从父亲那里学到了很多东西，卓越地掌握了单主题音乐的创作技巧（如他的管风琴协奏曲）；但他同时又不简单地是巴赫的儿子（对莫扎特的儿子却可以这样说），而是像他的父亲早年那样，是个自主的音乐家，他是这个意义上的巴赫的儿子。

368　　还有一点值得我们注意：卡尔·菲利普·艾马努埃以自己的创作证明，他是一名经验丰富技巧纯熟的对位音乐家，运用了父亲的风格，也十分熟悉父亲教课时的内容。正是他在他父亲死后于1751年和1752年间，把《赋格的艺术》制成铜版，进行了校对，并十分细心地组织了出版工作。施洛伊宁甚至说他是一个手段狡猾的广告专家。当然几句话以后，他的这个观点就站不住脚了。卡尔·菲利普·艾马努埃不是这样一个人，他父亲的这部作品，他只卖出去了10份，不久就不得不把那块铜版当做废铁卖掉了。

卡尔·菲利普·艾马努埃·巴赫。他的《试论键盘乐器演奏的真正方式》一书，包含了那个时代音乐演奏的基本观点，但并非来自他的父亲

　　对他这样一个节俭的人，这件事肯定是一个很大的失望。他的狡猾的广告手段，施洛伊宁说，主要是针对未完成曲和三重赋格说的几句话："作者加工这首在主题中镶嵌了 b-a-c-h 名字的赋格时死去。"这是很奇怪的事情。

　　同样贾科莫·普契尼也是在快要写完歌剧《图兰朵》时去世的。369他的学生弗朗科·阿尔法诺虔诚地忠于原风格地完成了这部作品。同样莫扎特也未能完成他的"安魂曲"。他的学生苏斯迈尔续成了这部未完成的作品，他对莫扎特的手法十分熟悉，续成的曲子在结尾处，很难准确地判断莫扎特在何处中止，苏斯迈尔是从何处续写的。卡尔·菲利普·艾马努埃同样十分熟悉父亲的手法和风格，但却没有续成这部三重赋格，因为他知道得很清楚：有资格完成这部三重赋格的

约翰·克里斯蒂安·巴赫。先在米兰任教堂管风琴师和歌剧作曲家，后又到伦敦任作曲家和音乐会经纪人，成绩斐然，曾为年轻的莫扎特后来的发展起过推动作用

只有一个人，那就是巴赫自己。这是一个重大的令人敬佩的决定，我

们只能充满敬意予以接受。他自己的发展则走了另一条道路。约塞夫·海顿后来承认，如果他没有接触卡尔·菲利普·艾马努埃·巴赫的作品，他也就不可能成为海顿了。他所运用的技能却是来自他的父亲。海顿也能按巴赫的样子写出卓越的赋格来，不仅他的第 40 交响乐是个证明，而且也可以从他的清唱剧中看出。

难道从他那里什么都没有出来吗？

370　　卡尔·菲利普·艾马努埃继续把他自己的技能传给他的弟弟约翰·克里斯蒂安。在他身上同样有着他父亲和哥哥那样的自信，同样有着从他大哥那里得来的冒险开拓精神，但也是这种精神使他的兄弟伯恩哈德走向了没落。约翰·克里斯蒂安身上兼备弗里德曼的骚动和卡尔·菲利普·艾马努埃的稳重。他也兼有他兄弟伯恩哈德的那种放荡不羁的性格，这使他远行意大利，这使他无所顾忌地改信了天主教，这也使他在米兰既任教堂管风琴师，又兼任歌剧作曲家。27 岁时他去了伦敦，作为"巴赫·阿贝尔音乐会公司"的主持人，在伦敦音乐会生活中长期占有重要地位。凡了解他的交响乐的人都会想到，它对年轻的莫扎特在伦敦访问期间的影响该会有多么大。谁要是研究过这部交响乐的第二声部，就会发现一个十全十美的对位专家。这方面的技巧，他不仅学自他的哥哥，也学自他的父亲。

难道从他那里什么都没有出来吗？

然后还有奥地利的男爵戈特弗里德·封·斯维滕，他当时在柏林马普格区担任奥地利外交官，曾就学于巴赫的学生金贝格门下，是个巴赫的狂热崇拜者。他后来成了维也纳宫廷图书馆的馆长，曾同莫扎特有交往。莫扎特不仅告诉他，每个周日"都只演奏亨德尔和巴赫的音乐"，莫扎特还把巴赫的东西拿回家中，当他的康斯坦策听到这些音乐以后，"她简直就爱上了它们"。于是莫扎特于 1782 年开始，也在巴赫的影响下写赋格了，而他的 394 号作品《幻想曲和赋格》，几乎就是巴赫的《变音幻想曲和赋格》的莫扎特式的翻版。

　　斯维滕还向海顿介绍了巴赫和亨德尔，① 使他产生了创作《创世纪》和《四季》的想法。在斯维滕家中，贝多芬演奏过巴赫的作品。贝多芬 11 岁时就已把巴赫的《平均律钢琴曲》"抓在了手中"，他是从他的老师克里斯蒂安·戈特罗布·内弗那里听到的，而内弗对巴赫的狂热又是来自约翰·亚当·席勒尔那里，席勒尔受到了巴赫的学生霍米留斯和多勒斯的熏陶，最后成了多勒斯在托马斯学校的接班人。音乐作家罗赫利茨对巴赫的狂热也是从多勒斯那里得来的。他的《音乐汇报》当时在德国很有影响，而巴赫对他来说就是超越一切的。莫扎特访问莱比锡时，罗赫利茨也在场，当时莫扎特在多勒斯那里极其兴奋地把巴赫的经文歌的各个声部都摊摆在周围，说："这才是我们可以学到东西的作品。"这是莫扎特最后一次旅行，他早已达到了艺术的顶峰。但直到这时，他仍然对巴赫的作品兴奋不已。

　　而施威策却把这些都称为"终结"？而且说，从巴赫那里什么都没有出来？

　　他显然认为，巴赫死后，很多人都必须能够和巴赫一样地创作。但天才是不能仿制的，而且一切真正的伟大天才也都绝不是模仿者。确实：巴赫以后再也没有人创作过像巴赫那样的作品，但在瓦格纳以后，也没有人写得和瓦格纳一样，施特劳斯之后也没有同样的施特劳斯，甚至奥尔夫之后也没有出现一个奥尔夫。如果不是某些人不断企图证明，巴赫都模仿过什么人的什么东西，他们却可以证明，在巴赫之前还没有人做过什么。不仅在巴赫之后没有人能够模仿巴赫，而且

<hr />

　　① 海顿、莫扎特、贝多芬、内弗、库勒、霍米留斯、金贝格、多勒斯、罗赫利茨、策尔特、诺伊迈斯特、斯维滕、福克尔（还有谁?），这些人都对巴赫表现出崇拜的热情，我们必须看到，这都是在巴赫的管风琴曲、他的《平均律钢琴曲》、他的受难曲、他的康塔塔、他的经文歌没有付印也没有上市出售的情况下发生的。谁要是想看到巴赫的作品，他就必须把它手抄下来，而这些人都这样做了。海顿有一份手抄的《b 小调弥撒曲》，贝多芬在内弗那里演奏的《平均律钢琴曲》的曲谱也是手抄件，门德尔松从小就开始收集巴赫乐曲的手抄曲谱，他的叔祖母萨腊·勒韦"收藏了一批这样的曲谱"（埃利克·维尔纳在他的门德尔松传记中有所记载）。巴赫死后就是这样"被遗忘了"，他就是这样被"华丽风格"所淘汰！

在他之前也没有人做过他做的事情。有人说，他只是接受了那个时代的形式，这也丝毫不能证明什么，因为他把它发展成为了绝无仅有的伟大的形式！

在业界，巴赫的遗著从来就没有缺少过崇拜者，不仅在德国和奥地利。首次印刷出版《平均律钢琴曲集》——至此它一直是通过手抄传播的——是 1799 年在伦敦！在英国，对这位"过时的、被遗忘了的"约翰·塞巴斯蒂安·巴赫，存在一个很大的巴赫集团，其规模足以使印刷他的作品经济效益卓著。第一个德文版本，是在整整一年以后才由美因茨的朔特出版社出版的。

372　　我们还可以谈一谈 1800 年以后柏林音乐生活的中心人物问题，即卡尔·弗里德里希·策尔特，[①] 他是门德尔松、迈耶贝尔和尼古拉的老师，歌德的朋友。门德尔松很小就在他那里以巴赫为榜样学习写赋格，确实也写出了一批相当成功的赋格作品——这和策尔特对巴赫的崇拜有直接关系。门德尔松知道巴赫的价值，即使进入学校时，那里已经没有了巴赫的学生。他当时在他的歌唱学院——当时还叫"法士歌唱协会"——的曲谱收藏中找到了马太受难曲的总谱。这首曲子使 16 岁的门德尔松着魔，到了圣诞节，他最大的希望就是想要一份手抄件，而且 17 岁的他一定要演奏这个曲子。但策尔特知道它的难度，而且坚信是会翻船的。但门德尔松和他的朋友德伏里恩特一再向老先生请求，直到他终于让步，于 1827 年在 18 岁的门德尔松的指挥下举行了这场历史性的演出。我们可以看到，对巴赫的热情，不一定非要通过这场演出才能点燃起来不可，这场演出只是进一步传播了它。有人说策尔特是一个很难说话的人，而且性情粗暴，他对此事的主要顾虑是觉得巴赫的音乐太过时了。但进一步观察时，这种说法却是不可信的：是他自己把对巴赫的崇拜传给他的学生的，因而他不可

----

① 他曾于 1794 年在柏林声乐学院演奏过巴赫的经文歌。

能认为巴赫是一个过时的音乐家。他只不过需要一个理由，不使两个年轻人失败，因为他自己出于老经验，不敢奢望这次演出能够成功，[①] 这部乐曲终究已经是 100 年前的作品了。

说巴赫死后就已经被人遗忘，是不正确的；了解他的作品的人中，也没有人认为他的音乐已经过时了。正好相反：不论风格如何发生变化，它们总在激励着行家和专家。巴赫的作品正是为这些人所写的，即使在据说"已被遗忘了的时代"，也不仅仍然达到了这个目的，而且仍能令人着迷。

难道从他那里什么都没有出来吗？正好相反：任何一个伟大都没有躲开过他的影响。

_____

① 不完全如此：策尔特还是第二次重演了马太受难曲。他的总谱仍然是一份手抄件，而门德尔松的那份，又是这个抄件的抄件。（这次演出的详细情况，请见爱德华·德伏里恩特的生平回忆）

第三十章

"谁扣错了第一个扣眼，"歌德说，"他就无法扣上最后一个扣子。"施威策在他书中第一章写道："巴赫属于客观艺术家范畴。他们完全停留在他们那个时代，只能运用时代所赋予的形式和思想进行创作，对时代赋予的艺术表现手段不具批判性，也没有开拓新路的内在渴望。"

我们还可以继续读下去，但下面说的也同样不正确。"对艺术表现手段的批判性"和艺术本身没有关系。"没有开拓新路的内在渴望"，对某些人来说或许中肯，但面对巴赫却绝对是一种误解，同样关于"巴洛克的顶峰和终结"的说法也是如此。对巴赫的这种评价，几乎持续了达半个世纪之久，一直到了 20 世纪，才出于政治考虑，由德意志民主共和国总统抛出了"启蒙运动"这块硬骨头，引起了新的讨论。启蒙运动的说法日益被看成是实用主义的幻想，而巴赫和巴洛克的关系，却像树木和它扎根的土地一样，变得难解难分了。

但如果我们仔细看一下巴赫的音乐环境，那么这个图像就会发生动摇。毋庸置疑的是：哈塞、科万茨、特勒曼、格劳普纳、法士、维瓦尔迪、马尚、达坎、拉莫、亨德尔、塔尔蒂尼、斯卡拉蒂兄弟、格劳恩兄弟、库瑙、托雷利、科雷利、弗兰茨·克萨威尔·里希特、佩尔戈莱西、库普兰、克里格尔、穆法特、伯姆和布克斯特胡德，他们

的创作都和巴赫不一样。[①] 同样不能说，《马太受难曲》只不过是受 374
难曲森林中的一棵树，甚至都不能说，亨德尔的《布洛克受难曲》或
格劳恩的《耶稣之死》可以和巴赫的《约翰受难曲》相媲美：最多只
能以普通的方式进行一些比较，但在细节上的差别却巨大无比。巴赫
当然也写过和同时代人一样的作品，如《键盘练习曲集第一部》或许
还能和亨德尔的羽管键琴音乐相比，但《键盘练习曲集第二部》就已
经明显地有了自己的形态，形成了一种钢琴协奏曲音乐。而到了《键
盘练习曲集第三部》，就已经不再有人可以和巴赫相比了。作为管风
琴作曲家，他的作品从早期开始就已经达到了无与伦比的地步。像被
称为多里亚的 d 小调托卡塔和赋格，像 D 大调的前奏曲和赋格，降 E
大调或 g 小调——被普遍看成是"巴洛克音乐"——像这些作品中的
那种原始威力，则是独一无二的。巴赫的音乐巨著《帕萨卡利亚和赋
格》绝不是"衰老之作"！而是那个世纪的一首绝品。我们不能因为
鲸鱼和鱼类同在水中游泳，就说它也是鱼。当然在巴赫的创作中，也
有不少是完全适应时代潮流的精品。可难道《小提琴独奏奏鸣曲》中
的《夏空舞曲》也是吗？他有很多乐曲是超越时空的。我们提到的管
风琴曲，在当时的音乐环境中就是全新的，就像贝多芬的第九交响
乐，就像瓦格纳的《荷兰人》序曲的开篇，就像斯特拉文斯基的《彼
德鲁什卡》。

　　这些作品都是随手拈来的，相互之间当然不好相比，但它们在那
个时代却都是无可比拟的佳作。为了找到可以和《b 小调弥撒曲》相
比较的音乐作品，我们只好等到贝多芬的《庄严弥撒曲》的出现——
但这已是 75 年以后的事情了！

　　如果施威策说巴赫是那种"没有开拓新路的内在渴望"的艺术

---

　　① 即使是巴赫同时代人、著名的意大利作曲家贝内代托·马尔切洛的诗篇咏唱，也不算是典型的
"巴洛克音乐"，而且其中也不包含"华丽风格"。

家，人们不禁觉得，他好像不是在说巴赫似的。因为早在阿恩施塔特，巴赫和当局发生了冲突，就是因为他开拓了新路。我们不谈这位大师的音乐大厦，尽管关于它的外部形态，关于它的大胆的乐段构成，在专业文献中尚没有论及，歌德对此的解释是：所用的材料人人都能看到，内涵只有与此有关的人才能体会，而形态对大多数人来说始终是个秘密。

375　　我们至少可以说，巴赫是一位具有革命性的和声专家，在整个巴洛克音乐中无人可以同他相比，在和声方面，他比那个时代要超前至少一个世纪。[①] 伦纳德·伯恩斯坦不是作为音乐理论家，而是作为音乐家对其熟悉的领域发表了精辟的看法："五度循环的十二个调式……形成了十二个调式的封闭式的圈围——如何才能使这种音乐，这种松散的、随时会跑调的变音保持在界限之内呢？通过全音步、自然音的基本原则——主音和属音，下属音和上主音，新属音和新主音的这种持续关系，我们完全可以自由而随心所欲地从一个调式走向另一个调式，而且可以随意地变音——在这过程中并不丧失对调性的控制。约翰·塞巴斯蒂安·巴赫把调性控制的非凡的结构完善和系统化了。他的天才使他成功地、卓越地平衡了变音和自然音的作用力量，尽管它们之间本来是相互对立的（可能来自天然）。而这个敏感的焦点，却是音乐史龙卷风的宁静的风眼——它是如此地稳定，没有进行时尚的修饰而始终是作为坐标点，持续达几乎百年之久，而这一百年就成了音乐的黄金世纪。"

　　如果约翰·塞巴斯蒂安·巴赫意味着"巴洛克音乐的终结"，那就只能是，他砍倒了巴洛克的界桩，为下一个世纪的音乐铺平了道

---

① 约翰·弗里德里希·理夏德 1782 年 10 月，也就是 30 年以后，在他的《音乐艺术杂志》中写道："任何一个作曲家，即使最优秀的意大利作曲家，也没有像约翰·塞巴斯蒂安·巴赫那样充分利用了和声的各种可能性；没有任何一种可能性他没有利用过，所有真正的和弦艺术及所有不正规的和声手段，他都或严肃或戏谑地运用过上千次，显示了非凡的胆识个性，即使最伟大的和声专家，也无法像他那样把他任何一部大型作品中所缺少的主题节拍补充上去，只有他自己才有这个能力。"

路，但他不是修路者，而是走路者。某些人一直还认为，"前奏曲和
赋格"的联结，是巴洛克音乐的主要形式。但他们是错的，它只不过
是约翰·塞巴斯蒂安·巴赫喜欢的形式，就像肖邦喜欢的形式是练习
曲，海顿、莫扎特和贝多芬喜欢的是奏鸣曲的形式而已。但所有这些 376
形式之间是不能用同样标准衡量的，因此没有必要在从此到彼的道路
上谈论"更高的水平"。可以肯定地说，约翰·凯奇的《十二架无线
电的音乐》不是交响乐发展的更高水平，但并不是因为它的思想来自
贝多芬以后的时代。

够了。我们的结论是：约翰·塞巴斯蒂安·巴赫决不是那种没有
开拓新路内在渴望的艺术家。如果他意味着巴洛克音乐的终结，那只
是因为他克服了巴洛克音乐，创作了超越他那个时代的作品。他死后
并没有被人遗忘，他的学生以自己的实践在纪念他，这是很多很多的
人，他们又有学生，这些人也在传播巴赫。

最值得注意的是，这个被说成是过时了的人，却有那么多的狂热
追求者。其中最著名的既不是巴赫的学生，也不是学生的学生，而是
最大的巴赫崇拜者和传播者：约翰·尼古拉·福克尔。他和巴赫一
样，靠自学获得了高深的音乐知识，学习了法律，后来在哥廷根担任
大学音乐主管并获荣誉学士头衔。奥古斯特·威廉·施勒格尔、路德
维希·蒂克、威廉·封·洪堡等人都是他的学生——他们确实都不是
无名之辈。

为保存巴赫的作品，他的另一名学生起了决定性的作用，但却
很少有人提到他：弗里德里希·康拉德·格里本克尔。他和比他小
23 岁的费迪南·奥古斯特·罗伊奇一起，自 1820 年起就开始系统
地收集和整理巴赫的管风琴作品的原稿和手抄稿，经过 20 年的不
懈努力，终于在莱比锡的彼德出版社出版了一部巴赫管风琴曲标准
版本，至今仍未经改动地在市场上流通。格里本克尔还发表了一份
使某些教授的头脑产生疑虑的声明——是他于 1846 年 12 月 30 日 377

写给洛伊迟的一封信:"整个《赋格的艺术》"。他写道,"不是为了管风琴,也不是为了钢琴所写,而是为了学习……这句话我是听福克尔说的,而福克尔如果不是从弗里德曼或艾马努埃·巴赫那里所听来,是不会这样说的……在阅读这些作品时,其音响效果要比用任何一种乐器演奏的效果更佳。"

巴赫无疑喜欢创作特殊的对位音乐作品,在他生命的最后10年里,他越来越强烈地把其置于优先的地位上去,但我们绝不能错认为这是他对理论的兴趣。只有理论家才潜心研究理论,正如上述信件所说的那样,某些理论不能通过事实加以认证,就像一只飘浮不定的气球。它们过一段时间就会爆裂的。对此让·保罗曾说过:判断的勇气不一定需要深度的认识。

巴赫对对位音乐的乐趣在于,在越来越困难的条件下,能够写出美妙的音乐来。不论是"五度卡农"还是"九度",凯赛林克或许立即就分辨出来。或者分辨不出来,但格伦·古尔德的听众却是肯定分辨不出来的,然而,这是些迷人的音乐,却任何人都不会怀疑。巴赫的乐趣或许可以和勋伯格十二音作曲系列相比,他绝不会期望他的听众会去数那十二个音,但他用此种方法写出了音乐,却是谁也不能推翻的。

在哈雷长期担任音乐学教授的歌德,我们在前面已多次引用过他的话,他却对创作《赋格的艺术》的理由有自己的看法:是巴赫晚年的固执!否则就无法解释这部作品的成因。歌德说:"对这位优秀的人才,这实在是很可怕的,只有蠢货才会这么干。"

在1732年至1754年间,莱比锡出现了一部世纪之作:约翰·海因里希·策德勒的《科学和艺术大百科全书》。在第二卷增补中,也列举了姓巴赫的人物:

a)巴赫——古老的贵族姓氏——87行

b)巴赫,恩斯特·路德维希,符腾堡,著名的牧师,9行

c）巴赫，乔治·米歇尔，哈雷的中学教师，4 行

d）巴赫，约翰·奥古斯特，哲学和法学博士，莱比锡大学教授，94 行

e）巴赫，约翰·塞巴斯蒂安，音乐家，45 行

f）巴赫，索罗门，但泽的律师，69 行。

巴赫既非出身贵族又非大学毕业，而且晚年几乎等于隐居，却仍得到了 45 行字的描述，是意味深长的。还有一件事值得注意，就是对约翰·奥古斯特·巴赫教授两倍于塞巴斯蒂安的详尽的描写，百科全书出版时，他刚刚 30 岁。难道他已经是莱比锡一位著名的学者吗？非也。但他是艾内斯蒂的学生。

那么对戈特谢德写了几行呢？"戈特谢德，约翰，1667—1704 年，来自科尼斯堡"共 17 行。但这是父亲。对那位伟大的儿子，"莱比锡启蒙运动的代表人物"，策德勒却觉得没有提及的价值。他的名字在克里斯蒂安·戈特利布·约谢斯于 1750 年出版的《学者普通词典》里同样没有载入。直到他死后 18 年，约谢斯的词典再出新版时，才出现了几句描绘。这时法国的百科全书派，已经出齐了他们的全集和增补，而启蒙运动已经成了欧洲的时尚。

在那本新版中，有关戈特谢德的条目是："……戈特谢德的功绩在于，经过长期停顿以后，再次传播了语言的纯洁和准确，尽管他自己也错误百出和爱好方言土语；他推崇美好规则的品位和古代的榜样，尽管他自己也没有做到这一点。在哲学上他的成绩无足轻重。"这就是巴赫时代莱比锡启蒙运动的状况。

379

如果人们相信可以确认或者证明，巴赫的作品中均包含有其他音乐家的成分，那就无法进一步了解巴赫的音乐。伯恩斯坦写道："所有作曲家都是以过去整体音乐的表达形式创作自己的作品。任何艺术都承认过去的和现存的艺术。"武断地说这种或那种理论问题在其中有所反映，或者正是由此而产生，都是于事无补的。这只能是那些陷

入理论而不能自拔的聪明人所为。

再看伯恩斯坦，在另外一个场合："只有艺术家才能使人理解神奇。只有在艺术中，大自然才有其表现形式。所以只有一条道路去解释音乐，那就是去写音乐。"巴赫不认识伯恩斯坦，但和他的观点相同，他在很多情况下都证明了这一点。即使他也会觉得他的数字是14、41或者70，是很有趣的事情，但这对他的音乐来说，却是毫无意义的。我们从他的音乐里听不出这些数字来，这些数字也没有使他的音乐更好听些或更好懂些，而且必须用手指数数的音乐又是什么样的音乐呢？

在音乐中，人们是不会去数那些十字架、半月符和星星的。这都是那些不懂得如何吃面包，而把面包捻成小球的人们的游戏而已。保罗·巴杜拉·斯克达认为，《赋格的艺术》是第一部为槌子键琴写的音乐作品。作为钢琴家，他有这个印象是允许的。但《平均律钢琴曲集》中的 C 大调前奏曲在电子音响合成器中也是很好听的，尽管它绝不会是为此而创作。鉴于它的非凡的效果，为谁创作的问题根本就无关紧要。本世纪 60 年代，摇滚乐也证明，巴赫的音乐也完全适合他们进行成功的演奏。他们感到很骄傲的是，演奏上不需改动一个音符和一处谱值，只是旋律必须大大加强而已。

380　巴赫变得通俗化所引起的愤慨是很大的。在德意志民主共和国，一名叫戈特施密特的教授，设法使摇滚乐巴赫的唱片受到了禁止，结果爱好者只能到捷克文化商店去购买这种唱片。这位教授绝对无法容忍巴赫走向群众，但从摇滚乐手的口中，它却散发着无穷的魅力。

而这正是一些不和谐的地方：尽管巴赫专家们从方方面面给巴赫强加上各种各样的问题、渊源和谜语，就像一株圣诞树上挂满了彩条和银球，使他几乎窒息，可他在世界上却从来都不是什么问题，而是十分成功的音乐家。没有《圣诞清唱剧》的圣诞节？不可想象！如果要听康塔塔，那必然是巴赫的康塔塔，如果哪里举行管风琴音乐会，那很少有不演奏巴赫作品的。巴赫唱片目录要比巴赫作品目录长得多。说他的作品过时了，这绝对是难以置信的，甚至是可笑的。当然，有一点我们不能忽视，那就是人们对过去音乐的爱好是同当代严肃音乐远离听众的程度成正比的。

这种现象已经到了什么程度，肯定需要在另一本书里单独论述了。巴赫：这总是复调音乐的象征，这就是各种音乐同时出现，多种独立的曲调同时演奏，通过和声同步发展，共同向前运动。这是一个十分神秘的过程，它要求极其高度的计算，但又要摆脱单纯的计算。卡尔·菲利普·艾马努埃知道，他无法继承父亲的三重赋格。只有很少的人，具备清晰追随巴赫所有声部的听觉实践。但却很少有人能够摆脱其周密编织的统一性效果。

当歌德有一次听到巴赫的三重奏鸣曲时，他觉得，似乎"那永恒的和声在同自身交谈"。① 这句话经常被当做一位老先生的友善的评价广为流传，而这位先生的音乐修养并非特别突出。但他如果没有音乐感，就不会成为诗人了，诗歌是用耳朵写成的。此外，他还是一位具有预言家智慧和深邃的思想家，这和音乐的奥秘有着特殊的关系。在《浮士德》序幕中，他以头两行诗句就建立起了一座音响宇宙的大厦。同样的效果，我们在莎士比亚的作品中也能找到。② 381

把宇宙看成是有声的，已经十分古老了。它在各种文化中都出现过：在日本、中国、印度的文化中。在我们的文化中，自毕达哥拉斯以来，就已深入人心，他把所有的运动都体现在数字和音响当中，并断言，音响之间的数字关系也是世界的数字关系，天体的和谐可以凝

---

① 这句完整的原话是这样的："我想说的是：似乎那永恒的和声同自身对话，似乎是上帝在创世纪前的片刻胸中的心声。他是如此在我的内心震撼。就好像我此时此刻既没有也不需要耳朵和眼睛，没有也不需要任何其他的意念一样"（致策尔特的信，1827 年 6 月 21 日）。

② "瞧，天宇中嵌满了多少灿烂的金钹；你所看见的每一颗微小的天体，在移动的时候都会发出天使般的歌声，……"（《威尼斯商人》第五幕第一场）。

聚成音响。

一千年以后，那个万能的大臣和特奥德里希大帝的俘虏伯修斯，曾把音乐定义为三圣一体，在天体的合音中，形成了现有的音乐，也就是人类"器乐"的缩影。

这些听起来就像是神话而远离现实。但又过了一千年，那位发现了星球运转轨道的数学家和天文学家约翰·克普勒却解释说——作为一名科学家而不是神秘学家——："给天体以空气，它就真的会响起音乐来。一种灵感的和声不仅可以使人类用耳朵听到其和弦，而且也可以使某些纯精灵，甚至包括上帝同样感受到这种超然的享受。"在另一处，他又说："所以我们不应奇怪，在人类的音乐调性中可以找到美妙排列有序的声音，因为我们看到，这只不过是模仿上帝的作品，以便把天体运转的图像演绎到人间。"保罗·欣德米特受到此说的启示，而创作了歌剧和交响乐《世界的和谐》。①

"似乎那永恒的和声在同自身交谈"——歌德对巴赫音乐的列位，应该理解为与克普勒的描述极为接近。现在我们已经知道，这并不是简单的想象，创世纪的故事我们虽不能照搬过来，但现代科学知识已经确认。在天体的轨迹中确实存在着音乐关系，也确实存在着一种宇宙的旋律，如约阿西姆·恩斯特·贝伦特在他的《世界是音响》的电视系列节目中所说："音乐的深层的结构和一切事物的深层结构是统一的。"

在这方面，还有一个奇妙的故事：美国科学家彼德·汤姆金斯和克里斯托弗·伯德得出结论说，植物也懂音乐。而美国女教授拉瑟拉奇把南瓜苗置于约翰·塞巴斯蒂安·巴赫的音乐之中，小幼苗果然长向扩音器。（在摇滚乐下生长的方向恰好相反。）

---

① 莱布尼茨说，"和谐"（德文中和谐和和声是同一个词。——译者）的概念来自数学，音乐中出现和谐概念之前，数学中就已存在这个概念，这是一种"隐蔽的数字运动"。让·菲利普·拉莫谈此问题时，称之为"音响的科学"。法国音乐理论家朱尔·孔巴里厄为音乐下定义为"用音响思考的科学"。

这不是幻想：在巴赫的音乐和世界的和谐中确有宇宙联结。我们再提一句伯恩斯坦的话："巴赫是一个人，而不是上帝，但他是上帝的人，他的音乐自始至终都受到了上帝的恩泽。"

事实确是如此：他使我们联结了宇宙。

参考文献

Aland，Kurt/Peschke，Erhard（Hrsg.）*Texte zur Geschichte des Pietismus*，Berlin 1972

Allgemeine Deutsche Biographie，Leipzig/München 1877ff.

Allgemeine Encyklopädie der Wissenschaften und Künste，Leipzig 1842

Altes Testament

Augsburger Konfession

Bach-Archiv Leipzig，*Bach-Dokumente*，Leipzig 1963，1969

Bach-Archiv Leipzig，*Kalendarium zur Lebensgeschichte J. S. Bachs*，Leipzig 1970

Bach-Jahrbücher 1902—1992，hrsg. von der Leipziger Neuen Bach-Gesellschaft

Bach-Komitee der DDR，*Bach-Gedenkschrift 1950*，Leipzig 1950

Bach-Komitee der DDR，*Festschrift zum III. Internationalen Bachfest*，Leipzig 1975

Bartha，Dénes，*Johann Sebastian Bach*，Budapest 1960

Barz，Paul，*Bach，Händel，Schütz*，Würzburg 1984

Berendt，Joachim Ernst，*Nada Brahma-die Welt ist Klang*，Frankfurt a. M. 1987

Bernstein，Leonard，*Freude an der Musik*，München 1982

Bernstein，Leonard，*Konzert für junge Leute*，München 1993

Bernstein，Leonard，*The Unanswered Question*，Cambridge 1976

Bernstein，Leonard，*Von der unendlichen Vielfalt der Musik*，Tübingen 1975

Bernstein，Leonard，*Worte wie Musik*，Freiburg i. Br. 1992

Besseler，Heinrich，*Bach als Wegbereiter*，Kessel 1950

Besseler，Heinrich，*Bachs Meisterzeit in Weimar*，Weimar 1950

Besseler，Heinrich（Hrsg.），*Bach in Thüringen*，Weimar 1950

Blankenburg，Walter（Hrsg.），*Johann Sebastian Bach*，Darmstadt 1970

Bojanowski，Paul von，*Des Weimar Johann Sebastian Bachs*，Weimar O. J.

Brecht，Bertolt，*Leben des Galilei*，Berlin 1955

Dessau，Paul，*Notizen zu Musik und Musikern*，Leipzig 1978

DuBouchet，Paule，*Johann Sebastian Bach. Musik zur Ehre Gottes*，Ravensburg 1992

Elste，Martin，*Probleme der historischen Aufführungspraxis*，in：*fono forum* 9/1996

Encyclopaedia Britannica，London 1967

Engelbert，Ernst，*Die Karl-Marx-Universität Leipzig 1409 bis 1959*，Leipzig 1959

Engels，Friedrich，*Deutsche Zustände*（1845），Berlin 1975

Engels，Friedrich，*Notizen über Deutschland*（1873），Berlin 1975

Foerster, Friedrich, *Friedrich August II.*, *König von Polen*, *und seine Zeit*, Potsdam 1839

Forkel, Johann Nikolaus, *Über Johann Sebastian Bachs Leben*, *Kunst und Kunstwerke*, Leipzig 1802

Fürstenau, Moritz, *Geschichte der Musik und des Theaters am Hofe zu Dresden*, Dresden 1861/62

Fürstlich sächsische Landes-Ordnung des Herrn Ernsten, *Hertzogen zu Sachsen*, *Jülich*, *Cleve u. Berg etc.*, Gotha 1695

Galletti, J. G. A., *Gallettiana*, Leipzig 1968

Geck, Martin, *Johann Sebastian Bach*, Reinbek 1993

Geiringer, Karl, *Johann Sebastian Bach*, München 1971

Geiringer, Karl, *Die Musikerfamilie Bach*, München 1974

Goethe, Johann Wolfgang von, *Faust I*

Goethe, Johann Wolfgang von, *Spruchweisheit*, *Sprüche in Prosa*, Leipzig 1951

Gottsched, Johann Christoph, *Gesammelte Werke*, Leipzig 1908ff.

Gurlitt, Wilibald, *August der Starke und seine Zeit*, Dresden 1928

Haacke, Franz, *Geschichte Augusts des Starken*, Leipzig 1924

Herrmann, Rudolf, *Thüringische Kirchengeschichte*, Jena 1947

Hess, Ulrich, *Geheimar Rat und Kabinett in den Ernestinischen Staaten Thüringens*, Weimar 1962

Jean Paul, *Weg der Verklärung. Aphorismen*, Berlin o. J.

Jöcher, Christian Gottlieb, *Jöchers Allgemeines Gelehrten-Lexikon*, Leipzig 1750, 1784

Kaiser, Joachim, *Was wortlose Musik zur Sprache bringt*, in: *Süddeutsche Zeitung*, 16. / 17. 3. 1985

Keller, Hermann, *Die Klavierwerke Johann Sebastian Bachs*, Leipzig 1950

Kluke, Paul, *Das Recht des Widerstands gegen die Staatsgewalt in der Sicht des Historikers*, Hannover 1957

Konkordienformel

Küster, Konrad, *Der junge Bach*, Stuttgart 1996

Landeskirchenrat Thüringen (Hrsg.), *Bach in Thüringen*, Jena o. J.

Lessing, Gotthold Ephraim, *Emilia Galotti*

Lessing, Gotthold Ephraim, *Hamburgische Dramaturgie*

Lichtenberg, Georg Christoph, *Die Sudelbücher*, München 1974

Machiavelli, Niccolò, *Il principe*, Florenz 1931

Maurois, André, *Voltaire*, Paris 1935

Menge, Wolfgang, *So lebten sie alle Tage. Berichte aus dem alten Preu-βen*, Berlin 1982

Mentz, Georg, *Weimarische Staats-und Regentengeschichte*, Jena 1936

Metzger, Heinz-Klaus, *Blutige Himmelsschlüsselblumen*, in: *Frankfurter Allgemeine Zeitung*, 27. 3. 1997

Meyer, Ernst Hermann, *Musik der Renaissance*, *Musik der Aufklärung*, Leipzig 1979

Meyers Handlexikon, Leipzig 1873

Mittenzwey, Ingrid, *Friedrich II. von Preußen*, Berlin 1979

Neues Testament

Neumann, Werner, *Das kleine Bach-Buch*, Salzburg 1971

Ottenberg, Hans-Günter, *Carl Philipp Emanuel Bach*, Leipzig 1982

Otterbach, Friedemann, *Johann Sebastian Bach*, Stuttgart 1982

Petzoldt, Martin (Hrsg.), *Bach als Ausleger der Bibel*, Berlin 1985

Petzoldt, Martin/Petri, Joachim, *Ebre sei dir, Gott, gesungen. Bilder und Texte zu Bachs Leben als Christ und sein Wirken für die Kirche*, Leipzig 1975

Philosophisches Wörterbuch, Leipzig 1970

Pieck, Wilhelm, *Rede zur Bach-Feier 1950*, Leipzig 1975

Pirro, André, *Les Clavecinistes*, Paris 1924

Pirro, André, *Louis Marchand*, Paris 1904/05

Pischner, Hans, *Johann Sebastian Bach heute*, in: *Musik und Gesellschaft* 7/1975

Protokolle der Leipziger Ratssitzungen 1720-53 (unveröffentlicht)

Reffalt, Reinhard, *Johann Sebastian Bach*, Vortrag, Bayerischer Rundfunk

Raffalt, Reinhard, *Musik jenseits der Töne*, Vortrag, Bayerischer Rundfunk

Reumuth, Karl, *Heimatgeschichte für Leipzig und den Leipziger Kreis*, Leipzig 1927

Richter, Klaus Peter, *J. S. Bach, Leben und Werk*, Frankfurt a. M. 1985

Riemanns Musiklexikon, Berlin 1922, Mainz 1959-61; als *Brockhaus Riemann Musiklexikon* Wiesbaden 1979

Rueger, Christoph, *Soli Deo Gloria Johann Sebastian Bach*, Berlin 1985

Salmen, Walter (Hrsg.), *Der Sozialstatus des Berufsmusikers vom 17. bis 19. Jahrhundert*, Kassel 1971

Schering, Arnold, *J. S. Bach und das Musikleben Leipzigs*, Leipzig 1941

Schleuning, Peter, *Johann Sebastian Bachs » Kunst der Fuge «*, Kassel 1993

Schönberg, Arnold, *Gasammelte Schriften*, Frankfurt a. M. 1976

Schopenhauer, Arthur, *Die Welt als Wille und Vorstellung II*, darin: *Vom Genie/Zur Metaphysik der Musik*, Zürich 1991

Schopenhauer, Arthur, *Über die vierfache Wurzel des Satzes vom zureichenden Grundes*, Zürich 1991

Schweitzer, Albert, *Johann Sebastian Bach*, Leipzig 1905

Seeger, Horst, *Musiklexikon*, Leipzig 1966

Siegmund-Schultze, Walther, *Johann Sebastian Bach*, Leipzig 1976

Smend, Friedrich, *Bach in Köthen*, Berlin 1951

Spitta, Philipp, *Johann Sebastian Bach*, Leipzig 1873, 1880

Sturmhoefel, Konrad, *Illustrierte Geschichte der sächsischen Lande und ihrer Herrscher*, Leipzig 1898—1908

Szeskus, Reinhard (Hrsg.), *Johann Sebastian Bach und die Aufklärung. Symposium*, Leipzig 1982

Terry, Charles Sanford, *Johann Sebastian Bach*, London 1928

Tbeophili nötiger und nützlicher Unterricht von der Pflicht und Schuld der Untertanen, Berlin 1723

Urner, Hans, *Der Pietismus*, Berlin 1961

Vetter, Walter, *Der Kapellmeister Bach*, Potsdam 1950

Wallmann, Johannes, *Der Pietismus*, Göttingen 1990

Walther, Johann Gottfried, *Musicalisches Lexicon*, Leipzig 1731

Wette, Gottfried Albin, *Historische Nachrichten von der berübmten Residenzstadt Weimar*, Weimar 1737

Zedlers Großes Vollständiges Universal-Lexikon aller Wissenschaften und Künste, Leipzig 1732—51

Ziller, Martin, *40 Jahre unter großen Dirigenten* (unveröffentlicht)

人名索引

（本索引中的页码为原书页码，即本书边码）

图书在版编目(CIP)数据

巴赫传/(德)艾达姆著;王泰智译.—北京:商务
印书馆,2013(2019.7重印)
(世界名人传记丛书)
ISBN 978-7-100-09482-5

Ⅰ.①巴⋯　Ⅱ.①艾⋯②王⋯　Ⅲ.①巴赫,J.S.
(1685~1750)—传记　Ⅳ.①K835.165.76

中国版本图书馆 CIP 数据核字(2012)第 226276 号

权利保留,侵权必究。

世界名人传记丛书
巴　赫　传
〔德〕克劳斯·艾达姆　著
王泰智　译

商 务 印 书 馆 出 版
(北京王府井大街 36 号 邮政编码 100710)
商 务 印 书 馆 发 行
北 京 冠 中 印 刷 厂 印 刷
ISBN　978-7-100-09482-5

2013 年 10 月第 1 版　　　开本 787×960 1/16
2019 年 7 月北京第 3 次印刷　　印张 23½
定价:55.00 元